111 GRÜNDE, GEORGIEN ZU LIEBEN

Jörg Martin Dauscher

111 Gründe, Georgien zu lieben

Eine Liebeserklärung an
das schönste Land der Welt

Mit Fotografien des Autors

SCHWARZKOPF & SCHWARZKOPF

Titelbild: Nahe dem Dorf Kalde, auf dem Trail von Mestia nach Uschguli, Swanetien

Inhalt

dauert haben – wie zum Beispiel Frauenraub –, heute aber nicht mehr so gut funktionieren · Weil es Bergführer gibt, die grundsätzlich drei Tage lang unterwegs sind · Weil Ressourcenverschwendung in Georgien etwas sehr Relatives ist und manchmal gar nicht möglich · Weil es uns im Alleingang gelungen ist, die Plastiktütenflut in Stepanzminda einzudämmen · Weil es den Preis gibt, Sie müssen ihn nur herausfinden – genauso wie die Öffnungszeiten · Weil die größte Gefahr die Schwerkraft ist · Weil es ein Vollzeitjob wäre, mit der Entwicklung in Georgien Schritt zu halten · Weil Georgien das Paradies ist – wenn Sie ihm widerstehen können

Grundlos glücklich und in Georgien

Vorwort

Wenn ich einen Moment herausgreifen müsste, der mir am besten geeignet erschien, Georgien zu beschreiben, ich glaube, ich würde jene Nacht in Batumi wählen: Es war Frühling in Adscharien, und ich war in einem der billigen Hostels untergebracht, in denen tagsüber stickige Luft herrscht und ein altes, knarrendes Bett an das nächste grenzt. Es war spät am Abend, ich war gerade angekommen und erschlagen von der Reise, hatte einen Streit mit einem Taxifahrer hinter mir und Destillate unbekannter Zusammensetzung intus. Draußen vor dem Fenster wurde gestritten oder beherzt argumentiert, der Übergang schien fließend. Autos schossen vorüber, dann kam die Stille und mit ihr die kühle Luft der Nacht. Es roch nach Blüten und Abgasen. Ich war gerade in einen ungemütlichen Schlaf gesunken, als draußen, aus irgendeinem der Höfe, eine Männerstimme leise zu singen begann. Ganz reintönig, ganz zart. Die Weise war kaum in mein Bewusstsein gedrungen, als eine zweite Stimme der ersten antwortete, die Erzählung singend weiterspann oder kommentierte, bis sich beide Stimmen zu einem Chor zusammenfanden und gemeinsam zu mehr Volumen. Davon wachte ich auf. Erst wusste ich nicht mehr, wo ich war, ich musste mich besinnen. Dann fiel es mir wieder ein: Ich war in Georgien! Und ich war von einem Moment auf den anderen glücklich …

Jörg Martin Dauscher

1. Kapitel

Flaschenpost aus der Transformation

1. Grund

Weil es alle tun, die schon mal dort waren

Von Georgien zu schwärmen, vom Licht, von den Landschaften und den Menschen, ist ein Leichtes und hat eine gewisse Tradition. Ich habe Menschen getroffen, deren Augen schon aufleuchteten, sobald man Georgien nur erwähnt hatte, obwohl sie das Land selbst noch nie in Augenschein genommen hatten. Das Hörensagen reicht aus: Georgien ist ein Sehnsuchtsziel, das Land und dessen Bevölkerung bieten etwas, was die Fantasie beflügelt und zum Schwärmen anregt. Niemand aber wird genau sagen können, woran das liegt. Denn vermutlich gibt es diesen einen Grund gar nicht, vermutlich setzt sich dieser Effekt aus einer Unzahl an Einzelphänomenen zusammen.

Jeder, der aus Georgien zurückkommt, wird, sobald darauf angesprochen, kurz aufseufzen, zwei, drei Geschichten zum Besten geben und beschwören, bald wieder hinzufahren – um mehr herauszufinden, um vielleicht die Faszination, die von diesem Land ausgeht, zu verstehen. Mir selbst ging es auch nicht anders, nachdem ich 2013 im Frühling erstmals in Georgien war. Mehr durch Zufall war ich in Tbilissi gestrandet und dort erst einmal geblieben. Noch im selben Jahr zog es mich zweimal nach Georgien zurück. Selbst diejenigen, die sonst mehr Komfort gewohnt sind, als sie in Georgien bekommen, werden diesen Umstand hintanstellen und stattdessen die Vorzüge betonen: die erfahrene Gastfreundschaft, die Offenheit der Menschen und dieses unerklärliche Gefühl von Freiheit, das sie zwischenzeitlich immer wieder befiel und das sie, einmal zu Hause angekommen, nicht wieder vergessen können:

– Ach, Georgien …!

Ich saß mit einer russischen Filmemacherin im Hinterhof der Fabrika in Tbilissi. Sie hatte über ein Jahr in Georgien gelebt und war kurz davor, nach Moskau zurückzukehren. Im Hof versammelte sich eine Gruppe jener Backpacker, die sich gerne diesen kostenfreien

Stadttouren anschließen. Die Fabrika ist zugleich Hostel, Hotel und Schmelzpunkt des modernen Tbilissi und organisiert solche Touren. Die etwa 20 Personen wurden auf Englisch von einer (wie mir versichert wurde) ebenfalls russischstämmigen Fremdenführerin erst über den Ablauf der Tour informiert, dann dazu angehalten, ein Gruppenfoto zu machen, wobei alle gleichzeitig »Chatschapuri« (klassischer georgischer Käsefladen) zu sagen hatten. Gute Laune, so sagte sie, wäre bei Reisen nach Georgien inbegriffen. Denn Georgien sei das Land billigen Essens und guten Weins:

– Cheap food, good wine!

Meine Begleitung und ich schauten uns einigermaßen entsetzt an: Bei aller Liebe, das war dann doch etwas brutal auf den Punkt gebracht. Beides ist nicht falsch, man kann günstig essen in Georgien, und die Weine können exzellent sein. Vorurteile sind nicht notwendig falsch, Vorurteile stellen jedoch wahre Sachverhalte verkürzt dar oder entstellen diese dadurch, dass anderes, Gegenteiliges, Ergänzendes weggelassen und nicht erzählt wird. Nein, um Georgien einigermaßen gerecht zu werden, muss man schon ein wenig ausholen. Erst, wenn man einige Gründe versammelt hat, die dieses Land so liebenswert machen, wird sich ein Gesamtbild ergeben. Und zu den liebenswerten Seiten werden neben Schönheiten und Lobenswertem auch einige Schrullen gehören sowie Absonderliches – denn, ist es nicht so, dass, sobald man liebt, wirklich liebt, man Schwächen und Unzulänglichkeiten nicht nur miteinbezieht, sondern gerade aufgrund von diesen liebt? Was uns so unangenehm war, im Hinterhof der Fabrika, weswegen wir uns schämten: Es ist unverfroren, ein so geschichtsträchtiges, reiches, vielfältiges und widersprüchliches Land auf zwei, drei Dinge zu reduzieren, und es ist das Gegenteil von Liebe. Liebe braucht Verständnis und Anteilnahme, der Liebende erforscht seinen Gegenstand, er betrachtet ihn von allen Seiten, er umarmt ihn. Dieses Buch soll eine solche Umarmung sein: Ich werde Georgien im Ganzen bzw. in 111 Gründen umarmen, nichts absichtlich auslassen oder verschleiern. Ich werde versuchen, nicht von Georgien zu schwärmen, sondern stattdessen anfangen zu erzählen.

2. Grund

Weil einigermaßen unklar ist, wo Georgien eigentlich liegt

Auf alten Karten wird das Gebiet des heutigen Georgiens, also jener Landstrich Transkaukasiens, wo sich osmanisches Reich und russisches Zarenreich einst trafen, als *Isthmus* bezeichnet – das altgriechische *isthmós* bezeichnet den schmalsten Punkt einer Landbrücke, die von Wassermassen umgeben ist. Und genau das stellt Georgien dar: eine Landenge, begrenzt vom Schwarzen Meer auf der einen, von den aserischen Steppenlandschaften und der Kaspischen See auf der anderen Seite – eine Bücke von europäischen Ufern hin zu den asiatischen. Georgien, das ist ein Zwischenreich, von nahezu unpassierbaren Bergen im Norden und im Süden vom Kleinen Kaukasus sowie dem armenischen Hochplateau umrahmt. Georgien ist eine Engstelle, Georgien ist eine geografische, historische und landschaftliche Verdichtung, ein Korridor, in dem sich alles staut und schichtet.

Die meisten Georgier hegen keinerlei Zweifel daran, dass Georgien in Europa liegt und nach Europa gehört, im politischen, geografischen und historischen Sinne. Schließlich sei man eines der am frühesten christianisierten Länder der Welt und dergestalt der europäischen Geistesgeschichte eng verbunden. Das ist natürlich wahr, auf der anderen Seite jedoch gibt es da den Mongolensturm, erst unter Dschingis Khan, dann unter Timur (*Tengis* und *Timur* sind verbreitete Vornamen in Georgien), dann war Georgien über Jahrhunderte Teil des persischen Großreiches, wurde russisches Protektorat und stand zugleich vor allem im Südosten unter osmanischem Einfluss (der Landesteil Adscharien ist heute noch islamisch geprägt).

In Georgien ist immer dann, wenn von »Europa« geredet wird, die Europäische Union gemeint und insbesondere deren westliche Staaten – und nicht etwa der Kontinent samt Osteuropa und dem europäischen Teil Russlands. Dort will man hin, und dort sieht man Georgiens Zukunft, auch wenn mein Schriftstellerfreund Zurab Karumidze witzelt: Das Problem könne sein, dass in dem Moment, an dem Georgien in Europa ankäme, dieses aufgehört habe zu existieren. Und dann, dann erst stünde den Georgiern die wahre Identitätskrise ins Haus!

Fast trotzig scheint es, dass an jeder georgischen Polizeistation neben dem georgischen rot-weißen Jerusalemkreuz der Kranz fünfzackiger Sterne auf blauem Grund gehisst ist. Stabile 80 % der Bevölkerung befürworten EU- und NATO-Beitritt. Der politische Kurs ist im Großen und Ganzen gesteckt, ob Georgien aber im geografischen Sinne überhaupt zu Europa zählt, ist es nicht: Europa gilt zwar als eigenständiger Kontinent, ist aber Teil der eurasischen Platte. Daher ist es ein wenig Definitionssache, zu bestimmen, wo es beginnt und wo es endet. Als östliche Grenze gilt gemeinhin der Höhenzug des Ural. Im Süden zieht man die Linie entlang der Wasserscheide im Hohen Kaukasus. So gesehen würde Georgien geografisch zu Vorderasien gehören, und der britische Alpinist, Forscher und Abenteurer Douglas William Freshfield hätte Ende des vorletzten Jahrhunderts ganz zu Recht von der asiatischen Seite des Kaukasus geschrieben, als er im georgischen Hochland unterwegs war. Für die *National Geographic Society* ist der Fall heute noch klar, Artikel über Georgien werden konsequent unter »Asia« eingeordnet. Ganz anders die deutschen Zeitungen, dort findet Georgien innerhalb der Kategorie »Europa« statt, bzw. unter »Nahreisen«, obschon die Artikel selbst meist eine ganz andere Sprache sprechen. Man behilft sich mit Metaphern, fabuliert vom »Kreuzungspunkt« oder umschreibt Georgien als den »Balkon Europas«, der also noch zum europäischen Haus gehört, aber schon über asiatischen Gefilden schwebt.

Aber vielleicht lassen wir unsere Vorstellung von einer Grenze als einer wie auch immer gearteten Linie einfach fallen, denn Linien werden von Bleistiften gezogen und verwischen in der Realität schnell. Halten wir deshalb doch einfach fest, das Land läge *auf* der Grenze zu Asien. Ein pakistanischer Geschäftsmann, mit dem ich in Tbilissi auf ein Bier war, hat es einmal folgendermaßen formuliert: Georgien sei von asiatischen Verhaltensweisen und europäischem Geist geprägt. Die asiatischen Verhaltensweisen würden dafür sorgen, dass sich die europäischen Werte nie vollständig durchsetzen könnten. Der europäische Geist wiederum würde die asiatischen Verhaltensweisen zähmen bzw. diesen einen Mantel überwerfen, sodass man diese nicht auf den ersten Blick erkennen könne. Jedenfalls nicht als Europäer.

3. Grund

Weil es das wahre Georgien nur in der Fantasie gibt

Um das Thema der Verortung von Georgien vorläufig abzuschließen, sei noch erwähnt, dass mir ein befreundeter russischer Übersetzer, der ein besonderes Verhältnis zu Georgien pflegte und inzwischen in Berlin wohnt, auf meine Frage, wo Georgien denn nun läge, Folgendes geantwortet hat:

– In der Fantasie, mein Freund! Georgien ist das, was du dir ausmalst. Was du dir darunter vorstellst.

4. Grund

Weil die wichtigen Flüsse Georgiens in ganz verschiedene Himmelsrichtungen fließen

Ohnehin ist der Lauf der wichtigen Flüsse Georgiens ein besserer Ausgangspunkt, sich die geografischen Lage und damit die Kulturlandschaft Georgiens vor Augen zu führen, als die Vorstellung einer Grenze, hinter oder vor der man sich befände: Der Terek (georgisch Tergi) wird von einem Gletscher im Zentralkaukasus jenseits der Wasserscheide gespeist, umfließt mit dem Kazbegi den dritthöchsten Berg Georgiens und wendet sich nordwärts nach Russland. Dort strömt er, breiter und mächtiger geworden, erst durch Wladikawkas und schlägt dann einen Bogen nach Osten, wo er im Kaspischen Meer mündet.

Die Quellen des Rioni wiederum liegen am Südwesthang des Kaukasus, er fließt durch Kutaisi sowie die kolchische Tiefebene und mündet im Osten bei Poti im Schwarzen Meer. Die Kura (georgisch Mtkwari) hingegen entspringt im Nordosten der Türkei, bahnt sich ihren Weg durch den Kleinen Kaukasus über Borjomi nach Tbilissi und mündet schließlich ebenfalls im Kaspischen Meer, im Gegensatz zum Terek jedoch südlich der Hauptkette des Kaukasus in Aserbaidschan.

Gleich den Flussläufen ist Georgien von altersher mit all diesen Gegenden innig verbunden und von ihnen beeinflusst – von der russischsprachigen Sphäre nördlich des Kaukasus ebenso wie von den verschiedenen Turkvölkern, dem christlichen Nachbarn Armenien und dem persischen Großreich. Georgien ist ein transitorischer Raum, eine bunt gewebte Verwirrung, die gleichzeitig von jahrhundertealter Stabilität der Sprachen und Gebräuche geprägt ist. Die kulturelle Kontinuität ist der Unzugänglichkeit der Kaukasustäler und -gebiete sowie deren jahrhundertelanger Unabhängigkeit geschuldet (sowohl voneinander und als auch von den die Ebene beherrschenden Großreichen). Diese Gemengelage ist es, die das Land so spannend, so vielfältig und gleichzeitig so schwer zu begreifen macht.

5. Grund

Weil nach Georgien zu reisen immer auch ein bisschen Abenteuer ist, ob man nun will oder nicht

Manchmal habe ich den Eindruck, dass die Georgier insbesondere mit Reisenden, die erstmals in Georgien sind, Schabernack treiben, bzw. für Abenteuer sorgen. Einem Freund aus Berlin, der mich eine Woche lang in Georgien besuchte, ging es da nicht anders. Während ich in Ruhe meinen Vorhaben nachging, war mein Kumpel schon am späten Vormittag hackedicht, weil er an jeder Straßenecke an den Tisch gerufen wurde. Dies resultierte in diesem merkwürdig beseelten und konstant alkoholisiertem Zustand, den die Georgier bei ihren Gästen bewusst herzustellen vermögen. Ich weiß nicht, was Ihnen passiert, sobald Sie georgischen Boden unter den Füßen haben, aber ich weiß, dass Ihnen etwas passieren wird. Also jetzt im positiven Sinn, denn die meisten Geschichten ereignen sich auf dem Weg von A nach B, und Georgien ist ein an Geschichten reiches Land, da darf die Ihre nicht fehlen.

Ich erzähle Ihnen eine von meinen: Es war mein vierter oder fünfter Aufenthalt in Georgien, und ich hatte beschlossen, direkt in das Hochgebirge zu fahren, das ich bis dahin noch nicht gesehen hatte. Der Kaukasus ist ein relativ junger Gebirgszug, der sich zwischen Schwarzem und Kaspischem Meer auf einer Länge von rund 1000 Kilometern erstreckt, auf über 5000 Meter aufwirft und mehr als ein Dutzend Gipfel aufweist, die höher sind als der Montblanc. An U-förmigen Trogtälern, wie sie für die Alpen typisch sind, mangelt es dem Kaukasus, ebenso an sogenannten Quertälern: Die

Flüsse verlaufen sämtlich längs der einzelnen Gebirgszüge und beschreiben einen weiten Bogen zum Meer; Durchbrüche, die den Weg des Wassers verkürzen und eine direkte Verbindung zwischen den Längstälern schaffen würden, gibt es kaum. Dies ist der Grund, warum insbesondere der Zentralkaukasus so abgeschieden und unzugänglich ist. Die einzelnen Falten des Kaukasus werfen sich unerbittlich auf und zwingen den Reisenden zu langwierigen Umwegen auf spektakulären Strecken.

Wir konnten von Glück reden, dass wir auf den letzten 30 Kilometern zu betrunken waren, als dass wir uns über die Streckenführung und unseren ebenfalls betrunkenen Fahrer noch Gedanken gemacht hätten. Ich war in Kutaisi gelandet und war mit einem Mitreisenden übereingekommen, dass wir uns ein Taxi teilen würden: Sami hatte eine blässliche Gesichtsfarbe und längeres, hellbraunes Haar. Ich dachte erst, er wäre finnischer Abstammung, wohl weil ich einen Freund namens Sami in Tampere habe. Auf der anschließenden Fahrt jedoch stellte sich bald heraus, dass er *Samir* hieß und sein Vater aus Marokko kam. Samir war bereits Familienvater, hatte einen geregelten Job im Immobilienmanagement und fünf Tage von seiner Familie freibekommen sowie alles durchgeplant. Freunde von ihm waren nach Mestia zum Skifahren gereist und erwarteten ihn dort. Im Vorfeld hatte er deshalb eine Fahrt ins Hochgebirge gebucht und zwar mit dem Taxi. Ich regte zwar an, das Flughafengelände zu verlassen, um an der Straßenseite auf eine *Marschrutka*, also einen Kleinbus bzw. ein Sammeltaxi, in die richtige Richtung zu warten und auf zwei freie Plätze zu spekulieren. Mit ein bisschen Glück wären wir in zwei, drei Stunden in Sugdidi, und mit demselben Glück würde sich schon eine *Marschrutka* ins Gebirge finden. Und falls nicht, könne man dort ja immer noch in ein Taxi umsteigen. Günstiger sei das allemal. Kollege Samir aber winkte ab, das würden wir nie schaffen, nicht in einem Tag. Und er habe sein Taxi ja schon gebucht. Ein wenig eilig habe er es auch, schließlich würden seine Freunde auf ihn warten, dort oben in Mestia. Also beschloss ich, mich zusammen mit Samir auf den Weg zu machen. Ich bin ja kein Spielverderber.

Die zwei Stunden lang über flaches Land bis Sugdidi, einer Transitstadt zu Füßen des Kaukasus nahe der Grenze zu Abchasien, war alles normal verlaufen, anschließend aber hatte das Unheil seinen Lauf genommen. Der Fahrer hatte sich als Enrian vorgestellt und wissen wollen, wo wir herkämen, ansonsten hatte er schweigsam und seltsam unambitioniert sein Fahrzeug gen Berge gesteuert – unser Fahrer legte eine in diesen Breitengraden völlig unübliche Umsicht, ja Langsamkeit an den Tag: Wir schaukelten gemächlich durch die kolchische Tiefebene, irgendetwas mit dem Fahrzeug schien mir nicht in Ordnung zu sein, ich fühlte mich ein bisschen wie auf einem Schiff. In Sugdidi hielt unser Fahrer unvermittelt an der Kreuzung in die Berge an, deutete auf den kleinen Supermarkt und sagte mit Bestimmtheit:

– Market!

Ich verstand sein Anliegen: Mit dem Nötigsten sollten wir uns eindecken, denn in Mestia würden wir nicht mehr so leicht an westliche Waren kommen. Weder Samir noch mir aber stand danach der Sinn, und wir kamen lediglich mit jeweils zwei Wegbieren aus dem Supermarkt zurück und ließen auch den anliegenden Bäcker und die Metzgerei links liegen. Dies war der Zeitpunkt, zu dem dem Fahrer klar geworden sein muss, dass er da eine recht lustige Kombo durch die Gegend fuhr. Entweder war es ihm sympathisch, dass wir mit Bier wiederkamen, oder aber er schloss aus der Anzahl der Flaschen, dass wir die Wegstrecke grob unterschätzten. Jedenfalls wechselte er die Tonart, wurde zum Fremdenführer und wies uns Gebäude oder Landmarken aus, die ihm erwähnenswert schienen. Auch den ersten Schneerest pries er an, so als hätten wir im Leben noch keinen Firnschnee gesehen. Schließlich steuerte er einen Felsvorsprung an, von dem aus man einen besonders guten Blick auf den Riegel des Hohen Kaukasus hatte, der nun ganz in Weiß vor uns lag und sich mächtiger erhob, als ich es mir hätte vorstellen können.

– Foto!,

verfügte Enrian und wir ließen uns das nicht zweimal sagen. Enrian ging zum Kofferraum und kam mit einer Zweiliterflasche *Quevri*-Wein in der einen, einem Kuhhorn in der anderen wieder, während wir die Berge bestaunten.

– Now we drink!,

beschloss Enrian und ließ das Horn reihum gehen. Die Flasche und das Horn nahm er jedoch nicht wieder an sich, sondern beließ beides bei uns im Fond des Autos, auf das wir weiter tränken. Ich muss dazusagen, dass es Enrians eigener Wein war, den er irgendwo bei Kutaisi vinifizierte und in Tongefäßen ausbaute. Der Wein war ausgezeichnet und bald ausgetrunken. Der Weg bergan zog sich hin und wurde wilder, steiler, die Felsen senkrechter, die Täler schmaler. Ganze Felsbrocken versperrten Teile der Straße, andernorts lag Schlaggestein auf dem Asphalt.

Es dämmerte bereits, als Enrian an einer kleinen, blau gestrichenen Hütte haltmachte. Ein roter Neonschriftzug und ein rundes Schild einer Biermarke wies die Hütte als Restaurationsbetrieb aus. Innen war sie gänzlich holzverkleidet, eine Matrone besorgte Küche und Ausschank zugleich, zwei Tische waren mit Mannsvolk besetzt, unter denen unser Fahrer offensichtlich den einen oder anderen kannte. Wir wurden freundlich empfangen und kamen an einem weiteren der Tische zu sitzen. Eine kleine Karaffe *Tschatscha* (Tresterschnaps) wurde gereicht, und wir hatten zum Glück die Möglichkeit, noch etwas zu essen zu bestellen. Es wurde sehr schnell lustig, der *Tschatscha* zeitigte seine Wirkung, in Samirs Wangen war das Blut geschossen, und ihm gingen alsbald die Pferde durch. Er wurde zusehends lauter und begann in Abständen von wenigen Minuten zu krakeelen:

– DAS ISSER! DER WILDE KAUKASUS!! WIR SIND IM WILDEN KAUKASUS!!!

und seinem überraschten Nebenmann mehr als freundlich auf die Schulter zu klopfen. Zudem füllte er sämtliche Gläser im Minutentakt nach, ob sie noch voll waren oder nicht und ob wir nun wollten oder nicht. Insbesondere ich wollte nicht, denn Fusel erkenne ich am Geruch, und wir hatten nunmehr Fusel vor uns. Die kleine Glaskaraffe war einer Plastikgalone gewichen, doch das störte Samir nicht weiter, auch nicht, dass Gläser nachzufüllen ganz gewiss nicht unsere Aufgabe war. Mehr als eine Stunde lang waren wir in dem kleinen Lokal zu Gast, vielleicht waren es sogar zwei, so ganz genau lässt sich das nicht mehr rekonstruieren. Alles, was ich weiß, ist, dass alsbald jemand am Nachbartisch auf dem Stuhl zusammensank und auch mit den vereinten Kräften der Wirtin und unseres Fahrers nicht wieder zum Leben erweckt wurden konnte. Er wurde daher in einer kollektiven Anstrengung weggeschafft – auf ein Matratzenlager hoffe ich, in sein Auto fürchte ich. Die Lücke am Nachbartisch hatte ich zu füllen, und ich verlor dort gleich mehrere Armdrücken in Serie. Irgendwann saßen wir wieder im Auto, es war bereits stockdunkle Nacht und weder von den Bergen noch den Abgründen etwas zu sehen. Enrian hatte einen jovialen Kollegen eingepackt und ließ uns wissen, wir sollten uns keine Sorgen machen, Mestia wäre nicht mehr weit. Schon in der übernächsten Kurve aber, keinen Kilometer weiter, hielt er das Auto erneut an, um den jovialen Kollegen hinauszulassen, direkt vor der nächsten Bar. Dieser insistierte, alle müssten mitkommen! Zumindest auf einen letzten *Tschatscha*! In der Kaschemme war eine komplette Mannschaft beim späten Abendbrot versammelt, ich ergaunerte mir ein Bier und drückte mich vor dem Schnaps. Der joviale Kollege beschloss, mir unbedingt die Wasserquellen am Bachlauf zeigen zu müssen, und so stiegen wir stockbetrunken über Eis und Schnee hinab. Ich begriff, dass jetzt der Zeitpunkt gekommen war, a) vorsichtig zu werden und b) sich durchzusetzen. Als wieder wieder oben standen, weigerte ich mich, die Bar erneut zu betreten, und wartete stattdessen in der Kälte, bis Enrian und Samir schließlich erschienen. Aus Samir waren inzwischen die Lebensgeister wieder gewichen, die Blässe war in sein Gesicht zurückgekehrt, dem Fahrer war hingegen nichts anzumerken. Aber das heißt nichts, denn der macht solches oder Ähnliches ja täglich, da tritt notwendig Gewöhnung ein. Kurz vor Mitternacht kamen wir in Mestia an. Das Wort von der »Sauftour« schien mir auf eine ganz neue Ebene gehoben und die Taxifahrt alle Rekorde gebrochen zu haben: Es war die längste (neun Stunden auf 250 Kilometer, keine 30 Kilometer pro Stunde), teuerste (45 Dollar pro Person) und alkoholreichste meines Lebens gewesen: drei Bier, ein Liter Wein und bestimmt ein viertel Liter Schnaps.

6. Grund

Weil organisierter Massentourismus in Georgien einfach mal nicht stattfindet

Organisierten Massentourismus gibt es in Georgien nicht, und das wird wohl auf absehbare Zeit auch so bleiben. Wer nach Georgien kommt, kommt auf eigene Faust und organisiert sich Ausflüge und Weiterkommen vor Ort (… gut, abgesehen von denen, die im Ernst eine Rundreise für mehrere Tausend Euro buchen, weil sie sich alleine dazu nicht in der Lage sehen).

An den einschlägigen Destinationen ist in den letzten Jahren zwar kräftig investiert und das eine oder andere Hotel aus dem Boden gestampft worden, die Kapazitäten aber sind weit davon entfernt, es mit mehreren Reisegruppen gleichzeitig aufzunehmen, und die Infrastruktur ist auch nicht in einem Zustand, der eine verlässliche Reiseplanung außerhalb der Sommermonate zuließe. Ganz davon abgesehen sind verschiedene Bergregionen teilweise bis in den Juni hinein nicht zugänglich, weil die Pässe zu hoch sind und noch zu viel Schnee liegt.

Erheblich zugenommen hat in den letzten Jahren der Individualtourismus, beflügelt und befeuert durch günstige Verbindungen von und nach Kutaisi. Einerseits wundert es die Georgier, dass auf einmal so viele Menschen aus allen Weltteilen sie besuchen kommen. An Russen ist man ja gewöhnt, die waren ja schon immer da in der einen oder anderen Form – jedes Land hat seinen Süden, und Georgien ist der Süden Russlands! Aber dass da jetzt Busladungen an Chinesen durch Stepanzminda stapfen und Rucksacktouristen sich herdenweise auf den Trail von Mestia nach Uschguli begeben – das ist immer noch gewöhnungsbedürftig. (Klammerbemerkung: Auch wenn man in Deutschland im Moment so tut, als wäre Georgien gerade entdeckt worden, die Iraner, die Ascris, die Türken und die Araber wissen schon seit Jahren um die Vorzüge Georgiens und pilgern zahlreich in ein Land, in dem verhältnismäßig viele Freiheiten herrschen und keine Visumspflicht.)

Andererseits hält man Georgien in Georgien, auch dann, wenn man noch nie das Ausland gesehen hat, für das schönste, wenn nicht gar das beste aller Länder. Also nimmt es die Georgier auch nicht wirklich wunder, dass die Ausländer Schlange stehen, um daran teilzuhaben. Man muss ja nicht alles verstehen, was die Touristen treiben und wollen (was bitte schön bedeutet »vegan«?), es lässt sich ja ganz gut leben, mit den neuen Einkommensmöglichkeiten.

7. Grund

Weil Sie günstig in Familien unterkommen statt in anonymen Hotels

Nichts gegen Hotels, aber Sie würden etwas verpassen: Die Standardunterkunft in Georgien ist nicht das Hotel und auch nicht die Pension, sondern der »Homestay« bzw. das »Guesthouse«. Überall in Georgien sind in den letzten Jahren aufgrund der verlässlich steigenden Touristenzahlen Familienpensionen entstanden. Ein »Guesthouse« zu betreiben, das ist die naheliegendste und einfachste Einnahmequelle, wenn man sich in einem touristisch attraktiven

Gebiet befindet bzw. auf den Schneisen, die der Tourismus derzeit durch Georgien schlägt. Selbst die georgischen Bauernhäuser in abgelegeneren Dörfern sind meist zweistöckig und verfügen über ausreichend Zimmer, um ein paar davon zu Gästezimmern zu machen. Die notwendigen Investitionen sind überschaubar, und auch wenn der Übernachtungspreis für westeuropäische Verhältnisse gering erscheint (zwischen 15 und 30 Lari, also 5 bis 10 €), so handelt es sich doch um ein nicht unerhebliches Zubrot. An bezahlter Arbeit herrscht Mangel, in den Bergen sogar absoluter Mangel. Und selbst wer einer geregelten Tätigkeit nachgeht, verdient meist nicht genügend, um vernünftig wirtschaften zu können.

Nana, die in Lagodechi halbtags als Musiklehrerin arbeitet, verdient im Monat knapp 300 Lari, also keine 100 €. Ihr Mann Vasha wiederum ist pensioniert und verfügt ungefähr über dieselbe Summe. Beide haben zusammen jahrzehntelang ein offenes Haus geführt, die Gäste waren zahlreich, denn Vasha war der Direktor des dortigen Nationalparks. Das Fotoalbum, in dem sie stolz blättern, zeigt Botschafter, Botaniker und Mitglieder der ehemaligen georgischen Regierung, und Nana erzählt von den Schwierigkeiten, den Betrieb aufrechtzuerhalten und einfach weiterzumachen, als es keinen Strom gab, in den Neunzigern.

Erst vor zwei Jahren haben sie beschlossen, ihr Haus, ihren Garten und die Terrasse fortan den Reisenden zu öffnen, die nach Lagodechi kommen, um in den Dagestaner Kaukasus hinaufzusteigen oder zu den Wasserfällen zu spazieren. Nana hat sich mit den Möglichkeiten, über das Internet Buchungen zu erhalten, auseinandergesetzt und Vasha die Weinproduktion gesteigert. Beides mit Erfolg: Die 1000 Liter *Rkatsiteli*-Weißwein, die Vasha pro Jahr vinifiziert, reichen grade so hin, um die Gäste abends zu bewirten. Den Wein serviert Vasha als Gabe, das Frühstück und das Abendessen bereitet Nana zu, bevor und nachdem sie an der Schule lehrt. Mit den Einnahmen wiederum lassen sich das elegant möblierte Haus erhalten, die Arztrechnungen bezahlen und das tägliche Leben bestreiten.

Ein kleiner Hinweis an dieser Stelle: In den allermeisten Gästehäusern können Sie Mahlzeiten zubuchen. Tun Sie das! Erstens wird Ihnen reichhaltig aufgetischt werden, zweitens kommen Sie so in den Genuss lokaler Spezialitäten, die Sie nicht ohne Weiteres auf den Speisekarten der Restaurants finden. Drittens sind die Mahlzeiten gewissermaßen Teil der Gesamtkalkulation, der Übernachtungspreis ist auch deshalb niedrig angesetzt, weil man davon ausgeht, dass die Gäste am Familientisch Platz nehmen und speisen. Ich betone das deswegen, weil ich schon so ein paar Spießer erlebt habe, die sich die 10 bis 15 Lari für hausgemachte Kost sparen wollen, um stattdessen im Market für 10 bis 15 Lari einzukaufen und selber zu kochen.

8. Grund

Weil Tschatscha trinken Pflicht ist und Fremde zu Freunden macht

Georgien lässt sich gar nicht bereisen, ohne mit Fremden anzustoßen und sodann als Freunde auseinanderzugehen. Zusammen *Tschatscha* (auch Chacha geschrieben) zu trinken ist in Georgien das, was in Deutschland der Handschlag ist: Sieh, ich bin unbewaffnet und komme in Frieden! *Tschatscha* ist so etwas wie das Nationalgetränk und wird aus Traubentrester gebrannt, entspricht also dem italienischen Grappa. Manchmal und vor allem in den Bergen, wo das Ausgangsmaterial zugekauft werden muss, wird *Tschatscha* auch aromatisiert, mit Walnüssen zum Beispiel. Ferner versteht man unter *Tschatscha* mitunter auch Schnaps aus anderen Früchten, aus Pflaumen beispielsweise, obschon der Pflaumenschnaps eigentlich *Tkemali* heißt.

Es ist ganz und gar unmöglich und äußerst unhöflich, eine Einladung an einen Tisch auszuschlagen. Es gehört sich auch nicht (zumindest als Mann), den angebotenen *Tschatscha* zurückzuweisen, ganz gleich in welchem Zustand man ist. Einmal wurde mir starker, strohgelber Pflaumenschnaps angeboten, als ich gerade von einer Bergtour zurückkam und nach Mestia in Oberswanetien hineinstolperte. Ich kam gewissermaßen von der falschen Seite den Hang hinunter, über Wege, die normalerweise von den Touristen nicht benutzt werden. Dies lag daran, dass ich mich beim Abstieg massiv verlaufen hatte und aufgrund der ungemein dichten Vegetation nicht wieder zurückgefunden hatte auf die andere Seite des Grats, wo der Pfad verlief. Um wieder aufzusteigen und die richtige Abzweigung zu finden, schien es mir bereits zu spät, obwohl dies in den meisten Fällen nicht das Dümmste ist. Doch ich entschloss mich, einer steilen Klamm zu folgen, eine Sturzrinne hinunterzusteigen. Über mehrere Hundert Höhenmeter rutschte ich mehr über den matschigen Untergrund hinunter, als dass ich abstieg. Ich benutzte Äste und Zweige, um mich festzuhalten und Meter um Meter hinunterzuschwingen. Mehrfach rutschte ich aus und auf dem Hosenboden bergab, bis ich völlig verdreckt auf einem schmalen Wirtschaftsweg ankam, dem ich bis zu den ersten Gehöften Mestias folgte. Drei alte Bauern hatten sich in der schönsten Herbstsonne am Wegesrand niedergelassen, hatten Zigaretten und Schnaps vor sich ausgebreitet, als ich des Wegs kam. Sie winkten mich heran, als sei ich der verlorene Sohn, bedeuteten mir Platz zu nehmen und schenkten mir das Glas randvoll mit Schnaps. Auf Russisch wollten sie wissen, woher ich sei, auf Russisch wurde protestiert, als ich das Glas nach einem kleinen Schluck wieder absetzte. Ich aber ließ mich nicht beirren, auch in kleinen Schlucken würde der starke Alkohol im Anschluss an eine Bergwanderung eine erhebliche Wirkung entfalten. Viel Konversation war nicht möglich, ich beherrsche nur ein paar Worte Russisch, und die Bauern sprachen kein Englisch. Daher blieb es bei einem Glas, und ich durfte anschließend meiner Wege gehen, bzw. ins Dorf hinabtorkeln. Ich weiß von Michail Chergiani, dem weltberühmten Bergsteiger der 60er-Jahre, der aus Mestia stammt, dass dieser sich während seiner Trainingsphasen in eine Almhütte weit oberhalb des

Dorfes zurückzog, um sich dort allen sozialen Verpflichtungen und gewiss auch dem Genuss von Alkohol wirksam zu entziehen. Dann ja, es handelt sich um eine soziale Verpflichtung, der man schlecht entsagen kann: An einem Tisch zu sitzen und gemeinsam das Glas zu leeren, das ist die Friedensbande, so werden Bekanntschaften gemacht und Freundschaften besiegelt. Deshalb waren mir diese drei Bergbauern auch keine Fremden mehr, jetzt, wo wir miteinander getrunken hatten! (Ich stelle mir vor, wie ein völlig verdreckter Georgier aus deutschem Unterholz hervorbricht und in ein fränkisches Dorf meiner Heimat stolpert, ihm von drei Rentnern sofort ein Stuhl hingestellt, ein Bier eingeschenkt und er nach dem Woher und Wohin befragt wird – eine geradezu surreale Vorstellung!)

9. Grund

Weil sich die (meisten) Georgier freuen, dass Sie kein Russisch sprechen

Ob auf dem Markt, am Tresen oder vor der Bäckerei: Außerhalb von Tbilissi werden Sie mit großer Wahrscheinlichkeit auf Russisch angesprochen, denn die Wahrscheinlichkeit, dass Sie Russe sind, ist groß. Der Löwenanteil des jährlichen Touristenstroms kommt aus den unwirtlichen Weiten nördlich des Kaukasus und sehnt sich nach südlicher Wärme und Lebensfreude. Georgien ist für Russland, was Italien für Deutschland ist: Das Land, wo die Zitronen blühen, der Süden schlechthin.

Deshalb wird Ihnen das Mütterchen am Straßenrand den Preis für die *Tschurtschchelas* (Konfekt aus Nüssen, Traubensaft und Mehl) auf Russisch nennen, deshalb wird der Parkranger Sie in ebendieser Sprache zu sich zitieren, nur um ein Schwätzchen zu halten: Sie sind Ausländer, und die einzige Fremdsprache, welche die meisten älteren Georgier auf dem Land beherrschen, ist das Russische. Sobald sich zeigt, dass Sie kein Russisch können, wird die Alte Sie anlächeln und (weiterhin auf Russisch) wissen wollen, wo Sie denn herkommen. Der Parkranger wird breit grinsen und (weiterhin auf Russisch) kurz Deutschland loben, sich dann aber flugs zurückziehen, weil er um sein Schwätzchen gebracht wurde.

Das wenige Russisch, das Sie unbedingt lernen sollten, um gut durch Georgien zu kommen, besteht daher aus folgenden Vokabeln:

- *Ya ne panimaju paruski* (Ich verstehe kein Russisch)
- *Ya iz Germanii* (Ich komme aus Deutschland)

Anschließend befleißigen Sie sich westeuropäischer Höflichkeit und bedanken und verabschieden sich in Landessprache. Darin sind die russischen Touristen nämlich nicht so gut. Die Sympathien werden Ihnen gewiss sein, auch wenn die weitere Kommunikation flachfällt.

Anders verhält es sich mit der Jugend (und zu der gehört jeder, der in den Neunzigern groß geworden ist, also grob gesagt jeder unter 40 Jahren), diese spricht durch die Bank Englisch – mal mehr, mal weniger gut. Es sind auch die Jüngeren, insbesondere in Tbilissi, die den russischen Touristen, die wie selbstverständlich ihre eigene Sprache sprechen und die kyrillische Speisekarte sehen wollen, mit einem gewissen Trotz begegnen. Russischsprachige Menus sind überall dort, wo es in den letzten paar Jahren hipp und international geworden ist, zweisprachigen Karten gewichen: Georgisch und Englisch. Mögen sich doch die Abkömmlinge des einstigen Imperiums an die neue Verkehrssprache gewöhnen!

Es stimmt aber trotzdem nicht, was man immer wieder hört: dass das Russische verpönt sei in Georgien. Das ist viel zu kurz gegriffen. Es ist die postkoloniale Arroganz mancher Russen, welche die Georgier ablehnen, nicht aber deren Sprache an sich oder gar die Kultur. Denn zu der Angewohnheit, alles und jeden auf Russisch anzusprechen, gesellt sich häufig ein gewisser kurz angebundener Befehlston, der in Russland seine Berechtigung haben und zur Durchsetzung eigener Interesse nötig sein mag, in Georgien jedoch ins Leere läuft.

In Georgien gewinnt der Freundliche, nicht der Unhöfliche. Egal, woher er kommt. Und zur Höflichkeit gehört es, ein paar Worte der Landessprache zu erlernen, und scheint sie noch so schwer.

10. Grund

Weil das Georgische gar nicht so schwer ist, wie es sich zunächst anhört (und liest)

Ignorieren wir die georgische Schrift, ganz so wie es die meisten Georgienreisenden zeitlebens tun. Wer immer der Mönch war, der sich diese gottverdammten Zeichen ausgedacht hat, von einer Heiligsprechung blieb er jedenfalls weit entfernt. Böse Zungen behaupten, die georgische Schrift sei entstanden, als Marco Polo auf dem Rückweg von China einen Topf Nudeln fallen ließ: Der Mönch, der die Reisegruppe beherbergte und im Studierzimmer über der Transliteration der georgischen Sprache gebrütet habe, sei herbeigesprungen und habe die georgischen Schriftzeichen aus der Form der heruntergefallenen Nudeln entwickelt. Nicht auszuschließen, dass dabei zudem eine erhebliche Menge Alkohol im Spiel war, denn die Fermentation von Traubenmost ist so eng mit der Geschichte der orthodoxen Kirche verbunden, dass man von Abhängigkeit sprechen muss.

Aber Spaß beiseite und zu den Fakten: Die georgische Schrift stammt aus dem frühen Mittelalter und wurde aus der sogenannten *Mrglowani* entwickelt, wörtlich »Rundschrift«. Sie umfasst 33 Buchstaben, die allesamt phonetischer Natur sind, dh. jeweils einen konkreten Laut abbilden. Wer wollte, könnte sich einen Tag lang die Mühe machen, die Buchstaben zu studieren, den Lauten zuzuordnen und wäre anderntags durchaus in der Lage, die Schilder der *Marschrutki* (Sammeltaxis) zu entziffern. Wäre nicht so schwer, macht halt kaum einer.

Ähnlich absonderlich wie die Schrift wirkt zunächst auch die Sprache selbst: ein unstrukturiertes Chaos mit zahlreichen Kehllauten, das keinerlei Ähnlichkeit mit irgendeiner der europäischen Sprachfamilien aufweist. Die georgische Sprache (*Kartuli ena*) bildet zusammen mit dem Swanetischen und Mingrelischen eine eigene Sprachfamilie (die sogenannten kartwelischen Sprachen), und unterhält sonst keinerlei strukturelle oder lexikalische Verwandtschaften, wohl aber Lehnwörter aus den Turksprachen und dem Farsi. Der chaotische erste Eindruck ist jedoch ein Irrtum, der vor allem der Sprechgeschwindigkeit der Georgier geschuldet ist: Die einzelnen Worte scheinen ineinander verschränkt, die Satzmelodie gibt keine Auskunft über die Intention. Einzig in Kachetien geht man bedachter mit den Wörtern und Sätzen um, hier hat der Fremde eine Chance, sein mühsam erlerntes Vokabular im Alltag wiederzufinden. Unser Ehrgeiz sollte es jedoch auch gar nicht sein, ganzen Gesprächen folgen zu wollen, dies überlassen wir den Experten und jenen, die in Georgien festhängen und zu bleiben vorhaben. Allein um die wirklich wichtigen Vokabeln kümmern wir uns und merken, diese sind schnell gelernt.

– *Madloba!* heißt Danke, und man gibt uns zur Antwort, dies wäre doch nicht der Rede wert, es sei für nichts:

– *Araphers* (auch *Arapris*)

Damit haben wir schon die Verneinung erlernt, nämlich *Ara*, und wundern uns hinfort auf den Straßen Tbilissis, wie häufig diese Vokabel benutzt wird, ganze Telefonate scheinen ausschließlich aus »Aras« zu bestehen!

Auch die Zahlen sind im Nu gelernt:

– *Erti, ori, sami, otchi, khuti …*

Jetzt braucht es nicht mehr viel, damit wir unser Bier (*ludi*) auf Georgisch bestellen oder in der Bäckerei ein Brot (*puri*) ordern können. Höflich fügen wir ein »vielleicht?« im Sinne unseres »Bitte!« an:

– *Erti ludi/puri tuscheidsleba!*

In nicht wenigen Fällen wird man uns jetzt schon erstaunt fragen, ob wir des Georgischen mächtig wären:

– *Lap arak obt kartulad?*

Was wir natürlich mit *Ara, ara!* verneinen, um uns trotzdem auf Georgisch zu verabschieden:

– *Nachwamdis!*

Dass wir uns noch nicht auf dem Weg zur Meisterschaft befinden, merken wir zuallererst daran, dass unsere georgischen Freunde mit einem Mal korrigierend eingreifen. Bislang hatten diese unseren sprachlichen Gehversuche milde lächelnd assistiert, jetzt aber legen sie uns Feinheiten der Aussprache ans Herz. Insbesondere die Kehllaute bringen uns zur Verzweiflung, weil wir in vielen Fällen den Unterschied noch nicht einmal hören.

– Es heißt *Khatchapuri*, mit KH!

– Sag ich doch: Ch-atschapuri!

– Es heißt aber KH, nicht CH!

11. Grund

Weil Sie nie erraten werden, was Georgien neben Wein hauptsächlich so exportiert

Es wird schnell vergessen, dass eine Vielzahl der Strukturprobleme, an denen die sogenannten Transformationsländer leiden, nicht hausgemacht sind: Sie sind vielmehr das Produkt von Reißbrett-Entscheidungen, sie resultieren aus der geopolitischen Dimension der sozialistischen Planwirtschaft. Die Stadt Rustawi beispielsweise (benannt nach dem georgischen Nationaldichter) ist eine Retortenstadt keine 40 Kilometer südlich von Tbilissi. Sie wurde innerhalb eines Jahrzehnts aus dem Boden gestampft, weil das Politbüro zu dem Entschluss gelangt war, dort riesige Verhüttungs- und Walzwerke entstehen zu lassen – obwohl es vor Ort keine Eisenerzvorkommen gibt und das Erz über Tausende von Kilometern nach Rustawi transportiert werden musste; obwohl es in Georgien kaum Abnehmer gab und die Produktion wiederum an weit entfernte Standorte des riesenhaften Imperiums zurückgeschickt wurde. Die Wohnblöcke und die Arbeiter sind heute noch da, die Arbeit nicht mehr. Den Überfluss an Altmetall kann man heute noch in jedem georgischen Dorf als universelles Bau- und Ausbesserungsmaterial bewundern. Es ist unschön anzusehen, wie Wellblechverschläge, Stahldächer und Eisenzäune im feuchten subtropischen Klima von Imeretien oder Ratscha dahinrotten. Selbst am neu erbauten Bahnhof von Makhinjauri, ein paar Kilometer außerhalb Batumis, lösen sich inzwischen die Verblendungen, das Stahlgerüst beginnt frei zu liegen, das Metall oxidiert, sodass man in wenigen Jahren glauben wird, das Gebäude stamme aus einer experimentell-futuristischen Phase der sowjetrussischen Bautätigkeit. Die feuchtheißen Sommer, die kalten Winter zehren schneller am Baumaterial als andernorts. Und auch die Außenhandelsbilanz dominiert es: Schrott und Altmetall sind bis heute das Exportprodukt Nummer eins Georgiens! (Erze, Schrott, Sande und Erden hatten 2016 einen Anteil von 18 % am Export, Wein und Spirituosen lagen nur bei 15 %. Das Verhältnis ist aber dabei, sich zu ändern, die jährlichen Wachstumsraten des Weinexports sind zweistellig, Hauptabnehmer ist nach jahrelangem Embargo inzwischen wieder Russland.)

Den Armen, den Arbeitslosen und den Rentnern dient das Sammeln und Verkaufen von Altmetall als verlässliche Einnahmequelle. So kam es, dass vor wenigen Jahren ein Großmütterchen außerhalb von Tbilissi auf der Suche nach Buntmetall war und dabei versehentlich jenes Glasfaserkabel mit der Blechschere durchtrennte, das einen Großteil Georgiens und ganz Armenien mit Europa verband. Das Internet war für zwölf Stunden lahmgelegt, die alte Dame wurde gefasst, nachdem sie das vermeintliche Kupferkabel beim Händler verkaufen wollte, obschon sie anfänglich wie folgt leugnete:

– Schauen Sie mich doch an! Ich bin alt, schwach und hässlich! Sehe ich so aus, als wäre ich in der Lage, in irgendeiner georgischen Schlucht ein Kabel kurz und klein zu schlagen?

… war sie wohl, die alte Dame hatte das Glasfaser- mit einem Kupferkabel verwechselt und irgendwie mit Blechschere, Säge und Feile durchgeschnitten bekommen.

12. Grund

Weil Georgien noch im Entstehen ist

Georgiens jüngere Geschichte ist turbulent, und so richtig Tritt gefasst hat das Land bis heute nicht. Anfang der 90er-Jahre ist infolge der Unabhängigkeit einerseits die Wirtschaft komplett zusammengebrochen – mit gravierenden Folgen für das tägliche Leben. Andererseits kam es zu kriegerischen Auseinandersetzungen mit dem abtrünnigen Abchasien sowie zum Massenexodus der ethnischen Georgier von dort. In Tbilissi war es bis Mitte der 90er kaum möglich, abends oder nachts aus dem Haus zu gehen, zu groß war die Gefahr, von den Mitgliedern einer der rivalisierenden (Mafia-)Banden mit vorgehaltener Waffe und unter irgendeinem Vorwand »kontrolliert« zu werden. Heute sagen die Georgier über diese dunkle Zeit ohne ausreichend Strom, mit unzureichend Gas und sporadischer Wasserversorgung, es habe Krieg geherrscht.

Mit dem Amtsantritt von Schewardnadse 1995 hätten sich die Wogen zwar etwas geglättet, die Straßen seien befriedet worden, der Strom habe wieder eingesetzt, aber zu entscheidenden Verbesserungen sei es nicht gekommen, zu groß seien die Beharrungskräfte der mafiösen Strukturen innerhalb und außerhalb des Staatsapparats gewesen. Erst dem jungen Michail Saakaschwili sei es gelungen, einigermaßen durchzugreifen, nachdem dieser im Anschluss an die Rosenrevolution 2003 Schewardnadse aus dem Amt gedrängt habe. Damals habe so etwas wie Aufbruchsstimmung und Hoffnung geherrscht, zumal Präsident Saakaschwili die Staatsfinanzen in Ordnung gebracht und für Investitionen gesorgt habe. Ich müsse mir das mal vorstellen: Saakaschwili habe, weil ihm die Miliz unreformierbar erschien, den gesamten Polizeiapparat aufgelöst! Mit der daraufhin vollständig neugegründeten Polizei sei die Alltagskorruption auf einen Schlag beendet gewesen. Stromtrassen habe Saakaschwili gelegt, für Internetanschluss in den Bergen gesorgt – und sei dennoch ein Hitzkopf geblieben, ein Halbwahnsinniger! Den Berg Uschba wollte er beleuchten – und dass obschon man den Uschba aus dem Tal gar nicht sieht. An der Schwarzmeerküste habe er eine vollständig neue Stadt bauen wollen, um Touristen anzuziehen, von welchem Geld bitte? Nein, je länger Saakaschwili im Amt geblieben sei, umso deutlicher seien dessen autokratische Züge zu Tage getreten. Deshalb habe es schon 2007 in Tbilissi erste Massenproteste wegen Saakaschwilis Amtsführung gegeben, also noch vor dem 6-Tage-Krieg mit Russland um Süd-Ossetien. 2012 schließlich sei dessen Partei abgewählt worden, Saakaschwili selbst sei eine Niederlage jedoch erspart geblieben, denn dieser habe 2013 zu einer dritten Amtszeit gar nicht mehr antreten dürfen. Der Nachfolgeregierung des Parteienbündnisses »Georgischer Traum«, das wiederum vom Milliardär Bidsina Iwanischwili zu dem einzigen Zweck initiiert worden war, Saakaschwili loszuwerden, würden sowohl Neoliberale als auch Nationalisten sowie Politiker aus dem Umfeld Schewardnadses angehören – das würde doch alles sagen! Die alten Seilschaften würden schrittweise zurückkehren und das Land plündern wie ehedem. Ich müsse mir im Klaren sein, dass die Landeswährung seit Saakaschwilis Abgang an Wert verloren habe, die Produktivität (abgesehen vom Tourismussektor) sich nicht gesteigert habe und ebenso wenig die Kaufkraft. Die Frage, wer Georgien regiere, sei doch im Wesentlichen eine Frage, wohin die Gelder flössen und welche Seilschaften bedient würden. Den Menschen in den Dörfern sei das alles sowieso einerlei, denn die Zentralregierung von Georgien sei zuvorderst eines: sehr zentral! Georgien sei noch im Entstehen begriffen, und es würde sicherlich noch zehn, 20 Jahre brauchen, bis man festen Boden unter den Füßen spüren würde.

Aber auch wenn man im Bewusstsein behält, dass sich vielerorts auf dem Land so gar nichts ändert, kann man sich in den letzten Jahren nicht des Eindrucks erwehren, dass Georgien regelrecht erblüht. Als einzige der ehemaligen Sowjetrepubliken hat es Georgien geschafft, eine ebenso moderne wie bürgernahe Verwaltung aufzubauen: Sie brauchen einen Pass? Eine Eigentumsbestätigung? Sie wollen die Scheidung oder Ihr viertes Kind registrieren lassen? … dann begeben Sie sich zur »Public Service Hall«, auch »Palace of Justice« genannt, einem großräumigen neu erbauten Gebäude am Ufer der Kura in Tbilissi. Es sieht drinnen ein bisschen aus wie in einer modernen Börsenhalle, nur dass hier sämtliche Bürgeranliegen verhandelt werden. Angesichts der offenen Bauweise, der zig Fotoautomaten am Eingang, der Informationstheken und der Einzeltische können einem als Deutschen schon mal die Tränen kommen, weil einem klar wird, dass Georgien etwas ganz und gar Unglaubliches geschafft hat, was dem eigenen Land nie und nimmer gelingen wird: Georgiens Staatswesen ist effizient, schlank und (zumindest auf Alltagsebene) nicht korrupt.

Noch ein kurzes Wort zu Saakaschwili, dem ist nämlich etwas gelungen, was wohl nur einem georgischen Berufspolitiker gelingen kann: Er ist ein Politiker ohne Land geworden. Saakaschwili emigrierte 2013 zunächst in die USA und stand wenig später auf der Fahndungsliste der georgischen Staatsanwaltschaft, Korruptionsvorwürfe, Amtsmissbrauch. 2015 nahm er einen kleinen Job in der Ukraine an, als Gouverneur von Odessa. Zu diesem Zweck wurde ihm vom damaligen Präsidenten Petro Poroschenko die ukrainische Staatsbürgerschaft verliehen, dieweil ihm die georgische per Dekret entzogen wurde. In Odessa muss Saakaschwili samt seinem Stab ähnlich rigoros gegen die Alltagskorruption vorgegangen sein wie zuvor in Georgien. Dies berichten mir anerkennend Leute, die es wissen müssen. Dennoch (oder gerade deshalb) überwarf sich Saakaschwili mit seinem früheren Studienfreund Poroschenko und trat als Gouverneur zurück: Wegen mangelnder Unterstützung seitens des Präsidenten, ließ Saakaschwili verlautbaren und warf diesem im gleichen Zug Korruption vor. Saakaschwili in einem Interview wörtlich:

– Ich gehe immer meinen eigenen Weg und befolge keine Anweisungen. Das muss Poroschenko gewusst haben, als er mich in die Ukraine eingeladen hat. Er ist ein Risiko eingegangen. Vielleicht wird er das am Ende bereuen.

Saakaschwili blieb zunächst vor Ort, gründete eine eigene Partei (die bei ersten Umfragen auf maximal 5 % kam) und wollte gegen Poroschenko antreten. Dieser ließ jenem daraufhin die ukrainische Staatsbürgerschaft wieder entziehen, Begründung: fehlerhafte Papiere eingereicht. Saakaschwili wurde staatenlos, lebte mehrere Monate ohne Pass in Kiew, wurde schließlich verhaftet und nach Polen abgeschoben.

13. Grund

Weil in Georgien Raum für die absurdesten Zufälle ist

Ich saß im Nachzug nach Sugdidi und teilte das Abteil mit zwei georgischen Mitreisenden. Der eine, der ältere, konnte ein bisschen Deutsch und zeigte sich erfreut, dass ich ursprünglich aus Franken kam. Da hätte er ein paar Jahre gearbeitet, in Nürnberg. Der andere sprach zwar kein Deutsch, hatte aber zwei Freunde aus Deutschland, die er beim Gamen im Internet (die Jugend!) kennengelernt hatte. Er wusste sogar, woher diese stammten, aus Waisburg oder so, im Süden irgendwo …

– … Weißenburg?

– Jaja, ganz genau!

– Kann nicht sein, da komm ich her, ist 'ne Kleinstadt!

Nun, wozu ist man mit Internet immer und überall verbunden, wir forschten nach und kontaktierten einen der beiden. Siehe da, binnen Minuten war geklärt, dass sie in der Tat aus meiner Heimatstadt kamen … Was mich einigermaßen verblüffte, den Georgiern jedoch keine Regung wert war – wohl weil solcherlei Zufälle in einem Land wie Georgien, wo jeder jeden kennt, an der Tagesordnung sind.

Es ist mir und anderen Reisenden jedoch unterwegs so häufig passiert, dass wir Leute wiedergetroffen, gemeinsame Bekannte ausgemacht, Schnittstellen gefunden haben, dass ich hiermit den Verdacht äußere, es ginge in Georgien nicht mit rechten Dingen zu. Es ist Magie im Spiel. Das glauben Sie mir nicht? Das halten Sie für zu hochgegriffen? Na gut! Um Ihnen einen Eindruck von der Unwirklichkeit, der fantastischen Ansammlung von Unmöglichkeiten zu geben, will ich erzählen, wie ich auf Noémie traf, eine belgische Langzeitreisende, Übersetzerin und Künstlerin: indem wir beide zeitgleich am falschen Ort waren nämlich. Das ist schon der erste Zufall, wir zählen da spaßeshalber mal durch.

1. Ich war in Mestia, in Swanetien, geblieben, obschon es tags zuvor eine äußerst komfortable Möglichkeit geben hatte, mit Freunden in die Ebene zurückzukehren – was ich normalerweise nicht auslasse. Noémie wiederum wurde von einem Schnupfen geplagt, weshalb sie sich nicht auf den Weg nach Uschguli gemacht hatte, von wo ich gerade zurück war. Wir kamen im Guesthouse am gleichen Tisch zu sitzen und machten das, was Reisende so tun, wir berichteten einander gegenseitig vom Woher und vom Wohin. Dabei kam heraus, dass wir

2. am gleichen Tag nach Georgien eingereist waren (insofern bemerkenswert, als dass sich sowohl mein Aufbruch als auch der ihre aufgrund äußerer Umstände nach hinten verlagert hatte)

3. beide zur selben Zeit in der *Fabrika* übernachteten (gut, die *Fabrika* ist groß, da kann man schon mal Leute übersehen)

4. beide mit derselben *Marschrutka* am gleichen Tag nach Lagodhechi aufgebrochen waren (eigentlich völlig unmöglich, sich unter diesen Umständen nicht wahrzunehmen)

5. um einen Tag versetzt in den dortigen Nationalpark hochgestiegen waren (weil ich zunächst die Wasserfälle in Augenschein nahm, anstatt sofort hinaufzugehen)

6. trotzdem dieselbe Nacht auf einer der Schutzhütten verbracht hatten (ich komme auf diesen Umstand noch ausführlicher zurück, vgl. Grund Nr. 67)

7. an denselben zwei Tagen den Oasisclub in Udabno besucht, aber jeweils zu einer anderen Zeit am Lagerfeuer gesessen hatten.

Hand aufs Herz: Das ist ein ganzer Stapel an Zufällen, das ist zu viel des Guten, wenn Sie mich fragen! Dem Universum bei der Arbeit zuzusehen, das geht nur in Georgien. Nur in Georgien, wo jeder schamlos spontan und impulsiv agiert, lösen sich die Fesseln von Plan, Gewohnheit und Absicht so weit auf, dass ein gewaltiger Raum entsteht – ein Raum, innerhalb dessen andere Mächte ihr Spiel spielen können.

14. Grund

Weil Georgien für Westeuropäer zum Kuraufenthalt wird

Dass in Georgien vieles nicht planbar ist, vieles vom Zufall abhängt, sich spontan ergibt, all dies mag auf den ersten Blick nicht ausschließlich einen Grund abgeben, Georgien zu lieben. Ist es aber dennoch. Denn was für die Georgier im Alltag problematisch ist oder verbesserungswürdig, das wirkt für manch einen Westeuropäer wie ein Befreiungsschlag: Endlich ist mal nicht alles durchgetaktet, endlich kann man nicht absehen, was geschehen wird, endlich keine Fahrpläne, kaum Struktur, stattdessen ein sonderbares Gefühl von Freiheit, von Lebendigkeit! Dass Georgien kein fester Boden ist, dass Regeln und Regelwerk keineswegs so fest gefügt sind, wie wir das gewohnt sind, das setzt Kräfte frei und das kann durchaus vergnüglich sein: Auf einmal werden Dinge zur Herausforderung, zum Mikroabenteuer (ist doch grade Trend!), die ansonsten bestenfalls Routine sind.

Georgien kann uns ein Kuraufenthalt sein: Das Unfertige, das erst Entstehende, das Unaufgeräumte zusammen mit der leisen interkulturelle Verwirrung (und dem Restalkohol im Blut) versetzt einen in produktive Unruhe, in einen Zustand leichter Verunsicherung und Alertheit. Gleichzeitig können wir uns behütet fühlen wie ein Kind an der Mutterbrust, wir brauchen nur fragen, und uns wird geholfen: Ich stand etwas unbeholfen in Tbilissi an der Metrostation Isani, auf der Suche nach der *Marschrutka* in Richtung Telawi (keine Fahrpläne, keine Busbahnhöfe). Jemand schickte mich über die Straße, dorthin, wo die Kleinbusse nach Lagodechi und Sighnaghi abfahren. Dort wiederum telefonierte mir jemand anderes, den ich angesprochen hatte, nach dem *Marschrutka*-Fahrer, der zwar woanders abfuhr, sich aber dennoch bereit erklärte, mich an Ort und Stelle abzuholen und mir den Platz frei zu halten. Und das ist normal: Ein andermal war ich in Vake eingeladen, einem Viertel in Tbilissi, wo hauptsächlich die gebildete Mittelschicht wohnt, um einen deutschen Filmregisseur und seine georgische Frau zu besuchen. Kurz bevor ich ankam, gab mein Mobilfunkgerät mangels Batterie den Geist auf. Der Regisseur aber hatte mir nur die Hausnummer gegeben, nichts weiter. Das Haus wiederum hatte sieben verschiedene Aufgänge, keine Klingelschilder und noch nicht einmal Namen an den Türen. Zudem wusste ich gar nicht um die Nachnamen, wir waren uns lediglich mit den Rufnamen bekannt. Es war bereits dunkel, ich stand zwischen Kinderschaukel und Teppichklopfstange im Hof, als jemand im ersten Stock auf den Balkon trat.

– *Can I help you?*

Konnte er nicht, denn mit den beiden Vornamen konnte er erst einmal nichts anfangen.

– *One minute!*,

rief er hinab und ging nach drinnen, um wenige Minuten später wieder zu erscheinen.

– *Yes, yes: you have to look at entrance four, go up to the third floor, a couple moved in there recently. And the husband is German.*

Die beiden waren nicht verheiratet, noch nicht, aber das tut ja nichts zur Sache.

Wir sollten nicht vergessen, dass wir uns frei und mit ausreichend Geldmitteln durch ein Land bewegen, in dem ansonsten vieles fest gefügt ist, in dem so mancher Schuster, Ladenbesitzer und so manche Supermarktangestellte nicht die Möglichkeit haben, es uns gleichzutun und nach Belieben den Ort zu wechseln. Die Freundlichkeit und Hilfsbereitschaft der Georgier ist deswegen nicht hoch genug einzuschätzen: Uns wird weitergeholfen, einzig deswegen, weil wir Fremde sind, uns nicht zurechtfinden und Hilfe benötigen. Mögen sich andere Länder davon eine Scheibe abschneiden! Ich meine, eine Bevölkerung, die in ihrer Gesamtheit bereit ist, Fremden weiterzuhelfen, freundlich reagiert noch auf deren dümmste Fragen, Verständnis hat für deren Unwissen, sich tolerant zeigt gegenüber deren Eigenarten: Wo bitte gibt es so etwas in Westeuropa? Es ist herzerwärmend, das zu erleben, es hat therapeutische Wirkung, und es lockert auf. Wir fühlen uns wohl, aufgehoben und wissen nicht genau warum.

2. Kapitel

Das Herz, die Hauptstadt

15. Grund

Weil in Tbilissi Herz und Verstand Georgiens zu Hause sind

Man kann sich ein Georgien ohne Tbilissi gar nicht ausdenken, verschwände die Hauptstadt, sie würde alles andere mit sich reißen. Tbilissi ist für Georgien schlicht der Nabel der Welt, alles hängt von ihr ab, alles fließt dorthin, alles kommt von dort. Und vor allem verlassen die jungen Leute die Provinzstädte, um in Tbilissi eine Ausbildung zu beginnen, ein Studium aufzunehmen oder zu einigermaßen akzeptablen Konditionen eine Arbeit. Sie verlassen nicht nur die Provinz, sondern auch die erstaunlich eng gewebten Familienbande (vgl. Grund Nr. 102). Tbilissi ist ihnen ein Stück Freiheit und verspricht Zukunft.

Von den knapp vier Millionen Georgiern wohnt mehr als ein Viertel in der Hauptstadt. Ein Tbilissi ohne Georgien, das ginge deshalb sehr wohl: Verschwände das Umland, stürzten die Berge ein und würde man die Küste hochklappen, in Tbilissi würde man das gar nicht sofort merken. Tbilissi ist ein Planet für sich, hier gelten andere Regeln, andere Umgangsformen als in Kutaisi oder in Batumi, von Mestia oder Telawi ganz zu schweigen. Immer schon war Tbilissi der Motor des gesamten Landes, hier sitzen nicht nur die Kunst und die Politik, hier ist das gesamte Land aufbewahrt. Nicht nur in den Museen und in den Mythen, auch im Selbstverständnis Georgiens: *Sakartwelo* heißt Georgien auf Georgisch, und das bedeutet »Land der Kartlier«. Kartli bzw. Kartelien ist wiederum das Herzland Georgiens und Tbilissi dessen Mittelpunkt und Hauptstadt von altersher. Tbilissi ist Georgien, und Georgien ist Tbilissi (auch wenn man in Kutaisi da anderer Meinung ist). Sehen Sie es mir also nach, wenn Tbilissi verhältnismäßig viel Raum zugestanden wird in diesem Buch, es ist unvermeidlich und entspricht der Wirklichkeit.

16. Grund

Weil Tbilissi eine Stadt der Langschläfer ist

Dass ich im Mai 2013 erstmals nach Tbilissi kam, war dem Zufall geschuldet oder besser gesagt einer Verkettung unglücklicher Umstände. Ich war an der türkischen Schwarzmeerküste gewesen, wollte auf das Weideland des Kaçkar-Gebirges hinaufsteigen, doch die Witterungsbedingungen des Frühlings 2013 waren alles andere als günstig, es lag zu viel Schnee. Deshalb zog ich weiter, erst nach Rize und von dort aus mit dem Bus über den Checkpoint Sarpi nach Georgien. Mit der Schwarzmeerstadt Batumi, die damals schon voller kitschiger Hotelneubauten und Casino-Architektur war, konnte ich herzlich wenig anfangen und nahm daher den Nachtzug nach Tbilissi, ohne Ahnung, ohne Plan: Frühmorgens stand ich vor dem Bahnhof in Tbilissi und hatte die Orientierung völlig verloren. Es war ein dumpfer, grauer Tag, und alles war seltsam. Vom Bahnhof aus konnte man weite Teile der Stadt übersehen, die sich über Hügel hinzog und durch ein Tal streckte. Auf der gegenüberliegenden Seite zeigte ein Fernsehturm in den grauen Himmel. Ich entkam den Taxifahrern, indem ich schnellen Schrittes davonging und so tat, als wüsste ich wohin. In Wirklichkeit hatte ich keine Ahnung. Niemand war unterwegs, den ich hätte fragen können, die Straße war leer, nur ein kleiner Kiosk hatte offen. Jede Stadt hat ihren Rhythmus, und Tbilissi gehört offensichtlich zu den Spätaufstehern unter den Städten, sämtliche Geschäfte hatten noch geschlossen, und der Rustaweli-Boulevard war so wenig befahren, dass ich ihn zu Fuß überqueren konnte, was mir später nie wieder gelingen sollte. Ein leichter feuchter Nebel lag in den Straßen, einzig ein paar Bauern bauten am Straßenrand kleine Stände auf. Einer verkaufte dünne Kerzen für die Heiligenverehrung, eine andere war dabei, kleine Blumensträuße um ihre winzige Sitzgelegenheit herum zu drapieren.

Ich wusste um ein Hostel, das *Why-Not*, das unweit des Boulevards liegen musste, hatte mir jedoch den Straßennamen nicht notiert; ich musste mir eingebildet haben, mit einem einzigen Blick auf die Karte die Lage des Hostels memorieren zu können, aber Pustekuchen! Die Bauern nach dem Weg zu fragen wäre müßig gewesen, also steuerte ich den McDonald's an, dort würde ich mit Englisch zurechtkommen. Als ich auf der Höhe des McDonald's war, stieg gerade eine junge Dame aus dem Taxi. Ich sprach sie an:

– *Excuse me, I am looking for »Why-not-Hostel« …*

– *Why not hostel?*

– *Yes, »Why-not«!*

– *Why are you asking me?*

– *Why not?*

– *Well, you should know yourself, what you want!*

Nein, nein, nein! Das Hostel hieße so, das Hostel hieße »Why-not-Hostel« – es müsse hier ganz in der Nähe sein! Sie musterte mich den Bruchteil einer Sekunde lang, um mir dann zu sagen, dass sie in Tbilissi leben würde und keine Ahnung von dieser Materie habe. Die Hotels würde sie natürlich kennen, das Radisson, das Marriot … Überhaupt müsse sie jetzt zur Arbeit, sie käme sonst zu spät! Ich solle nur vorsichtig sein in ihrer Stadt: kein Leitungswasser trinken, nicht mit Fremden saufen, keine streunenden Tiere streicheln!

– *Why not?*

Sie musste lachen.

– *I don't have time now. If you like, I can explain tomorrow, tomorrow is my day off!*

– *Why not!*, sagte ich und wollte wissen, wann und wo wir uns denn treffen würden.

Sie griff nach meinem Notizheft und notiert den Namen eines Cafés und eine Adresse. Tamara hieß sie.

Eine gute halbe Stunde später hatte ich das Hostel von alleine gefunden. Es lag jenseits eines kleinen Parks in einer Seitenstraße. Das Haus war alt, ganz mit hölzernen Balkons, Veranden und

Laubengängen verkleidet. Der Hof war asphaltiert, auf dem Asphalt standen in tausend blechernen Kübeln Blumen, Kräuter und junge Tomaten. Über eine windschiefe Außentreppe, die von armdicken Weinranken eingerahmt wurde, ging es in den ersten Stock, zum Hostel. Drinnen war niemand zu sehen, jemand schlief auf dem Sofa an der Rezeption. Es war bereits weit nach neun Uhr. Tbilissi ist eine Stadt der Langschläfer!

17. Grund

Wegen des Tbilisser Untergrunds I

Die großen Straßen Tbilissis, die Stadtautobahnen und die Boulevards, die wie der Rustaweli-Prospekt ebenfalls etwas von Autobahn haben, sind nicht ganz einfach zu überqueren. Erstens weiß das Verkehrsaufkommen das zu verhindern, zweitens gibt es kaum Übergänge oder Fußgängerampeln, drittens ist für die Überquerung der Straßen der Untergrund zuständig. Die Unterführungen sind jedoch nicht immer dort, wo man sie braucht, und so kommt es in den ersten Tagen vor, dass man verwirrt den Rustaweli-Boulevard entlangschleicht, bis man sich die Lage der Unterführungen eingeprägt hat.

Der Begriff »Unterführung« ist dabei leicht untertrieben: Nichts ahnend steigt man die Stufen aus sowjetischer Zeit hinab, um dort unten mit einem schlecht beleuchteten Labyrinth an winzigen und winzigsten Geschäften konfrontiert zu sein. Unterhalb der großen Kreuzungen, zum Beispiel am Liberty Square (auf georgisch *Tawisuplebis Moedani*, die englische Bezeichnung ist jedoch ebenfalls gebräuchlich), ist es, als beträte man eine eigene kleine Stadt mit Achsen und Querverbindungen: Schuhe, Gewürze, Elektronik, Gebetskerzen, Kosmetik, Kleidung – dort gibt es auf engstem Raum alles, was man im Alltag benötigt. Die Untergrund-Geschäfte sind günstiger als die großen Supermärkte, und ganz Tbilissi kauft dort im Halbdunkel ein. An manchen Tagen, wenn die Bürgersteige wie leer gefegt scheinen, ist im Untergrund immer noch Betrieb.

Die Passagen selbst wurden in den späten 60ern und den 70ern gebaut, die Ladenzeilen im Laufe der Perestroika während der 80er eingerichtet. Inzwischen sind Kleinstgeschäfte für besonderen Bedarf eingezogen, und auch auf die Touristen hat man sich im Untergrund eingestellt und annonciert zum Beispiel auf Englisch »Georgian Wines«. Daneben gibt es einen Laden für Anglerausstattung (an der Kura wird auch innerhalb des Stadtzentrums gerne gruppenweise geangelt), eines für Jagdmesser und eines für Handfeuerwaffen. Letzteres bietet eine ganz erstaunliche Sammlung an, die prominent im gläsernen Schaufenster ausgestellt und offensichtlich frei verkäuflich ist. Was ich jedoch nicht weiß und mangels Expertise auch nicht erkennen kann, ist, ob es sich um Originale handelt. Gut möglich, dass es Fälschungen sind.

18. Grund

Weil die Einheimischen es lieben, Ihnen ihre Stadt zu erklären, einige Verhaltensregeln inklusive

Es ist ein himmelweiter Unterschied, ob man allein durch eine fremde Stadt streift, still beobachtet, erahnt und erschließt, oder ob man mit Einheimischen unterwegs ist, die einem alle Bezüge herstellen und das Unbekannte schnell und leicht begreifen lassen. Sämtliche renovierten Gebäude der Altstadt seien in kirchlichem Besitz, erklärte mir meine Bekanntschaft. Daher käme der makellose Zustand, denn die Kirche habe Geld: die Kirche, der Staat und die Mafia – wobei die Zugehörigkeit zu einer Gruppe die zu den beiden anderen nicht unbedingt ausschließen würde. Von den Prestigebauten der

Ära Saakaschwili, den neuen, gläsernen Polizeistationen, und den großen Hotels einmal abgesehen, schien das alte Tbilissi im Verfall begriffen zu sein: Die meisten hölzernen Vorbauten waren morsch, zahlreiche Hauswände und ganze Straßenzüge waren durch Balken oder Stahlträger abgestützt worden – es sah nicht so aus, als wären die jeweiligen Häuser noch zu retten, und auch nicht so, als wäre deren Rettung überhaupt angedacht.

Meine Bekanntschaft hatte mir am Vortag eine Adresse jenseits des Liberty Squares, bzw. des großen Kreisverkehrs am östlichen Ende des Rustaweli-Prospekts, als Treffpunkt angegeben: Tamara sprach englisch mit einem britischen Einschlag. Wir plauderten über alles mögliche, darüber, dass sich die Wolken verzogen hätten, der Frühling und der Sommer sich in Georgien früher einstellten als in Deutschland und darüber, dass Tbilissi eine schöne Stadt sei, aber eine sonderbare zugleich. Ich erfuhr, dass sie Ärztin und ihre Muttersprache Russisch sei, sie erfuhr, dass ich aus Deutschland, aus Berlin kam, dort meinen Lebensunterhalt als Weinhändler bestritt. Über das Thema Leitungswasser entspann sich ein kleiner Disput, denn ich hatte im Hostel von den polnischen Betreibern das genaue Gegenteil gehört: dass die Qualität des abgefüllten Wassers infrage zu stellen, das Leitungswasser hingegen jedoch völlig sicher sei. Tamara jedoch insistierte, dass Wasser aus der Leitung erstens mit Bakterien verunreinigt sei, die meinem Magen nicht bekommen würden, zweitens womöglich weit schlimmer kontaminiert sein könnte. Ob ich mir bewusst sei, was zu Zeiten der Sowjetunion so in die Landschaft gekippt worden sei an toxischem Material? Wasser also bitte schön ausschließlich aus der Flasche, ordnete Tamara an und fügte bestimmt hinzu:

– *I am a doctor!*

19. Grund

Weil es Markenpiraterie in verschiedenen Qualitätsstufen und von erstaunlicher Kreativität gibt

Ich bezweifle hiermit, dass es in Tbilissi überhaupt möglich ist, Originalprodukte von Apple zu bekommen. Vielleicht irgendwo in den Galerien und neuen Shoppingmalls, die kein normaler Georgier und kein normaler Ausländer jemals betritt (jedenfalls nicht, um dort etwas zu kaufen). Aber nicht in den kleinen Läden des Tbilisser Untergrunds und auch nicht in den Passagen der Metrostationen, wo alle relevanten Händler beheimatet sind. Im Untergrund am Liberty Square residiert zum Beispiel der Elektronikhändler meines Vertrauens, der auf kaum 10 m^2 alles vorrätig hat, was der Reisende so braucht: Aufladekabel für das Mobilfunkgerät, externe Akkus, Stecker aller Art, Kopfhörer. Bei meinem letzten Besuch wollte er mir sogar – mit bedauerndem Blick auf den zersprungenen Bildschirm meines alten – ein neues gebrauchtes iPhone 5s verkaufen. Er ging von sich aus mit dem Preis von 280 auf 250 Lari runter, was tatsächlich günstig ist, nämlich keine 80 €. Und das Ding war frei von Schrammen oder sonstigen Gebrauchsspuren. Mein Händler meinte, er würde mir sogar zwei Tage Garantie geben, ich könne also in Ruhe sämtliche Funktionen überprüfen. Ich wog das Teil abschätzig in der Hand, als er verschwörerisch sagte:

– Es ist die Goldversion!

Ich antwortete: Perfekt, die würde dann ja zu meiner Handtasche passen, aber der Witz kam nicht an. Egal, das Ding war jedenfalls original. Ich nahm es trotzdem nicht, 80 € sind in Georgien verdammt viel Geld. Stattdessen nahm ich von den nicht-originalen Aufladekabeln und den nicht-originalen Steckern. Diese gibt es in drei Varianten. Die günstigste hatte ich bereits zuvor ausprobiert: Der kleine kubusartige, ganz in Appleweiß gehaltene Stecker war bereits nach einer Stunde am Netz mit einem KNACK implodiert und an einer Ecke angeschmolzen, das Kabel tat etwa drei Tage lang seinen Dienst, bevor es vom iPhone als nicht autorisiert abgelehnt wurde – in immer kürzeren Intervallen übrigens; ein Schelm, wer dahinter ein Prinzip vermutet. Ich erwähnte dies meinem Händler gegenüber, und dieser wies mich sodann auf die besseren Qualitäten hin, zu 10 bzw. 15 Lari (ca. 3 bzw 5 €). Ich beschloss, voll auf die Kacke zu hauen und die teuren zu nehmen, Kabel und Stecker. Wo ich schon dabei war, packte ich einen externen Akku zu sage und schreibe 40 Lari drauf und erkundigte mich:

– Sag mal, bei gleich drei Sachen, kannst du mir da einen guten Preis machen?

Konnte er natürlich, machte er auch. So sollte man übrigens in georgischen Ladengeschäften handeln: nach Freundschaftspreisen oder Mengenrabatten fragen. Auf dem Markt ist es leicht anders, dazu später (Grund Nr. 107).

Nahe der Marjanischwili habe ich vor Jahren einen todschicken Trainingsanzug von Adidas erworben. In einer Art Boutique. Hat mich fast 100 Lari gekostet, aber ich war im Begriff, undercover unterwegs zu sein, und brauchte *street credibility*. Stutzig wurde ich schon im Geschäft, denn die dunkelblaue, leicht schimmernde Tracksuit war nur in XL vorrätig. Ich weiß, dass ich M brauche bei Adidas, maximal L. Die Verkäuferin aber bestand auf einer Anprobe, und siehe da, das noble Ding passte perfekt. Nobel deswegen, weil neben den Adidasschildchen (aus echtem Kunstleder), den elegant und kunstfertig eingefassten Reißverschlusstaschen, auch ein Porschelogo eingearbeitet war, gut sichtbar versteht sich, sonst ergibt es ja keinen Sinn. Eine Adidastracksuit im Porschedesign, yeah! … nun, wir wissen alle, was Adidas sonst so an beschissenem Design auf den Markt wirft (Stichwort Nationaltrikots). Wer nun meint, ein von Porsche designter Spitzenjogginganzug von Adidas sei zu gut, um wahr zu sein, nun, der hat recht! Noch am selben Abend hatte ich versucht, die erstandene Ware online zu stalken, herauszufinden, was für ein Schnäppchen ich da gemacht hatte. Heraus kam: Es gibt sie nicht. Weder meine Tracksuit, noch eine entsprechende Produktlinie, noch überhaupt eine Zusammenarbeit von Porschedesign und Adidas. Der Anzug war eine Fälschung. Das störte mich aber nicht im Geringsten, vielmehr war ich stolz auf mein Unikat, so seriell es auch in China oder der Türkei produziert sein mochte. Was ich fortan trug (und zwar in den Casinos von Tbilissi) war ein Spitzenprodukt der Markenpiraterie. Anstatt etwas Althergebrachtes mühsam zu kopieren, hatte man den Anzug und die ganze Produktlinie einfach erfunden: Genial! Und viel besser als die zahlreichen Kopien von renommierten Marken, die sich an jeder Ecke finden und die sich, um rechtlich auf der sicheren Seite zu sein, strategische Schreibfehler leisten: Unterhosen von KEVIN CLINE zum Beispiel, oder Jeans von LEVIA STRUSS und WRONGLER. Absoluter Standard in Georgien sind Sonnenbrillen von Ray Ban. Es gibt sie überall, und Ray Ban scheint alle anderen Marken (in Anführungszeichen!) weitgehend verdrängt zu haben. Das schwarze Plastikgestell, die verspiegelte Fliegersonnenbrille, ganz egal: Alle kosten maximal 15 Lari. Die ganz billigen Kopien sogar nur 5. Sollten wir eigentlich anfangen, in die EU zu importieren! Fehlt uns irgendwie.

20. Grund

Wegen des Tbilisser Untergrunds II

Es heißt, dass selbst die Stationsansagen der Tbilisser Metro noch aus Sowjetzeiten stammen würden. Sicher ist jedenfalls, dass die Breitspur-Züge vom sowjetrussischen Hersteller Metrowagonmasch kommen und dass die ersten vier Stationen der U-Bahn (als vierte der Sowjetunion nach Moskau, St. Petersburg und Kiew) 1966 eröffnet wurden. Damals führte das erste Teilstück (von schließlich zwei Linien) von Didube bis zum Rustaweli-Prospekt.

Tbilissis eingezwängte Lage, die wasserführenden Schichten und die ansteigenden Talseiten erforderten eine Streckenführung weit in der Tiefe. Die Metro-Station Rustaweli liegt 60 Meter unter der Erde, die Rolltreppen sind 120 Meter lang. Man braucht gute zwei Minuten von den Drehkreuzen bis zu den Bahnsteigen, und es fühlt sich an, als würde man von der Tiefe eingesogen.

Verlässlich alle zweieinhalb Minuten fahren die alten Waggons in den zum Teil heute noch mit Marmor ausgekleideten Untergrundpalästen vor. Verlässlich bringen sie die ärmeren Bevölkerungsschichten in rekordverdächtiger Geschwindigkeit an ihren Zielort. Während der Fahrt wird jemand die Georgier als solche anrufen und zum Spenden animieren. Ein Kind wird sich durch die Reihen zwängen und mit routinierter Stimme Gebetskerzen anpreisen. Ein Paar hält ein selbst gebasteltes Plakat hoch und sammelt für ein erkranktes Familienmitglied. Gesprochen wird unter den Fahrgästen wenig und wenn, dann die Köpfe eng zusammen gesteckt.

Man schimpft mich aus, als ich den dummen Gedanken äußere, die Metro insgesamt erinnere an die Sowjetzeit, in Sachen Stimmung, Technik und Atmosphäre. So ein Quatsch, entgegnen mir die älteren Georgier, also die, die es wissen müssen. Zu Sowjetzeiten hätte es all das nicht gegeben: die Bettler, die Leute ohne Krankenversicherung, diesen Geruch der Armut dort unten in der Metro. Außerdem seien unter Präsident Saakaschwili sowohl die Bahnhöfe sukzessive saniert worden, als auch manche Züge ausgetauscht. Und das mit den Ansagen, so ein Blödsinn! Wer denn so was erzähle? Als ob es zu Sowjetzeiten Bandansagen gegeben hätte, noch dazu auf Georgisch und Englisch!

Das Abrechnungssystem für Metrofahrten ist an Modernität nicht zu schlagen, und Städte wie Berlin täten gut daran, es Tbilissi nachzutun: Für zwei Lari bekommt man eine Chipkarte, die man am Schalter entsprechend aufladen kann, die Fahrt zu 50 Tetri. Die Karte liest man am Drehkreuz ein, dann blinkt entweder ein grünes Licht auf und gibt das Kreuz frei, oder das rote leuchtet und es ertönt unmissverständlich: »ÄH-ÄH!«… was so viel bedeutet wie zurück zum Schalter, nach Kleingeld kramen, Karte aufladen.

Ganz ohne Personal läuft dieses Prozedere nicht ab, zum einen ist ja der Schalter besetzt, zum anderen wird das Einchecken aus einem Kabäuschen heraus genau beobachtet, sodass auch sportliche Naturen nicht auf die Idee kommen, das Drehkreuz im Sprung zu überwinden. Desgleichen gibt es am unteren Ende der unendlich langen Rolltreppen einen weiteren kleinen Glaskasten, von dem aus das Geschehen im Blick behalten wird … warum auch immer. Fahrkartenkontrolleure oder sonstiges Begleitpersonal gibt es nicht, weil es keines braucht.

Immer wieder begegnen einem neuerdings »Chipkartenverleiher«, die den Touristen anbieten, sie für einen Lari durch die Drehkreuze zu schleusen, der Tourist spart sich den Chipkartenkauf und der Verleiher macht einen satten Gewinn von 100 %. Eine Win-win-Situation, nicht wahr? An manchen Bahnhöfen (vor allem im Osten der Linie 1) schlägt einem übrigens eine modrige Feuchtigkeit entgegen, die nichts mit deren Zustand, sondern mit den schwefelhaltigen Wassern zu tun hat, denen Tbilissi seinen Namen verdankt.

Die Metro war bis zur Ära Saakaschwili durchaus unsicheres Terrain, Umschlagplatz und Diebesrevier zugleich. Die Jahre verstärkter Polizeieinsätze im Untergrund zeigen jedoch bis auf den heutigen Tag Wirkung, mir ist von organisiertem Trickdiebstahl nichts bekannt. Natürlich sollte man trotzdem, zumal während der Stoßzeiten, wenn sich die Metro bis auf den letzten Platz füllt, wie überall auf der Welt Wertsachen am Körper tragen und die äußeren Taschen leeren. Als gefährlich gilt lediglich die Station Didube – aufgrund von deren Unübersichtlichkeit und weil dort die Touristen verlässlich auflaufen, verwirrt in den Menschenmengen und engen Ladenzeilen stehen bleiben, nach dem Weg fragen, mit Taxifahrern feilschen, um nach Kutaisi zu kommen, nach Batumi oder die *Marschrutka* nach Kazbegi zu nehmen. Mit einem Wort: optimales Terrain für Taschendiebe.

21. Grund

Weil die Gründung Tbilissis einem Fasan zu verdanken ist, so sagt man

Die Stadt Tbilissi gibt es überhaupt nur aufgrund eines Jagdunfalls. Und zwar war, einer Legende zufolge, König Wachtang Gorgassali (von Iberien, denn ein Georgien gibt es im 5. Jahrhundert nach Christus noch nicht) samt Gefolge im heutigen Stadtgebiet auf der Falkenjagd. Der Fasan, den der Falke vom Himmel holte, stürzte Hunderte Meter entfernt zu Boden, genauer gesagt in eine heiße Quelle. Schon von ferne sah man Dampf von der Wasseroberfläche aufsteigen, und als man dort ankam, war das Rebhuhn auch schon gar. Angetan von dererlei paradiesischen Zuständen verfügte Gorgassali noch an Ort und Stelle, dass genau dort eine Stadt erbaut werden möge, die Hauptstadt werde umziehen. Und so geschah es. *Tbil* ist das georgische Wort für »warm«, *Tbilissi* bedeutet entsprechend »Warmer Ort«. An den Hängen des Mtabori östlich der Altstadt, im heutigen Bäderviertel, sprudeln in der Tat bis zu über 40 Grad heiße Schwefelquellen.

Soviel zur Semantik, noch ein Wort zur Aussprache: Deutsche Touristen neigen dazu, ein überflüssiges »I« einzubauen und, weil es so leicht über die Lippen geht, »Ti-bilissi« zu sagen. Das ist jedoch falsch, und jeder Georgier hört das raus. Deshalb am besten ein bisschen üben und die beiden Konsonanten stimmhaft verschmelzen, ohne weitere Vokale einzubauen.

22. Grund

Weil es neben Tbilissi auch Tiflis, Tpilissi oder Tbilisi gibt und nichts davon falsch ist

Inzwischen hat sich in der deutschen Zeitungslandschaft durchgesetzt, von »Tbilissi« zu schreiben, das Auswärtige Amt und damit auch die Deutsche Botschaft halten hingegen am althergebrachten »Tiflis« fest. Keine der Varianten, es gibt noch weitere, ist falsch, sie sind nur historisch anders verortet: Die Bezeichnung »Tiflis« geht auf Marco Polo und damit auf das 13. Jahrhundert zurück und fand internationale Verbreitung. Bis 1936 lautete so auch der offizielle Name der Stadt. Dann jedoch wurden auf Beschluss des Obersten Sowjets russlandweit Städtenamen den örtlichen Gepflogenheiten angepasst, aus »Tiflis« (Тифлис) wurde zunächst »Tpilissi«, später dann »Tbilissi« (Тбилиси). Die Konsonantenänderung hat rein linguistische Gründe, die zweite Form entspricht dem neugeorgischen Sprachgebrauch. Ebenfalls und vor allem im angloamerikanischen Sprachraum verbreitet ist die Form mit einem S: »Tbilisi«. Dieser und weitere Unterschiede in der Schreibweisen georgischer Ortsnamen und Begriffe gehen auf die verschiedenartige Transliteration der georgischen Buchstaben zurück, einen inhaltlichen Unterschied gibt es nicht: Die 33 Buchstaben der georgischen Schrift sind der Grund für die unterschiedlichen Schreibweisen von Orten und Begriffen in der lateinischen Umschrift. Ist ja auch logisch: Wenn man 33 georgische Buchstaben auf 26 lateinische verteilt, muss es ja zu Varianten kommen.

23. Grund

Weil im Tbilisser Bäderviertel schon die Karawanen der Seidenstraße haltmachten

Unterhalb der Festung, direkt in der Altstadt, der *Kala*, liegt das Viertel Abanotubani, das Bäderviertel. Dort, wo einst der Fasan ins heiße Wasser gestürzt ist und gebraten wurde, gab es im 13. Jahrhundert bereits über 60 verschiedene Badeanstalten. Im Bäderviertel soll auch der erste Markt von Tbilissi gewesen sein, der erste *Bazar*. Denn hier trafen die Karawanen der Seidenstraße ein, aus Persien, aus Indien oder dem fernen China. Man muss sich das Bäderviertel also als äußert bunten, orientalisch geprägten Ort vorstellen, an dem die Reisenden sich den Staub der Wege abschrubben ließen und Geschäfte machten.

Tbilissi ist ein Knotenpunkt, ein Kommunikationszentrum zwischen dem Fernen Osten, Kleinasien und Europa. Seit der Antike ist die Handelsroute über das Kuratal bekannt, der Ort wurde schon auf römischen Karten des 4. Jahrhunderts verzeichnet, noch vor der eigentlichen Gründung der Stadt ein Jahrhundert später (… vielleicht war es also doch nicht der Fasan, der zur Stadtgründung führte, sondern strategische Überlegungen und wirtschaftliche Aspekte, die König Wachtang Gorgassali dazu bewegten, die Hauptstadt von Mzcheta an die heißen Quellen zu verlegen).

Der heute sichtbare Bäderkomplex mit seinen Mauern aus Ziegelsteinen und den Kuppeln, die für Licht in den einzelnen Baderäumen sorgen, stammt allerdings aus dem 17. Jahrhundert. Die berühmteste Badeanstalt, das Orbeliani-Bad, ist nicht Teil des Ziegelkomplexes, sondern steht majestätisch zu dessen rechter Seite und prahlt mit einer ornamental-persischen Fassade. Dieses wurde erst 1893 erbaut und ist unter den gut zehn Badeanstalten, die noch in Betrieb sind, die am aufwendigsten renovierte.

Dass uns, als wir zu fünft einen Baderaum angemietet hatten, dieser als Puschkin-Bad angepriesen wurde, weil selbiger genau dort wohl einst einkehrte, ist geschenkt – ich denke dies wäre uns in den anderen Bädern durchaus auch passiert. Und wenn nicht Puschkin, dann zumindest Alexandre Dumas! Oder halt Pasternak, es gibt ja eine größere Auswahl an Berühmtheiten, die sich an Ort und Stelle verlustierten und dies schriftlich festhielten. In diese illustre Reihe gliedere ich mich hiermit frecherdings ein.

24. Grund

Weil Sie in den Sulphurbädern Alkohol serviert bekommen

Ich war in Begleitung eines Trupps Polen, die gerade aus Gudauri zurückgekommen waren und sich in dieser leicht derangierten, aber überaus angeregten Grundstimmung befanden, welche die Mehrzahl jener Touristen nach ein paar Tagen befällt, die sich erstmals in Georgien aufhalten.

Wir hatten den Baderaum zuvor gebucht, um sicherzugehen, dass einer frei sein würde. Im Orbeliani-Bad bestehen die Räume aus einer Art Lounge mit Sofas, Toilette und Umkleide sowie dem eigentlichen Bad, das wiederum ein Bassin, mehrere Duschen und Liegen umfasst. Noch bevor man sich in die Baderäume begibt, kann man an der Rezeption Bestellungen aufgeben: Bier, Wein, Cognac, Champagner, alles da! Ließen wir uns nicht zweimal sagen und orderten, ich glaube, eine Flasche Wein pro Kopf. Nun ist das Schwefelwasser in den Bädern wirklich sehr heiß, und ich muss Ihnen ja nicht erklären, was ein heißes Bad in Zusammenhang mit Alkohol mit Ihnen bzw. Ihrem Kreislauf so anstellt …, zumal die Polen privat noch einen Kanister *Tschatscha* mit reingeschmuggelt haben.

Offiziell hilft schwefelhaltiges Wasser bei Entzündungen, Schmerzen und Knochenbeschwerden. Habe ich alles nicht, kann ich also nicht aus erster Hand bestätigen. Was ich hingegen bestätigen kann, ist die ungemein entspannende Wirkung des heißen Schwefelwassers, die durch die Zufuhr von Alkoholika individuell noch gesteigert werden kann. Dafür, dass wir es nicht allzu toll trieben und nicht zu stark entspannten, sorgte der Masseur.

25. Grund

Weil Sie sich zu einer Massage hinreißen lassen werden, ohne zu ahnen, was Ihnen bevorsteht

Ich war bereits mehrfach in den Sulphurbädern gewesen, sodass ich den polnischen Kollegen durchaus den Vortritt ließ, als es darum ging, Massagen zu buchen. Eine Massage kostet gegenwärtig 30 Lari (also 10 €), da fällt es schwer zu widerstehen. Was dann passiert, hat mit einer Massage nach westeuropäischem Verständnis aber nicht viel zu tun, eher handelt es sich um eine Abreibung im Wortsinne. Diese läuft wie folgt ab: Der Masseur betritt den Baderaum und nimmt sich den ersten Kandidaten vor (die Reihenfolge bestimmt er). Der Kandidat legt sich bäuchlings auf eine steinerne Liege (die genaue Position bestimmt der Masseur). Der Masseur beginnt unter Zuhilfenahme groben Tuchs und Seifenschaums, den gesamten Körper einzuseifen und abzurubbeln – siehe oben: die Karawanen und der Staub von Tausenden von Kilometern! Wir allerdings waren mit der Metro angereist und nur kurz unterwegs gewesen, sodass die Dreckkruste auf der Haut um einiges dünner ausfiel, als es damals gewesen sein musste, als die georgische Massage erfunden wurde. Die Seife wird mit eimerweise heißem Wasser abgespült, und wenn ich »heiß« schreibe, dann meine ich »heiß«. Im Anschluss an die Abreibung nimmt sich der Masseur die verschiedenen Gliedmaßen vor und zieht diese in die Position, die er für richtig hält. Abschließend bugsiert er einen in eine sitzende Stellung, widmet sich Kopf und Nacken und geleitet einen dann unter die Dusche. Die gesamte Prozedur dauert höchstens 15 Minuten. Dass der Masseur allerdings auf dem Rückgrat auf und ab laufen würde, gehört nun wirklich in das Reich der Mythen. Sämtliche Polen waren übrigens im Anschluss an die Massage stocknüchtern und mussten völlig von vorne anfangen. Gab ja noch den *Tschatscha*.

26. Grund

Weil das günstigste unter Umständen auch das beste Bad ist

Das öffentliche Bad habe ich zugegebenermaßen erst recht spät entdeckt, es liegt abseits der Kuppelbauten in der Grischaschwili-Straße am Hang. Private Baderäume gibt es hier nicht, stattdessen baden Frauen und Männer getrennt, der Eintritt liegt bei 15 Lari. Von Luxus und neuen Fliesen allerdings keine Spur, obwohl der gewölbeartige Raum, die beiden Heißwasserbäder, der Kaltwasserpool und die angeschlossene Sauna samt Ruheraum dann doch wiederum Luxus darstellen. Unter sich bleibt man nicht, dafür sorgen schon die drei halb nackten Männer, die einen im Vorraum herzlich begrüßen und einem gleich etwas zu trinken anbieten. Zwei von diesen stellen sich als freischaffende Masseure heraus, die sogleich in Verhandlung treten und von den Wohltaten einer georgischen Massage erzählen. Wie neugeboren sei man danach. Der dritte im Bunde ist sozusagen der Schlüsselmeister, denn die alten Schließfächer schließen nicht, und daher bedarf es eines Vorhängeschlosses. Zum Glück haben wir georgischen Cognac dabei und damit unsererseits etwas anzubieten. Nach mehreren Gläsern willigen wir ein, eine Massage zu buchen, der Preis allerdings bleibt ein wenig unklar. Müssen wir uns später drum kümmern. In der Türkei heißt es, ob man den Hamam als reicher oder als armer Mann verließe, sei völlig unklar. Ich bin in Begleitung eines Freundes aus Berlin, der mich in Georgien besucht und der einen türkischstämmigen Vater hat. Der eine Masseur entpuppt sich als Armenier, der andere als Kasache, beide sind der Turksprachen mächtig, und die Unterhaltung nimmt ohne mein weiteres Zutun ihren Lauf. Schließlich werden wir ins Heißwasser befördert, schmoren dort eine gute halbe Stunde, werden abgeholt, auf die Steinliegen verfrachtet, in Position gebracht, und der Spaß beginnt. Schnell wird klar, dass die Massagen, die ich bislang genossen hatte, ein müder Abklatsch des Originals waren: Wir werden durchgenommen, nach allen Regeln der Kunst, jedoch ohne Rücksicht auf Verluste. Mein Kumpel bekommt den Feinmechaniker ab, den Armenier. Mein Masseur hingegen inszeniert die gesamte Prozedur, er nimmt es theatralisch und holt weit aus, bevor er mich abklatscht. Es beginnt wiederum mit Ein- und Abseifen, wobei diesmal wirklich kein Körperteil ausgelassen wird. Gar keines. Zudem werden wir mehrfach abgeschrubbt, und man merkt, dass des jeweiligen Masseurs geschultes Augenmerk sich bestimmten Partien der Muskulatur intensiver widmet als den anderen. Auf das Abgießen folgt eine wesentlich längere und intensivere Massage als das herkömmliche Gliederzerren, das ich bislang gewohnt war. Als wir schließlich in der Sitzposition ankommen, uns der Nacken zurechtgerückt wird und die Kopfhaut in Position gezogen, da fühlen wir uns in der Tat wie frisch geschlüpft: nackt, hilflos und erstaunlich unfähig, den Körper aufrecht zu halten.

Aber als es nach einer letzten Runde Cognac und einigen Zigaretten (Rauchen erlaubt! … also nicht offiziell erlaubt, aber durchaus gestattet) an das Bezahlen ging, zeigte sich mein Kumpel vollständig erholt und satisfaktionsfähig. Mein Masseur (der grobschlächtige, theatralische) hatte den Fehler gemacht, den Preis viel zu hoch anzusetzen, was mein Freund auf türkische Art durch ein viel zu niedriges Gegenangebot konterte, nicht ohne dem Masseur gleichzeitig den Arm auf die Schulter zu legen, ihn einen Schlingel zu nennen und breit anzugrinsen. Der Masseur zeigte sich aufgrund der gebotenen Summe beleidigt, sagte, dann wolle er gar kein Geld! Ein weiterer Gast stieß mir auf Russisch Bescheid, dass 100 Lari absolut angebracht seien, mein Kumpel erhöhte sein Eingangsgebot auf das Doppelte, ich legte noch 20 Lari drauf, sodass 80 zusammenkamen und wir als reiche Männer die Badeanstalt verlassen konnten. Bzw. als ungeschorene Touristen, die man durchaus hatte scheren wollen.

27. Grund

Weil völlig unklar ist, wovon die ganzen Weinläden leben

Schon das Bäderviertel ist ein Touristenhotspot. Bzw. einer geworden, denn vor einigen Jahren war dort noch kaum Trubel, und jetzt tummeln sich arabische Großfamilien, russische Pärchen sowie Backpacker aller Länder und machen Selfies. Richtig schlimm steht es um die Afkhazi-Straße, die das Bäderviertel mit dem Liberty Square verbindet, also einmal quer durch die Altstadt Tbilissis führt. Vor Jahren war da noch nichts, vereinzelt ein Laden oder ein Café, eine Chinkalistube und ein, zwei Tourenanbieter. Inzwischen ist die Straße zugepflastert mit Weinläden, und jeder, der auch nur ein Auto besitzt, annonciert Ausflüge nach Kazbegi, nach Kachetien und sogar zu den Höhlenklöstern von Wardsia, obwohl das ein bisschen weit ist für eine Tagestour.

Der Straße lässt sich ablesen, wie sich das einsetzende Interesse und die ansteigende Nachfrage auswirken: Es gibt mehr desselben und zwar an gleicher Stelle. Ich nenne dieses Phänomen das Copy-Paste-Syndrom und sehe darin eine orientalische Eigenart: Was sich als erfolgreich erweist oder Erfolg verspricht, wird so lange kopiert, bis garantiert jeder Erfolg ausbleibt. Beispielsweise gesellte sich dem Tourenanbieter *Georgia Insight* flugs ein *Georgia Insider* zur Seite, der schnell von einer Unternehmung namens *Inside Georgia* flankiert wurde, die wiederum *Georgia Inside* auf den Plan rief. Alle Anbieter machen absolut das Gleiche.

Mir ist völlig unklar, wie die ganzen Weinläden auf der Afkhazi überleben. Niemand kauft hier mehr als ein Maximum von zwei, drei Flaschen ein, nicht einmal die Russen. Fast alle nehmen jedoch das Angebot einer Degustation dankend an (das von einer adretten Dame ausgeht, die eigens dafür engagiert wurde, vorbeistreunende Touristen anzuquatschen). Degustation bedeutet zumeist, ein ganzes Glas von dem Wein einzunehmen, der gerade offen ist, um dergestalt in den Laden gelockt zu werden und dort auch etwas zu kaufen. Ich hab jetzt nicht genau nachgezählt, aber es sind insgesamt gut und gerne 40 Weinläden, an denen man vorbeiläuft, bis man vom Bäderviertel aus den Liberty Square erreicht hat – die Kioske, die ein Schild »Georgian Wines« in das Fenster geklebt haben, und ansonsten alles Mögliche verkaufen, allerdings inbegriffen.

Es ist sonderbar, wie sich der einsetzende Tourismus sofort Schneisen schafft, an bestimmten Orten anbrandet und diese dadurch einer kompletten Veränderung unterwirft. In der Afkhazi-Straße jedenfalls wird sich keiner wie ein Entdecker fühlen, eher wie ein Tropfen Benzin im Tank des organisierten Bevölkerungsaustausches. Niemand wird hier die georgische Weinkultur entdecken, keiner der Schwärmerei des einen oder anderen Blog- oder Zeitungsartikels folgen können, und die meisten werden das Weite suchen. Dieses wiederum findet man keine zwei Straßen weiter. Und dort ist das Glück.

28. Grund

Weil man das Glück keine zwei Straßen weiter findet

Bitte informieren Sie sich nicht! Bereiten Sie sich nicht vor, machen Sie keine Pläne. Sie sind in Georgien, Pläne gehen sich ohnehin nicht aus. Ja, es gibt Hunderte von Sehenswürdigkeiten in Tbilissi, aber die muss ich hier doch nicht aufzählen, die finden Sie von alleine oder in jedem Reiseführer, wenn Ihnen danach ist. Meine Empfehlung: Gehen Sie stattdessen drauflos! Lassen Sie die Bücher liegen, und scheren Sie sich einen Scheißdreck um Empfehlungen. Ziehen Sie los, biegen sie falsch ab. Nehmen sie von der Afkhazi irgendeine Querstraße hangaufwärts. Sie landen automatisch im Betlemi-Viertel, in der oberen Altstadt, im Sololaki-Distrikt.

Die untere Altstadt ist voller Gastronomie, offizieller Sehenswürdigkeiten und Zerstreuung, dort stehen zum Beispiel die Synagoge, die einzig erhaltene Karawanserei, die Sioni-Kathedrale und der aus unerfindlichen Gründen berühmt gewordene Glockenturm des zu Recht berühmten Puppentheaters (von 2010, erbaut in neokitschigem Stil). In der oberen Altstadt aber gibt es keine Weinläden mehr, und die Touristen sind wesentlich rarer, dafür aber lässt sich umso mehr von jener Architektur bestaunen, die man auch als »Tbilisser Stil« bezeichnet und die eine Mischung aus Jugendstil, Holzbauweise und orientalischer Ornamentik ist: Mit großen Balustraden und hölzernen Balkonen umrandete zwei- oder dreistöckige Häuser, deren umlaufenden Galerien, Außentreppen und mit Schnitzereien verzierte Stützen und Holzpfeiler viel Platz für halböffentliches Leben bieten. Das Betlemi-Viertel mit seinen großzügigen Höfen, den winzigen Gassen, den Querverbindungen und den teilweise miteinander verwachsenen Häusern gehört zu den ältesten von Tbilissi: Dies ist das Tbilissi von Puschkin, Lermontow, Pasternak und Dumas, hier spielte das bunte Leben, das die großen Schriftsteller so fasziniert hat und von dem sie so ausgiebig berichtet haben.

Betlemi steht für Bethlehem: Hauptsächlich jüdische Handwerker hatten hier im 19. Jahrhundert gelebt, mittendrin steht eine alte, ebenfalls verfallene Synagoge, heute wohnen hier viele Armenier. Mancherorts sind die Häuser halb verfallen oder werden von der Schwerkraft sichtbar hinabgezogen, andere zeigen noch Erdbebenschäden, oder die Feuchtigkeit drückt die Mauern nach außen, ganze Straßenzüge werden von Metallkonstruktionen vor dem Zusammenbruch bewahrt, anderswo aber sind erste Häuser behutsam renoviert worden – mit Geldern der norwegischen Regierung und unter Aufsicht der UNESCO. Lassen Sie sich von den unterschiedlichen Graden des Verfalls nicht täuschen, die Häuser sind sämtlich bewohnt, allein es fehlt den Bewohnern an den nötigen Mitteln, diese instand zu setzen. Stattdessen wird ausgebessert, geflickt und ersetzt, wenn es geht und wo es geht. Zwar machen sich auch hier Pensionen und renovierte Häuser mit pastellfarbenen Balkonen breit, aber im Gegensatz zur übrigen Altstadt ist Betlemi im Großen und Ganzen ein Wohnviertel geblieben und hängt von der Bausubstanz her noch zusammen – noch muss man deshalb sagen, weil Neubauten in Tbilissi ein lohnendes Geschäft sind und sich früher oder später auch die Hänge hinauffressen werden.

Nicht immer ist in Betlemi vollständig klar, was privat ist und was öffentlich, wo das Drinnen anfängt und das Draußen aufhört. Sehen Sie sich also vor, wenn sie im Betlemi-Viertel auf Entdeckungsreise gehen, und wagen Sie sich nicht zu weit in den Privatbereich der Tbilisser vor – sonst erwischt man Sie beim Fotoschießen und lädt Sie auf einen Tee ein, einen *Tschatscha* oder ein bisschen Gebäck, und am Ende müssen Sie noch eines dieser Häuser von innen besichtigen!

Je höher Sie steigen, umso mehr an Jugendstilarchitektur begegnen Sie übrigens, sie haben Betlemi verlassen und sind in Sololaki, im Viertel der reichen Kaufleute, des Gewerbes und Handels, gelandet, dessen Blütezeit mit dem des Art déco zusammenfiel.

29. Grund

Weil das alte Tbilissi nicht nur durch Verfall, sondern auch durch Renovierung bedroht ist

Abgesehen von den wenigen behutsam renovierten Wohnhäusern im Betlemi-Viertel und den eher grobschlächtig neu gestalteten in Abantubani, steht es schlecht um die alten Häuser Tbilissis. Die Substanz ist größtenteils unrettbar marode, weil zu lange nichts getan wurde (zu Sowjetzeiten galt Jugendstil als eine dekadente Kunstrichtung des Bürgertums, also nicht als erhaltenswert). Der Untergrund ist instabil und trägt das Seine dazu bei, dass Wände sich verschieben, Fassaden absinken und meterlange Risse entstehen. Die Bewohner hatten und haben nicht das nötige Geld für Renovierungen, ihnen fehlt dieses selbst für das tägliche Leben. Früher oder später werden sie verkaufen, und dann kommt der Abriss oder die Entkernung. Seitens der Stadtverwaltung gab es nie ein wirkliches Interesse, das alte Tbilissi zu erhalten, es sei denn, es waren ausländische Gelder und entsprechende Posten im Spiel. Das alte Tbilissi verschwindet, es sinkt im Wortsinne in sich zusammen. Allein deswegen ist es höchste Zeit, diese Viertel zu besuchen.

Aber die Altstadt ist nicht nur durch Verfall bedroht, sondern leider auch durch Renovierung. Denn, dort, wo Anstalten gemacht wurden, zu renovieren, sind ganze Häuser teilweise unrettbar verloren gegangen: Das Lermontow-Haus am Gudiaschwili-Platz wurde beispielsweise erst entkernt, und dann wurden zusätzlich die Holzan- und -aufbauten entfernt. Heute steht dort, wo der russische Dichter Ende der 30er-Jahre des 19. Jahrhunderts residierte, ein sonderbares Gerippe halb verborgen hinter einer Wellblechabsperrung, das wohl nie fertiggestellt wird. Sollte es dies jemals werden, hat der Neubau nichts mit dem altehrwürdigen Tbilisser Stadthaus zu tun, auch dann nicht, wenn die riesige, umlaufende Holzveranda dem Neubau nachträglich wieder aufgepfropft wird.

Der Puri-Platz mitten im Betlemi-Viertel wurde über die Jahre so konsequent umgestaltet, dass sein ursprünglicher Charakter unwiederbringlich verloren ist. Diese Art der »Renovierung« läuft immer nach dem gleichen Schema ab: Die Hausbewohner, die meist zugleich die mittellosen Besitzer sind, werden umquartiert, bzw. werden ihnen eine Abfindung und ein neues, modernes Apartment versprochen, in dem es sich auch während des Winters angenehm leben lässt. Dann rücken über Nacht die Bagger an und räumen aus dem Weg, was einem Neubau bzw. einer Rekonstruktion im Wege steht. Die Rekonstruktion zitiert vielleicht den ursprünglichen Bau, hat aber ansonsten etwas ganz anderes im Sinn: teure Stadtwohnungen mit möglichst viel Quadratmetern. Dort, wo einst gedrungene, zweistöckige Häuser mit tief liegenden Holzbalkonen standen, stockt man auf, verpflanzt den Balkon um eine Etage und gewinnt ein Stockwerk hinzu. Das gleiche Schicksal erlitt unlängst das Stadthaus auf der anderen Seite des Puri-Platzes. Die französisch anmutende Fassade aus dem 19. Jahrhundert ist das Einzige, was stehen blieb, der Rest wurde komplett entkernt und wird derzeit neu aufgebaut: Von den dort entstehenden 20 luxuriösen Stadtwohnungen sind 16 bereits verkauft, der Quadratmeter zu 2000 €.

Diese Art der Renovierung ist nicht etwa dem Geldmangel geschuldet, die Stadt hätte ausreichend Mittel für behutsame Renovierungen. Moderne Stadtwohnungen zu schaffen, anstatt alte zu bewahren, verspricht jedoch nicht nur Rendite für private Investoren (mit denen die Administration per Du ist, versteht sich – nennen wir solcherlei nicht Korruption, bezeichnen wir es als international übliche familiäre Fürsorge), auch die Nachfrage ist da. Wer will schon in einer alten, schlecht beheizbaren Tbilisser Wohnung leben, wenn es moderne Alternativen mit Dachterrasse und Oberlichtern gibt? Die neuen Altbauten entsprechen exakt der georgischen Sehnsucht nach Aufbruch, nach Luxus, nach privatem Rückzug und Individualität, sprich nach europäischem Lebensstil. Den jedoch bieten die alten Hinterhöfe mit den umlaufenden Galerien nicht, dort war das Leben offener, mehr an Gemeinschaft und Familienbande orientiert. Was Tbilissi also schrittweise verliert, ist nicht nur alte Bausubstanz, das ist auch eine Lebensform.

30. Grund

Weil Tbilissi sieben Gesichter hat, mindestens.

Die Kala, das Altstadtviertel, mit seiner Mischung aus Verfall, Renovierung und Rekonstruktion, ist nur eines der Gesichter Tbilissis, die sich von Viertel zu Viertel verändern. Je nachdem, wie man die Karten mischt, welche Bilder man zusammenstellt oder wo man den Fokus legt, entsteht ein ganz anderes Tbilissi: Bunt und orientalisch kann es wirken, grob und gemein, grau und traurig, verspielt und geradlinig zugleich. Ich bin der Meinung, Tbilissi hat sieben Gesichter.

Die Prunkbauten links und rechts des Rustaweli-Prospekts sind dem russischen Zarenreich geschuldet, der Boulevard selbst wurde erst in der zweiten Hälfte des 19. Jahrhunderts angelegt. Das Viertel Garetubani (wörtlich: äußeres Viertel) wird von voluminösen Verwaltungsbauten und Kultureinrichtungen geprägt, die meist im klassizistischen Stil gehalten sind und von europäischen Architekten erbaut wurden. In Garetubani sitzen heute noch die Ministerien, hier tagt heute wieder das Parlament (nachdem es sich jahrelang in Kutaisi versammelte, aber das ist eine andere Geschichte), hier stehen die teuren Hotelneubauten, hier befinden sich die Boutiquen und die Einkaufsgalerien. Garetubani ist das mondäne Gesicht Tbilissis und der Schauplatz sämtlicher politischer Veränderungen und Tragödien: Alles nimmt seinen Anfang am Rustaweli und endet dort, wir kommen später darauf zurück.

Das dritte Gesicht ist das von Tschugureti, dem Viertel jenseits der Kura. Rund um die mittlerweile vollständig renovierte und zum Teil verkehrsberuhigte Aghmaschenebeli Avenue sind die Straßen schachbrettartig angelegt, die meist zweigeschossigen Wohnhäuser sind blockweise erbaut worden und weisen klassizistische und Jugendstil-Merkmale auf, zwischendrin finden sich immer wieder Hinterhöfe im »Tbilisser Stil« mit wuchtigen Galerien und Veranden. Dieser Teil von Tschugureti hieß einst Neutiflis und wurde zum Großteil von deutschen Siedlern erbaut, von Handwerkern und Kaufleuten. Eine evangelisch-lutherische deutsche Gemeinde gibt es noch immer (oder wieder muss man sagen, denn die deutschen Siedler wurden nach dem Zweiten Weltkrieg nach Sibirien verbannt und durften erst ab 1979 zurückkehren, vgl. Grund Nr. 95), nur ist deren Alltagssprache längst das Russische geworden.

Das vierte Gesicht von Tbilissi werden die wenigsten aus der Nähe kennenlernen, sondern von der *Marschrutka*, dem Taxi oder dem Zug aus: Es ist das Tbilissi der Trabantenstädte, der Hochhaussiedlungen aus sozialistischer Zeit, die von den Hochhäusern der kapitalistischen überflügelt werden. Es sind Wohnkäfige, manchmal grau, manchmal bunt, die sich zu allen Seiten der Ausfallstraßen breitmachen. Wer sich angesichts der fußläufigen Innenstadt jemals gefragt hat, wo denn die 1,2 Millionen Einwohner von Tbilissi wohnen, hier ist die Antwort: in der Trabantenstadt, in Didi Dighomi, in Gldani oder Sanzona.

Dazu kommt als fünftes das immer wieder aufblitzende Gesicht der sowjetischen Moderne, eines Baustils, der ungerechterweise als »Brutalismus« bezeichnet wird. Das wohl berühmteste Beispiel dieses Stils steht unmittelbar an der Ausfallstraße Richtung Gori und Kutaisi und sticht jedem Vorbeifahrenden ins Auge: Es sind die versetzten Riegel des ehemaligen Ministeriums für Straßenbau, erbaut 1975 – seit 2007 residiert dort die *Bank of Georgia*. Diese Gebäude, die meines Erachtens mehr mit Konstruktivismus und Modernismus zu tun haben als mit der sonst vorherrschenden monumental-historisierenden Bauweise im Sowjetimperium, sind weit über das Stadtgebiet verstreut, und es lohnt daher, an einer entsprechenden Tour teilzunehmen. Sonst würde man nämlich gar nicht auf den ebenso skurrilen wie spektakulären »Hochzeitspalast« im Viertel Awlabari stoßen. Dieser diente, 1985 fertiggestellt, zu Sowjetzeiten der Schließung säkularer Ehen, wurde in den 90ern zur Privatresidenz eines georgischen »Unternehmers« und kann heute wieder als Veranstaltungsort gebucht werden.

Und dann sind da natürlich die ganzen neumodischen Geschichten der Ära Saakaschwilli, diese lichtbespielte Fußgängerbrücke zum Beispiel (die aufgrund der Form ihres Daches im Volksmund nur als »Damenbinde« bezeichnet wird) und der Präsidentenpalast unmittelbar darüber, der ein wenig aussieht, als hätte man auf eine Nachbildung des White House eine Reichstagskuppel draufgesetzt, ohne sich so recht um Proportionen zu scheren. Ja, wie nennen wir dieses Gesicht Tbilissis? Das manische?

31. Grund

Wegen des Hostellebens und weil das »Why Not? Legend Hostel« in der Tat zur Legende wurde

Vor fünf, sechs Jahren, als es in Tbilissi lediglich ein gutes Dutzend an Hostels gab (heute sind es deren hundert), stach eine Unterkunft heraus: das Why-Not-Legend-Hostel in unmittelbarer Nähe des Parks des 9. Aprils und damit des Rustaweli-Prospekts. Das Hostel wurde von Polen betrieben, die unter anderem mit ihrer Nationalität warben, versprach diese doch (damals!) ein Plus an Komfort und funktionierenden Einrichtungen wie Warmwasser und WLAN – niemand ist zu diesen Zeiten so gut mit den georgischen Umständen zurechtgekommen wie die Polen, die sich sowohl auf Improvisieren als auch auf planvolles Vorgehen verstehen.

Das Why-Not befand sich in einer ruhigen Seitenstraße im zweiten und dritten Stock. Als ich ankam, saß auf der Terrasse des Hostels eine illustre Runde und probierte die neuen Sitzkissen und das Gras aus, das Lidka, die polnische Hosteleignerin, besorgt hatte. Ein italienischer Motorradfahrer war dabei, dessen Maschine seit mehr als einer Woche im Hof stand, der aber vorgab, damit bis nach China zu wollen. Zwei deutsche Fahrradfahrer hatten sich einquartiert, die tags darauf in aller Frühe schon weiter wollten, ohne etwas von Tbilissi gesehen zu haben, wenn man von den Ausfallstraßen absieht. Sie sprachen von den täglich im Schnitt heruntergekurbelten Kilometern und beklagten die georgischen Verkehrsverhältnisse bzw. dass kaum jemand genügend Abstand hielt. Wie sich herausstellte, waren sie auf der Hauptstraße unterwegs, hatten von Batumi aus Georgiens einzige Magistrale genommen, anstatt sich etwa durch das adjarische Hinterland zu schlagen und über Keda, Chulo und das berühmte Borjomi nach Tbilissi zu kommen. Zeitmangel war der Grund, die beiden hatten lediglich eine Woche zur Verfügung, und ihr sportlicher Ehrgeiz erlaubte ihnen keine Umwege, sie mussten auf dem kürzesten Weg quer durch das Land eilen und täglich mindestens 150 Kilometer machen.

Eine ukrainische Gruppe war ebenfalls anwesend, nur war diese vom Rest durch eine Sprachbarriere getrennt, die durch mehrere Sitzkissen symbolisiert wurde und nur von den Polen und dem Joint überwunden werden konnte. Ich freundete mich mit Bartek an, dem Freund Lidkas, der Georgien der polnischen Arbeitslosigkeit vorgezogen hatte und nunmehr als Langzeitresident im Hostel wohnte. Bartek war in Hamburg aufgewachsen, seine Familie war, als er zehn war, nach Polen, nach Krakau, zurückgegangen. Genauso wie mir stand ihm nicht der Sinn nach Hostel-Small-Talk, zumal er in dieser Hinsicht gar nicht satisfaktionsfähig war.

– Und wie lange bist du schon hier?

– Hm. So zwei, drei Monate.

– Oh, dann hast du schon viel gesehen!

– Nö. Bisschen Kachetien.

– Wie lange bleibst du noch?

– Weiß nicht. Mal sehen.

In Hostels bist du innerhalb von wenigen Stunden integriert, samt allen Vor- und Nachteilen, die das mit sich bringt. Bleib' drei Tage in einem Hostel, und schon gehörst du zu den alten Hasen, zu den Erfahrenen, die den aufgeregten Neuankömmlingen den Weg zur U-Bahn oder zum Markt weisen können. Dass man im Hostel am Puls des Geschehens sei, an der Quelle der Information, das ist jedoch ein Irrtum! Die Informationsmenge, die man in Erfahrung bringen kann, ist streng begrenzt auf einige wenige Strecken, die vom Hostel aus in die Stadt oder durchs Land führen: Jeder einzelne Reisende wird mit ähnlichen Informationen, Anlaufstellen und Verkehrsverbindungen versorgt. Dies liegt unter anderem daran, dass das Hostelpersonal nicht unbedingt viel rum kommt, deshalb ist es ja das Hostelpersonal. Zudem arbeiten viele Hostels heutzutage mit Freiwilligen, die gegen ein Handgeld, gegen Unterkunft und Verpflegung die Betreuung der Backpacker übernehmen. Von diesen *volunteers* ist meist nicht viel zu erwarten, sie leben und arbeiten im Hostel und kommen kaum raus: Landeskenntnis haben sie nur sehr begrenzt, stattdessen führen sie jene vier oder fünf Tipps ins Feld, mit denen sie selbst versorgt wurden, und setzen dergestalt alle weiteren Reisenden auf ein und dieselbe Fährte.

Niemand hat es so weit getrieben wie Michael, aber inklusive mir selbst kenne ich einige Personen, deren Aufenthalt im Why-Not sich über Gebühr verlängerte – ich muss an dieser Stelle zugeben, dass ich während meiner ersten drei Aufenthalte in Georgien die Berge nur einmal, und zwar aus der Ferne von Sighnaghi aus, gesehen habe. Legendär ist jedoch der Fall von Michael aus Hannover: Dieser machte sich von Deutschland aus auf, mit dem Fahrrad die Mongolei zu erreichen. Er wählte die Route über den Balkan, durch die Türkei und kam im September 2013 in Tbilissi an. Erst verbrachte er mehrere Wochen als zahlender Gast im Why-Not, dann begann er dort als Volontär zu arbeiten, half also für Kost und Logis bei den täglichen Aufgaben mit. Schließlich übernahm er zusammen mit Lidka die Rolle der Herbergseltern und blieb ganze fünf Jahre.

Bartek berichtete mir unlängst, dass Michael während dieser ganzen Zeit, von Ausflügen nach Sighnaghi und Udabno einmal abgesehen, Tbilissi kaum verlassen habe, vor allen Dingen nicht auf dem Fahrrad. Das teure Stück stand im Gang des Hotels und wurde erst wieder bewegt, als es schließlich doch zurück nach Deutschland ging, als Aufgabegepäck.

Das Why-Not gibt es seit Ende 2018 nicht mehr, der Mietvertrag wurde nicht verlängert, bzw. die Miete hätte so hoch ausfallen sollen, dass sich der Hostelbetrieb nicht mehr gelohnt hätte. Als die Schließung über die sozialen Medien bekannt gemacht und gleichzeitig ein Datum für die Abschiedsparty genannt wurde, hatte Eva gerade Baku erreicht. Eva war im Sommer zuvor durch Tbilissi gekommen und war zu Fuß unterwegs in den Iran. In Baku nahm sie den Zug zurück nach Tbilissi, um bei der Abschiedsparty dabei zu sein und ihre Fußreise später fortzusetzen. Das Why-Not mag tot sein, aber die Legende lebt.

32. Grund

Weil elektronische Musik bzw. Techno in Georgien politische Angelegenheiten sind

Im Mai 2018 wurde der Tbilisser Club *Bassiani* durch eine Spezialeinheit der Polizei einer Razzia unterzogen. Offiziell ging es dabei um Drogenhandel. In den Wochen zuvor hatte es fünf Drogentote in Tbilissi gegeben, für die das Bassiani verantwortlich gemacht wurde, obwohl keiner dieser Vorfälle auch nur in der Nähe des Clubs stattgefunden hatte. Es hieß lediglich, die Toten wären zuvor im Tbilisser Nachtleben unterwegs gewesen: Grund genug, das Bassiani hochzunehmen. Nun ist der Club (wie alle vergleichbaren Clubs weltweit) garantiert keine Abstinenzlervereinigung, und mir wurde versichert, dass es vor Ort an Stimulanzien aller Art nicht mangelt (wie in allen vergleichbaren Clubs weltweit). Die Razzia war jedoch ganz eindeutig nicht gegen Dealer gerichtet, diese wurden bereits Stunden vor der Razzia festgenommen, sondern gegen das Phänomen Bassiani selbst: Die Spezialeinheit stürmte schwer bewaffnet die Tanzflächen und arretierte sämtliche Anwesenden erst einmal auf dem Boden, später, um sie zu durchsuchen, an der Wand. Zwei der Clubgründer wurden verhaftet, von dem Abtransport des einen gibt es unschöne Videoaufnahmen. Beide kamen 24 Stunden später wieder frei, weil nichts gegen sie vorlag. Außerdem wurden weitere 60 Partygäste unter Arrest gestellt. Acht von diesen wurden später der Drogendelikte schuldig gesprochen und zu langjährigen Haftstrafen verurteilt (zwischen 7,5 und 9 Jahren wegen Besitzes, Verkaufs oder Konsums von MDMA, auch bekannt als Ecstasy).

Dies alles geschah, während das Parlament Debatten über eine Liberalisierung der Drogenpolitik angesetzt hatte, denn Georgien hat in dieser Hinsicht eine der strengsten Gesetzgebungen weltweit. Diese Debatten wurden aufgrund der Ereignisse verschoben, und damit war gewiss ein politisches Ziel rechtskonservativer Kräfte erreicht.

Es ist so: Das Bassiani sowie der Gallery Club und weitere Lokalitäten in Tbilissi (wie etwa die Fabrika) sind liberale Enklaven innerhalb einer ansonsten konservativ-religiös geprägten Gesellschaft. Techno steht dabei für progressive, westliche Werte und ist das vereinende Element, der Soundtrack der Suche nach Freiheit. Es handelt sich daher um mehr als Vergnügungsstätten, denn an diesen Orten ist gestattet, was anderswo beäugt wird, verfolgt oder verboten ist; sie sind Verfechter einer gesellschaftlichen Modernisierung, sie klagen Freiheiten ein, indem sie dort gelebt werden – nicht zuletzt die Freiheit, so zu leben und sich so auszudrücken, wie es einem beliebt. Mithin steht Techno in Georgien für den Aufbruch: Hin zu gleichen Rechten für alle, der Anerkennung von schwul-lesbischen Lebensentwürfen, hin zu persönlichen Freiheiten und der Liberalisierung der Drogenpolitik. Die reine Existenz des Bassianis stellt eine

Provokation dar, denn dieser Aufbruch hat Feinde – innerhalb der orthodoxen Kirche, unter georgischen Nationalisten und innerhalb rechter politischer Kräfte. Wenn das Bassiani also in einem offiziellen Statement behauptet, die Razzia sei ein Angriff auf die Werte gewesen, für die die Tbilisser Clubszene steht, dann nicht zu Unrecht. Mariam Murusidze, die den Gallery Club mit bewirtschaftete, ging noch einen Schritt weiter und erklärte:

– Es geht nicht um die Clubs. Es geht vielmehr um den Kampf zwischen der sowjetischen Vergangenheit dieses Landes, der Diktatur und dem Polizeistaat, in dem wir gelebt haben, und der Zukunft, die wir für unser Land wollen.

Wer geglaubt hatte, die Razzia würde die Szene einschüchtern und deren Attraktivität darunter leiden, der hatte sich getäuscht. Denn bereits am Folgetag kam es zu Massenprotesten vor dem Parlament, die sich an den folgenden Tagen ausweiteten und schließlich rechte Gegendemonstranten auf den Plan riefen, welche die Konfrontation suchten: »Sodomie« und »Drogenproganda« waren die Vorwürfe an die Adresse des Bassianis und dessen, wofür es steht. Dass es nicht zu Ausschreitungen kam, ist allein dem massiven Einsatz von Sicherheitskräften geschuldet. Als Etappensieg wurde gewertet, dass sich der Innenminister unter dem Druck der Ereignisse wenige Tage später für den Polizeieinsatz im Bassiani entschuldigte. Im Parlament wurde die Debatte um die restriktive Drogenpolitik wieder aufgenommen, und Georgien legalisierte, als erste ehemalige Sowjetrepublik überhaupt, Ende Juli 2018 den privaten Konsum von Marihuana. Das Verfassungsgericht hatte ein entsprechendes Urteil erlassen, dem die Legislative gefolgt war. Noch wenige Jahre zuvor musste jemand, der zweimal innerhalb eines Jahres mit Kleinstmengen Marihuana erwischt wurde, zumindest auf dem Papier mit bis zu 14 Jahren Haft rechnen!

33. Grund

Weil die georgische Gesellschaft im Begriff ist, sich zu öffnen

Wem die Diskussionen um bzw. die Vorbehalte gegen Gleichberechtigung, Legalisierung weicher Drogen oder gleichgeschlechtliche Partnerschaften in Georgien hinterwäldlerisch erscheinen, der mag daran erinnert sein, dass es keine 20 Jahre her ist, dass ein gewisser Klaus Wowereit sich um das Berliner Bürgermeisteramt bewarb und mit den Worten »Ich bin schwul, und das ist auch gut so!« diffamierenden Berichten der BZ und der Bildzeitung zuvorkam. Das Gesetz, das Vergewaltigung in der Ehe zur Straftat erklärte, trat erst 1997 gegen erheblichen Widerstand in Kraft. Cannabiskonsum ist in deutschen Landen keineswegs legal, es wird lediglich derzeit von einer Strafverfolgung abgesehen. Einschlägige Zeitungsartikel, die z. B. konstatieren, Georgien nähme es in Sachen Patriarchat und Homophobie mit jedem Emirat auf, verkennen die tektonischen Verschiebungen innerhalb der georgischen Gesellschaft. Noch vor wenigen Jahren gab es selbst in Tbilissi kaum Orte, an denen man ungestört verweilen konnte. Was ich mit ungestört meine? Ich gebe Ihnen gerne ein Beispiel: Es war im Frühling 2013, und ich war mit Tamara (vgl. Grund Nr. 16 und 18) in Tbilissi unterwegs. Genaugenommen war es unser drittes »Date«, wenngleich ich den beiden vorhergehenden Treffen nicht die Bedeutung beigemessen hatte, die ein »Date« so mit sich bringt. In großer Unkenntnis georgischer Gepflogenheiten hatte ich ihren Vorschlag, uns im Vake-Park zu treffen, ohne Hintergedanken angenommen. Erst später (und angesichts händchenhaltender Pärchen) wurde mir klar, dass die Natur und damit auch der Park in Georgien etwas ist, was sich jenseits der Gesellschaft und damit auch von deren Regeln befindet. Spazierengehen im Park war also keineswegs so unschuldig, wie es etwa in Berlin oder in Hannover gewesen wäre. Die einsetzende Nervosität und das

Wissen, dass es gleich um etwas gehen würde, signalisierten mir dies. Allein das Wetter machte uns einen Strich durch die Rechnung, denn erst setzte Wind ein und fegte die Blüten wie Schneeflocken von den Bäumen, dann begann es wie aus Kübeln zu gießen. Wir suchten Schutz, winkten nach einem Taxi, welches uns zu irgendeiner modernen Loungebar im bürgerlichen Viertel Vake fuhr, die wiederum sie ausgewählt hatte (denn ich hatte ja keine Ahnung). Das Licht war ausgefallen, warme Getränke nicht erhältlich, aber das Sofa war frei, und dort ließen wir uns nieder. Nicht lange, und wir holten nach, was uns der Wettereinbruch verwehrt hatte, wir küssten uns erstmals. Ich weiß noch genau, dass der Kuss gerade so lange andauerte, dass es möglich war, den anderen zu erkennen, den Geschmack auf den Lippen zu haben und den Eindruck der Lippen des anderen auch: Unterbrochen wurden wir von einem nachdrücklichen Klopfen auf den Tisch. Ich gebe zu, dass mich das leicht verwirrte. Der Türsteher (denn in diesen Tagen hatten die besseren Bars noch Türsteher) war eingeschritten und hatte unser Verhalten unterbunden. Ich war immer noch verwirrt, also sowohl aufgrund der Unterbrechung als auch wegen des Geschehens vor der Unterbrechung, als Tamara aufstand, zum Tresen ging und nach dem Manager fragte. Der Manager war eine Managerin, und Tamara stand unaufgeregt mit dieser in der Mitte des Raumes, um sich zu beschweren (ich weiß noch, wie sehr ich sie in diesem Moment bewunderte). Wenig später und sichtlich gezwungen, setzte sich der Türsteher zu uns, um sich zu entschuldigen. Genauer gesagt, um sich bei mir zu entschuldigen. Noch genauer: um eine Art Erklärung abzugeben. Es seien Kinder vor Ort, deshalb. Solche Sachen. Das Aberwitzige an der Situation war, dass Tamara zwischen uns saß und übersetzte. Weniger witzig war, dass ich keine Lust hatte nachzugeben und von dem Kerl verlangte, sich nicht bei mir zu entschuldigen, sondern bei der Dame. Dies fiel ihm erheblich schwerer, und der entsprechende Wortwechsel wurde auch nie übersetzt. Sei es drum. Damals waren Tamara und ich es zufrieden, heute wäre eine solche Situation kaum noch denkbar. Viel zu viele Orte gibt es inzwischen, an denen man sich ungezwungen bewegen kann. 2013 war das Linville eines der ersten Cafés dieser Art, viele weitere sollten folgen, vom Dive bis hin zum Ensemble der *Fabrika*. Und ich denke, mit dieser Anekdote, die nur gut sechs Jahre her ist, wird klar, was die jungen Georgier meinen, wenn sie von Freiheit reden. Es handelt sich um die Befreiung von jenen Autoritäten, die glauben, aufgrund von Moral oder Gesetz vorgeben zu können, was man wo machen darf und was nicht. Die georgische Gesellschaft öffnet sich, die Kämpfe darum, die Meinungsverschiedenheiten und die Konfrontationen manifestieren lediglich die Reibungswärme zwischen Altem und Neuem. Das Neue wird kommen, weil es nie das Alte ist, das siegt.

34. Grund

Weil in ganz Georgien offensichtlich niemand Marihuana käuflich erwirbt

Von der Gesetzesänderung bezüglich persönlichen Marihuanakonsums habe ich nicht aus der Presse erfahren, sondern unterwegs. Wurde ich von den Älteren meist zum *Tschatscha* eingeladen, so begannen neuerdings die Jüngeren in schöner Regelmäßigkeit, meine Konsumgewohnheiten abzufragen:

– *Do you smoke?*

Nein, ich rauche nicht, denn Marihuana führt bei mir erst zu unkommunikativen Meditationszuständen, und nach spätestens einer halben Stunde muss ich mich hinlegen. Dies meinen Zufallsbekanntschaften zu erklären, die mich einladen wollten, war nicht ganz einfach. Mir scheint, die Möglichkeit, Marihuana ungestraft zu konsumieren, gilt durch die Bank als neu erworbene Freiheit. Und Freiheiten, die man nicht nutzt, verliert man unter Umständen wieder. Also wird geraucht. Also muss geraucht werden.

Angeln ist Volkssport – auch mitten in der Stadt, so wie hier in Tbilissi an der Kura gegenüber der Metekhis-Kathedrale. Aber ehrlich gesagt, viel gefangen wird nicht wirklich. Noch nie habe ich jemanden mit mehr als ein oder zwei Fischlein gesehen.

Tbilissis alte Stadt ist ein faszinierendes Durcheinander an kleinen Gassen, Höfen, Balustraden und Veranden. Mit der Architektur geht ein Lebenstil einher, den ich als halborientalisch bezeichnen möchte, denn der Alltag findet im halböffentlichen Raum statt. Doch damit könnte bald schon Schluss sein (siehe Grund 28).

Ganze Straßenzüge in Tbilissi leben von Stütze. Wer jetzt glaubt, die alte Stadt wäre allein vom Verfall bedroht, der weiß nichts über die grobschlächtigen Renovierungen (siehe Grund 29).

Oben: Ein Rätsel für alle, die noch nicht in Georgien waren. Für alle anderen ein eindeutiges Zeichen, sich mit frischem Brot einzudecken. Brot wird frisch gegessen, am besten wenn es noch warm ist (siehe Grund 88).
Unten: Das Verkaufsfenster einer Souterrainbäckerei. Erst nach mehrmaliger Aufforderung ist der Bäcker ins Bild, der wohl dachte, ich hätte es allein auf eine Aufnahme der »tone« abgesehen (hinten rechts, der Ofen).

Ob auf dem Markt, beim Schuster oder im Imbiss: Wer arbeitet, der arbeitet immer – jeden Tag! Ausnahmen gibt es nur bei Beerdigungen und Hochzeiten. Die Dame aus Telawi (unten) wollte übrigens nach Monaten der Abwesenheit wissen, wo in Gottes Namen man sich rumgetrieben habe. Mobilität ist ein Privileg der Ausländer.

In Schönwetterphasen wird ganz Batumi beflaggt: Man muss die Sonnenstunden nutzen, um Wäsche zu waschen und zu trocknen. Letzteres ist im subtropisch-feuchten Klima gar nicht so einfach (siehe Grund 59).

Oben: Batumi wird von westlichen Touristen meist geschmäht, ist aber außerhalb des touristischen Zentrums und dessen absurder Casino- und Hotelarchitektur eine facettenreiche, lebendige, bunte Stadt. Auch ich habe die Stadt anfangs links liegen gelassen (siehe Grund 16). **Unten:** Insbesondere das Marktviertel Batumis hat es mir angetan. Dort gibt es die Blumenstraße, die Tabakmeile, die Reihe an Friseuren und Barbieren, die machen, was sie wollen, und eben die Fischzone (siehe Grund 60).

Oben: Männlich angeln, gewusst wie: am Hafen von Batumi. **Unten:** Batumi ist seit dem 19. Jahrhundert ein Umschlagplatz von internationaler Bedeutung und stellt heute noch den wichtigsten Hafen Georgiens dar.

Die Hauptstadt der autonomen Republik Adscharien ist ein Paradies für Investoren: keine namhafte Hotelkette, die hier nicht Absonderliches hochgezogen hätte und gesalzene Übernachtungspreise verlangt. Für weniger als ein Zehntel von deren Preisen bekommen Sie ein Zimmer in einer Familienpension ...

Ausflüge mit Georgiern haben stets etwas Hocheffizientes: Keine halbe Stunde hatten wir für das Kloster »Dawit Garedscha« benötigt, weil es nicht um Besichtigen ging, sondern um Heiligenverehrung – und so ein paar Kerzen sind schnell angezündet. Anschließend wurden die Kopftücher wieder abgenommen.

Zeichen und Wunder: Die 33 Buchstaben des georgischen Alphabets sorgen für Verwirrung und den nötigen Exotismus in einem ansonsten westlich orientierten Land. Oder können Sie mir sagen, um was für einen Laden es sich hier handelt?

Bemerkenswert dabei ist, dass das Gras stets von selbst auftaucht, nie aber gekauft werden muss. Ich kenne gestandene Kiffer, die sich wochenlang durch das Land bewegt haben, ohne auch nur einmal mit Engpässen konfrontiert gewesen zu sein. Nun, in Tbilissi ist das keine große Kunst und wenig überraschend, denn einer hat immer was dabei und deponiert dies irgendwann auf dem Tisch. Auf dem Land oder sogar in den Bergen verhält es sich jedoch kaum anders: Im Nationalpark von Lagodechi zum Beispiel waren es zwei schräge Vögel, zwei Georgier, nicht mehr die Jüngsten, die in der Dämmerung die selbst gebastelte Wasser-Bong ausgepackt und alle dazu eingeladen hatten. Ich weiß nicht, ob Sie diese äußerst effektive Inhalationsmethode kennen: Das Gras wird auf einem Sieb verbrannt, welches auf dem abgeschnittenen Hals einer Plastikflasche aufruht. Diese wiederum ist in einen größeren Plastikkanister getaucht, der mit Wasser gefüllt ist. Während das Kraut brennt, wird der Flaschenhals aus dem Wasser gezogen. Der entstandene Unterdruck saugt den Rauch in die Flasche und kühlt diesen zugleich. Ohne die Flasche vollständig aus dem Kanister zu bewegen, wird das Sieb entfernt und der Rauch eingesogen: BAM!

»Marijane trinken«, so heißt das. Und es ist wie gesagt äußerst effektiv, man verbraucht wenig Droge, hat aber den vollen Rausch. Der eine der beiden Georgier wurde, auf diese Weise intoxikiert, von einer Minute auf die andere völlig still, während der andere komplett aufdrehte und sich mit jedem, der an diesem Tag auf der Schutzhütte war, ausgiebig unterhalten wollte und die Runde machte.

Freunde, die von Freunden versorgt werden, versorgen damit Freunde. Ich war in Gudauri, auf einer Berghütte, wo ich Leute kenne. Jemand zeigte mir die Zimmer der alten Hütte und klärte mich über deren Geschichte auf. Wir waren im ersten Stock, und ich sah mir die renovierte Holzverschalung an:

– *Do you smoke?*

Auf knapp 3000 Metern Seehöhe wurde mir ein akribisch zusammengefalteter Umschlag zugesteckt (mein Kumpel hatte sich offensichtlich auf meinen Besuch gut vorbereitet), den ich gerne annahm, denn was ich von Freunden bekam, würde ich an Freunde weitergeben können. Nein, Versorgungsprobleme mit Marihuana gibt es in Georgien nicht. Nicht, wenn man Freunde hat. Der Engpass betrifft etwas anderes: Es gibt kaum lange Blättchen, und selbst normales Zigarettenpapier ist teuer und schwer zu finden. Mitunter pulen Georgier den Filter aus einer Filterzigarette (oder kaufen gleich die filterlosen *Pirveli*-Zigaretten), mischen den Tabak mit Gras und stopfen ihn mühsam wieder in die fragile Hülle. Die Kunst des Drehens ist mangels des nötigen Materials nicht weit verbreitet. Dies darf seitens des geneigten Lesers durchaus als Aufforderung zum Import verstanden werden: Schließlich erfordern kleine Geschenke eine Gegengabe!

35. Grund

Weil man die Fabrika erfinden müsste, hätten dies zwei Architekten nicht schon getan

Die Fabrika war eine verlassene Stoff- und Kleiderfabrik sowjetischen Ursprungs, mitten im Tschugureti-Viertel. Tschugureti liegt jenseits der Kura, also jenseits des Rustaweli-Prospekts, der teuren Hotelneubauten und der ganzen neuen Shops und angesagten Bars.

Zwei junge Architekten, Gogiko und Devi, hatten vor Jahren das Gelände in Augenschein genommen und angefangen zu träumen: Was wäre, wenn man das gesamte Areal transformieren könnte, die vier Stockwerke des Hauptgebäudes samt dem großen Hinterhof und den Werkstätten? Wäre das nicht ein perfekter Ort für ein weltläufiges Hostel? Für Bars, Restaurationen und Büros? Alles an einem Ort, als eine Art Enklave, als Inkubation der gesamten linken Uferseite? Nun, in Tbilissi kennt jeder jeden, und so kam es, dass die beiden, bewaffnet mit Plänen und Ideen, bei den Geschäftsführern der Adjara-Group vorstellig wurden. Diese gehört zu den größten

Hotelunternehmern Georgiens und bewirtschaftet beispielsweise die beiden Rooms Hotels in Tbilissi und in Stepanzminda am Kazbeg. Mit anderen Worten: Die Adjara-Group hat das nötige Kleingeld, das technische Know-how und Ahnung vom Geschäft. In kürzester Zeit wurde das Gebäudeensemble von Grund auf renoviert, Sanitär- und Heizungsanlagen eingebaut sowie Versorgungsschächte gelegt.

Das Resultat ist wenige Jahre später (das Hostel wurde im Herbst 2016 eröffnet) zu einem der Hotspots in Tbilissi schlechthin geworden und bei den Einheimischen außerordentlich beliebt. Die riesige Lounge wurde mit allem vollgestellt, was international angesagt ist oder als solches gilt, die Vintage-Möbel und die Secondhand-Teppiche werden von den Servicekräften ständig zurechtgerückt und in die Ausgangsposition zurückbefördert, die Grünpflanzen, die das industrielle Ambiente auflockern, akribisch gepflegt. Auf der Speisekarte stehen Burger und Pizza, der Cappuccino kostet doppelt so viel wie sonst üblich, das Bier desgleichen. Dennoch oder gerade deswegen zieht es das moderne Tbilissi an genau diesen Ort. Tagsüber sind die Backpacker und die Touristen (die Fabrika vermietet sowohl Betten im Schlafsaal als auch ziemlich teure Doppelzimmer und Maisonettewohnungen mit Terrasse) in der Überzahl, abends aber sind die Georgier zahlenmäßig weit überlegen. Dann füllt sich auch der Hinterhof, wo sich unter anderem ein japanischer Ramen-Laden, ein Burgerladen, eine Bierkneipe, ein strunzteurer Hipsterfriseur und eine Shop für Skaterbedarf befinden (Tbilissi ist für Skaten, sagen wir, suboptimal geeignet).

Devi erzählt von den ersten Veränderungen im Viertel im Anschluss an die Eröffnung, wie sich die Jugendlichen, die sonst nur Schwarz getragen, auf einmal auch in Farbe gekleidet hätten. Wie eine der Möchtegern-Gangs ganz verwundert war, dass sie im Hinterhof willkommen war. Wie um die Ecke herum eine erste Bar eröffnet hat, dann eine zweite, wie der Kiosk das Sortiment und die Öffnungszeiten ausweitete und wie schließlich gegenüber der Vespa-Verleih eingezogen ist. Den Vergleich mit Berlin, den die beiden Architekten anstellen, lasse ich ihnen jedoch nicht durchgehen. In Berlin sind die Dinge organisch entstanden, wurden zusammengetragen und lösten sich gegebenenfalls wieder auf. Die Fabrika aber ist ein Monument, geplant bis in das letzte Detail und errichtet in Allianz mit dem Kapital. Nicht dass daran etwas falsch ist, Tbilissi braucht gerade das, aber es macht für mich einen Unterschied, ob man Secondhand-Möbel vom Sperrmüll holt oder eigens importiert, wegen des Ambientes, das es zu kreieren gilt.

36. Grund

Weil Tbilissi ein idealer Ausgangsort ist, um Georgien zu erkunden

Die meisten Reisen durch Georgien nehmen in Tbilissi ihren Ausgang, und alle Reisen durch Georgien führen früher oder später über Tbilissi. Nichts ist einfacher, als von der Hauptstadt aus in alle Landesteile zu reisen – also gesetzt, Sie hängen dort nicht aus dem einen oder anderen Grund fest. Inzwischen begrenze ich meine Aufenthalte in Tbilissi auf das Notwendige, aber die Stadt bleibt mir willkommene Abwechslung und Auftankstation. Es wäre zu anstrengend, sich beispielsweise vom Kazbegi direkt nach Swanetien aufzumachen, lieber macht man über Nacht Station in Tbilissi und nimmt anderntags von dort aus die Strecke in Angriff. Im Winter, wenn die Straßenverhältnisse unklar sind und das komplikationslose Durchkommen nicht immer gewährleistet, ist ein Zwischenstopp in Tbilissi zudem die Nummer sicher. Das Land mag einem klein erscheinen, die Entfernungen in Kilometern gemessen gering. Womit man nicht rechnet, was man nicht einkalkuliert hat, ist der Raumwiderstand, und der ist in Georgien erheblich größer als in Deutschland. Und je weiter man von Tbilissi entfernt ist, umso mehr Zeit nimmt die Überwindung von Raum in Anspruch.

3. Kapitel

Vom Raumwiderstand und dessen Überwindung

37. Grund

Weil Sie in Georgien ganz schnell begreifen werden, was Raumwiderstand bedeutet

In Georgien werden Distanzen nicht in Kilometern gemessen, sondern in Zeiteinheiten. Und dies ergibt auch Sinn, denn der reine Abstand zwischen zwei Orten sagt selten etwas über den Zeitbedarf aus, den es braucht, um jenen zu überbrücken.

Ein Beispiel: Vom Skigebiet Gudauri bis nach Stepanzminda am Kazbeg im Hohen Kaukasus sind es lediglich 40 Kilometer. Dennoch bin ich standardmäßig dazu übergegangen, ausreichend Verpflegung mit auf die Reise zu nehmen. Warum? Nun, weil der Raumwiderstand erheblich sein kann. Die Strecke führt über den 2.379 Meter hohen Kreuzpass, und wenn dort auf einmal Schnee fällt, ein Lkw liegen bleibt oder ein Unfall passiert, ist schnell Schicht im Schacht: Als Teil der Georgischen Heerstraße über Gudauri und Stepanzminda nach Wladikawkas stellt sie die Hauptverbindung nach Russland dar, wird massiv von Schwerlastverkehr genutzt und windet sich in engen Serpentinen hinauf und auf der anderen Seite in das Tal des Terek wieder hinunter. Das gute Dutzend an unbeleuchteten, engen Tunnels, die von deutschen Kriegsgefangenen erbaut worden sind und ausgesetzte Straßenabschnitte vor Schnee und Lawinenabgängen schützen, stellen während des Winters weitere Nadelöhre dar.

Es ist mir schon vielfach vorgekommen, dass ortsunkundige Reisende aufgrund der Auskunft von Seiten wie *Google Maps* oder *rome2rio* zu gänzlich falschen Annahmen gekommen waren und so gar keine Ahnung hatten von den Realitäten: Nein, niemand ist von Tbilissi aus innerhalb von fünf Stunden in Mestia, mit dem eigenen Auto und viel Glück überbrückt man die knapp 500 Kilometer in sieben bis acht Stunden, mit der *Marschrutka* aber sind es schon elf oder zwölf. Und nach Telawi wären es vielleicht zwei Stunden, wenn denn die *Marschrutki* den direkten Weg nehmen würden. Das machen diese aber nicht, sie fahren über Gurdschani in einem Bogen ins Alasanital und brauchen deshalb mindestens eine Stunde länger. Kann man aber auch nicht wissen, muss man rausfinden!

An einem Sonntag im Februar hatten Tato, Ina und ich uns eingebildet, zum Skifahren nach Gudauri mit dem Pkw aufzubrechen. Es war ein sonniger Tag im Tal des Terek, der Kazbeg stand klar und weiß im blauen Himmel, doch wir hatten die Rechnung ohne den Wind gemacht, welcher den feinen, frischen Schnee der Vortage von den Berghängen wehte. Erst war es ein feiner Niesel, ein glitzerndes Gestöber, das dann jedoch dichter und dichter wurde, bis oben auf dem Pass die Sicht kaum noch zehn Meter betrug. Der Wind wurde zum Sturm und fegte den Schnee über die Straße. Kilometer um Kilometer kämpften wir uns vorwärts, bis wir Gudauri erreicht und in besseres Wetter hinabgefahren waren. Dennoch wehte es auch in Gudauri so vehement, dass sämtliche Lifte geschlossen waren und auch die Gondel nicht fuhr. Wir beschlossen abzuwarten und ließen uns außerhalb des Marco-Polo-Hotels in einer Bar an der Piste nieder, Tato trank Tee, Ina und ich tranken Glühwein. Es war erst Mittag. Als sich nichts tat und es keine Aussicht darauf mehr zu geben schien (präzise Auskünfte in Georgien zu bekommen ist ein Ding der Unmöglichkeit, präzise Auskünfte bekäme man nur von »Entscheidern«, aber die bleiben stets unsichtbar und kommunizieren nicht öffentlich), dass die Liftanlagen noch öffnen würden, beschließen wir es gut sein zu lassen und uns auf den Rückweg zu machen. Weit kamen wir nicht, denn am oberen Ortsausgang von Gudauri hatte die Polizei die Straße gesperrt. Die Schlange war noch nicht sehr lang, wir waren also recht pünktlich zur Straßensperrung eingetrudelt und vor allem nahe am Geschehen, denn die Räumfahrzeuge und das schwere Gerät sind am Ortsausgang abgestellt, also in Sichtweite. Es geschah jedoch nicht sehr viel, genaugenommen gar nichts. Tato hatte von den Polizisten in Erfahrung gebracht, dass der Pass zunächst gesichtet würde, um festzustellen, ob die Sicht ausreichen würde, um die Räumfahrzeuge auf die Strecke zu schicken

(Letzteres entscheiden aber nicht die Polizisten vor Ort, die sperren nur die Straße, das macht irgendeine Kommandoleitzentrale, also ein »Entscheider« an irgendeinem Mobilfunkgerät und unbekanntem Ort). Nach etwa einer Stunde Wartezeit hieß es, dass wir noch ungefähr eine Stunde warten müssten, bis die Strecke wieder freigegeben würde. Mittlerweile hatte sich der Wind gelegt, und die Skilifte von Gudauri wurden angeschmissen. Aus einer Stunde wurden erst zwei, dann drei, und gegen 17 Uhr kam Bewegung in die ganze Sache: Einer der Polizisten nahm sämtlichen Autofahrern, die sich in zweiter Reihe vorgedrängelt hatten, die Pässe ab, um sie zum Warten zu zwingen. Dann schließlich wurde die Sperre aufgehoben, und wir konnten von Glück reden, dass zunächst die Autos aus Gudauri passieren durften, Stunden später dann jene, die auf der anderen Seite des Passes gewartet hatten.

38. Grund

Weil verschiedene Landesteile über den Winter komplett unzugänglich sind und der Winter bis in den Mai dauern kann

Wenn Sie jetzt glauben, ich hätte Ihnen ein Extrembeispiel genannt, dann liegen Sie leider falsch, ich habe lediglich eine Begebenheit erzählt, die sich in dieser oder in anderer Form während des Winters beinahe täglich wiederholt. Die vorübergehenden Sperrungen sind eine Vorsichtsmaßnahme, die seit 2005 ergriffen wird, als 200 Pkw am Kreuzpass im Schneetreiben festsaßen. Damals hatten die Behörden vier Tage gebraucht, um alle Fahrzeuginsassen zu befreien. Und, das muss man auch noch ergänzen, immerhin wird der Pass den Winter über offen gehalten und damit die Region Khevi, das Terek-Tal und Russland zugänglich. Diesen Luxus genießen nicht alle Landesteile: Nach Tuschetien im äußersten Nordosten Georgiens kommt man im Winter überhaupt nicht! Und der Winter dauert bis weit in den Mai, so lange bleibt der 2.826 Meter hohe Abanopass absolut unzugänglich. Das Gleiche gilt für Chewschuretien (vgl. Grund Nr. 97), auch dort ist man monatelang von der Außenwelt abgeschnitten. Das nenne ich Raumwiderstand, dagegen sind vier Stunden Warten einfach mal gar nichts!

39. Grund

Weil Warten eine Kunstform ist

Was macht der (West-)Europäer, sobald er warten muss? Er versucht, die Zeit zu füllen, sie mit irgendwelchen (sinnlosen) Tätigkeiten anzureichern, um nicht mehr zu spüren, dass er warten muss. Er erträgt die Wartezeit und beherrscht sich. Meist stehen ihm ausreichend Informationen zur Verfügung, um zu erfassen, wie weit sich die Wartezeit strecken wird: Die Informationstafel zeigt an, dass die nächste S-Bahn in zehn Minuten kommen wird, im Radio wird die Länge des Staus angegeben, das Flugzeug hat zwei Stunden Verspätung. Eine gewisse Zeitspanne zu überbrücken, kein Problem, aber auf unbestimmte Zeit warten, wie soll das gehen? Genau diese Fähigkeit ist jedoch Voraussetzung, um vernünftig durch Georgien zu kommen. Denn zu Wartezeiten unbestimmter Dauer wird es immer wieder kommen, und schlimmer noch: manchmal ist noch nicht einmal klar, worauf man wartet. Dann ist es besser, es den Georgiern gleichzutun und sich fallen zu lassen, im Warten zu versinken. Versuchen Sie gar nicht erst, in Erfahrung zu bringen, wann es losgeht, wann genau sie ankommen werden und dergleichen. Lassen Sie es sein, machen Sie gar nichts. Denn wenn aus fünf Minuten zehn werden oder 20, werden Sie nur unruhig und blicken ständig auf die Uhr – eine falsche Hoffnung bringt Sie nur aus dem Gleichgewicht und zerstört die zum Warten notwendige meditative

Grundhaltung. Und dann warten Sie nicht im georgischen Sinne. Georgisch warten heißt sich ergeben, sich hingeben an die Zeit, an die reine, vergehende Zeit, keine Lösungen zu suchen, nicht nach Erklärungen zu fahnden und auch keine überstürzten Zwischenhandlungen zu tätigen. Das Erstaunliche ist, dass genau dadurch auch Stunden an Wartezeit viel leichter überbrückt werden können, ehrlich! Und da ein Warten in das nächste Warten übergehen kann, das wiederum durch das übernächste Warten abgelöst wird und sich ganze Tage dadurch ausschließlich mit Warten füllen können, ist die Beherrschung dieser Kunstform für längere Georgienaufenthalte unerlässlich.

40. Grund

Weil es in Georgien keine Verspätungen gibt

Umgekehrt gilt, dass es in Georgien keine Verspätungen gibt. Die *Marschrutka* kommt, wenn sie kommt, und sie kommt so schnell, wie es dem Fahrer möglich ist, darauf ist Verlass! Verspäten kann sich nur derjenige, der von vorneherein glaubt, Punktlandungen hinlegen zu können bzw. zu müssen. Und davon kann in Georgien keine Rede sein. Den Abstand zwischen Wirklichkeit und Plan, den wir Verspätung nennen, misst in Georgien niemand, weil man dort weiß, dass die Wirklichkeit sich unermüdlich verschiebt. In Georgien kommt einem auch nichts dazwischen, es kann einem gar nichts dazwischenkommen, weil es die gerade Linie nicht gibt und stattdessen das Ornament den Tag regiert. Es gibt Verläufe, jedoch keine Abläufe.

41. Grund

Weil die Marschrutki das Hauptverkehrsmittel Georgiens schlechthin sind

Sie haben die Vokabel jetzt schon mehrfach gehört, ohne dass ich ausführlicher erklärt hätte, worum es sich bei den *Marschrutki* genau handelt. Das holen wir jetzt kurz nach: *Marschrutki* sind Sammeltaxis, die georgienweit den Überlandverkehr bewerkstelligen, und zwar äußerst günstig: Egal, wo Sie hinwollen, wenn Sie weder eine Tour buchen noch einen Mietwagen nehmen, werden Sie automatisch in einer *Marschrutka* landen. Zunächst müssen Sie in Erfahrung bringen, wo die *Marschrutki* in die jeweilige Richtung losfahren, denn dies kann an ganz unterschiedlichen Orten sein. Von der Metrostation Didube in Tbilissi fahren beispielsweise sämtliche Sammeltaxis in Richtung Kutaisi, Zugdidi und Stepanzminda ab, wohingegen es nach Kachetien am anderen Ende der Stadt losgeht. Dies kann sich auch in Kleinstädten so verhalten: Dass der Ordnung halber *Marschrutki* in die eine Richtung an einer Stelle starten, jene in die andere an einer anderen. Der exakte Ort lässt sich aber schnell erfragen.

Meistens gibt es zwar einen groben Fahrplan oder zumindest eine Taktung, aber im Prinzip fahren die *Marschrutki*, wenn sie voll sind, und das bedeutet, dass es zu unbestimmten Wartezeiten kommen kann. Der Fahrer ist zugleich der Besitzer des Kleinbusses, und das Fahrgeld ist sein Verdienst. Daher ist es ihm wichtiger, voll besetzt zu fahren, als pünktlich. Wann immer Sie sich jedoch in Richtung der Abfahrplätze der *Marschrutki* bewegen, müssen Sie damit rechnen, dass sich Ihnen Taxifahrer in den Weg stellen und Sie davon zu überzeugen versuchen, dass die Fahrt mit einem Privatauto oder einem schickeren Kleinbus nur wenig teurer ist, aber viel komfortabler. Das stimmt, jedoch bleiben Sie dann mit weiteren Touristen unter sich, kommen zwar ein wenig schneller an Ihr Bestimmungsziel, zahlen aber doppelt so viel und verpassen so einiges – zum Beispiel, dass die *Marschrutka* mehr leistet als nur Personentransport. Sie verpassen, wie der *Marschrutka* Gepäckstücke beigeladen werden, die irgendwo an der Strecke an einen dort Wartenden ausgehändigt werden. Sie verpassen, wie ganze Familien die Großmutter verabschieden, die einen Arzttermin in der nächst größeren Stadt hat. Sie verpassen, wie auf offener Strecke angehalten wird und die Fahrer von Autofenster zu Autofenster ein Schwätzchen halten, Neuigkeiten austauschen oder Informationen über den Zustand der Strecke weitergeben. Mit einem Wort: Wenn Sie nicht *Marschrutka* fahren, verpassen Sie ein ziemlich großes Stück Georgien.

42. Grund

Weil »Marschrutka« ein Lehnwort aus dem Deutschen ist

Ach ja, noch eine kleine Eselsbrücke, um sich diese Vokabel besser merken zu können. Denn was habe ich aus deutschen Mündern schon alles gehört: Matroschka, Marutschka, Matruschka … Dabei ist es eigentlich ganz einfach: *Marschrutka* ist ein Lehnwort aus dem Deutschen. Genaugenommen haben haben es Deutsche in der Ukraine und Russland vorbeigebracht, von wo es über den Kaukasus nach Süden wanderte. Und zwar während des deutschen Vormarsches auf Stalingrad und Grosny. Dem lagen nämlich festgelegte Marschrouten zugrunde. Voilà!

43. Grund

Weil gleich mehrere Straßen in Georgien zu den gefährlichsten der Welt zählen

Gut, jetzt kann man natürlich streiten, wie eine Straße dazu kommt, zu den gefährlichsten der Welt zu zählen. An der absoluten Anzahl der Toten kann es nicht liegen, denn dann wären deutsche Autobahnen mit auf der Liste. Es muss also um das Verhältnis zwischen Bevölkerung, Verkehrsaufkommen und Unfällen gehen. Fragen wir doch die Statistik: Georgien liegt, und das wird so manch einen überraschen, der mit der ungestümen Fahrweise der Georgier vertraut ist, mit zwölf Toten pro 100.000 Einwohner und Jahr lediglich im Mittelfeld der Statistik. Das sind zwar immer noch dreimal so viele wie in Deutschland, aber lediglich halb so viele wie in Kasachstan oder Kirgistan.

Der schlechte Ruf, den die georgischen Straßenverhältnisse haben, muss also andere als statistische Gründe haben, optische zum Beispiel: Die meisten Straßen abseits der Hauptverbindungen sind in schlechtem Zustand, die Gebirgsstraßen oftmals kaum gesichert. Zwar wird ununterbrochen gearbeitet, ausgebessert, geräumt und verbessert, jedoch immer nur abschnittsweise. Die harten Winter und die heißen Sommer sind zudem kein Klima, in dem Infrastruktur lange haltbar bliebe.

Aber kommen wir zu den gefährlichsten Straßen: Ganz oben auf der Liste steht die Straße über den Abanopass nach Tuschetien in den Nordosten Georgiens. Diese ist gänzlich unasphaltiert und führt an unangenehm steilen Abgründen und schroffen Felswänden in Serpentinen bergan – bei gutem Wetter und mit einem Allradfahrzeug eigentlich kein Ding, wäre da nicht der Gegenverkehr, denn für zwei Autos nebeneinander ist es dann doch recht schmal. Außerdem nehmen die heranbrausenden Delicas und geländegängigen Jeeps nicht unbedingt Rücksicht, sondern halten stur drauf, als ginge es darum, einen Termin einzuhalten, sagen wir pünktlich zu einer Beerdigung zu erscheinen.

Platz zwei geht an die Georgische Heerstraße und insbesondere den Abschnitt zwischen Gudauri und Kobi über den Pass (vgl. Grund Nr. 37). Dort quält sich sämtlicher Schwerlastverkehr zwischen Yerewan, Tbilissi und Russland entlang. Die georgischen Behörden lassen meist nur jeweils die Lkw aus einer Richtung auf die Passstraße: Die Serpentinen sind zu eng und die Gefahr zu groß, dass sich zwei Lkw in den maroden Tunneln verkanten und die gesamte Strecke lahmlegen. Daher stauen sich dies- und jenseits des Passes hunderte an altersschwachen KAMAZ, armenischen Sattelschleppern und Gefahrguttransportern entlang der zweispurigen Strecke, während die Pkw und *Marschrutki* aus beiden Richtungen vorbeibrausen. (Die Tunnel sind übrigens kurz nach dem Ersten Weltkrieg durch deutsche Kriegsgefangene errichtet worden und befinden sich technisch genau auf diesem Stand. Ein Massengrab unweit der Streckenführung lässt darauf schließen, dass keiner der Arbeiter die Fertigstellung überlebt hat.)

Auf Platz drei kommt die Straße nach Oberswanetien durch die Engurischlucht. Diese ist so unwegsam, dass die Strecke erst 1937 fertiggestellt wurde: Die Sowjetmacht sprengte eine Straßenverbindung in den Stein und schuf so eine ganzjährige Verbindung der hoch gelegenen Wehrdörfer mit der Welt. Zwei Jahre vor dem Ausbruch des Zweiten Weltkriegs traf auf der neuen Trasse ein allererstes Automobil in Mestia ein – und mit diesem eine Errungenschaft, für die es dort zuvor keine Verwendung gegeben hatte: das Rad! Zu steil sind die Hänge, zu tief eingeschnitten die Flusstäler, zu schmal und zu wellig das urbare Land im Talgrund, als dass Räder in Swanetien einen Vorteil geboten hätten. Noch heute ziehen die Bauern mit dem Ochsenschlitten auf die Almen: Im Winter gleitet der Schlitten über den Schnee, im Sommer auf eingeübten Wegen über den glatt geschmirgelten, nackten Boden oder den Teppich des Graslands. Man erzählt sich in Mestia, einer der Alten habe sich damals angesichts des ersten Automobils vom Straßenrand erhoben, um in den Stall zu gehen und mit einem Bündel Heu wiederzukommen, das er dem neuartigen Gefährt vor die Schnauze warf.

Von der Route durch das Engurital habe ich schon anlässlich des Grundes Nr. 5 berichtet. Lassen wir hier also die Bergbevölkerung selbst zu Wort kommen: Es gäbe drei Arten, ins Tal und in die Ebene zu kommen, sagen die Swanen und lassen sich nicht anmerken, ob sie dies als Witz meinen. Erstens den sicheren Weg, das sei derjenige, auf dem man zwar abstürzen könne, dann aber überlebe. Zweitens den unsicheren, auf dem man garantiert zu Tode käme, wenn man abstürze. Drittens den vollends gefährlichen, auf dem man abstürze, zu Tode käme, der Leichnam aber noch nicht einmal gefunden werden könne. So gesehen zählt die Straße nach Mestia zu den sicheren Wegen, denn vergleichsweise wenige Miniaturgotteshäuser am Straßenrand künden vom plötzlichen Tod unbekannter Reisender.

44. Grund

Weil die Todesangst in der Marschrutka nur vorübergehender Natur ist

Vielen mag es so ergehen wie dem arglosen Touristen, den ich einmal beobachten konnte, dessen kreis-, strich- und dreiecksförmige Nonsens-Tätowierungen ihn als der jüngeren Generation zugehörig auswiesen: Erst wurde ihm sein Gepäck weggenommen und auf dem Dach der *Marschrutka* festgezurrt, dann ein Platz zugewiesen, und schon begann die Fahrt ins Hochgebirge. Zunächst mag er noch nichts Böses geahnt haben, denn er war mit seinem Mobilfunkgerät beschäftigt und hatte die Kopfhörer auf. Als die Fahrbahn schmaler, die Kurven enger und die Abhänge steiler wurden, der Fahrer jedoch die Geschwindigkeit nicht drosselte, verkrampfte er sich erst und begann dann mittels der einzigen Vokabel, die ihm zur Verfügung stand, zu opponieren:

– *Njet!*,

entfuhr es ihm, als er gegen seinen Nachbarn gedrückt wurde.

– *NJET!!*,

rief er nach vorne, als die *Marschrutka* in voller Fahrt eine Kurve nahm.

– *NJEEET!*,

schrie er, als der Fahrer an unübersichtlicher Stelle einen Lkw überholte, den vorzeitigen Tod von sich und seinem Instagram-Account vor Augen. Allein, es half nichts, die Fahrt nahm ihren Lauf. Bleich und geschunden, nervenzerrieben, stieg er mehrere Stunden später in Mestia aus der *Marschrutka*.

Nun, das ist natürlich Anfängerverhalten. Bei uns Fortgeschrittenen ist längst Gewohnheit eingekehrt, wir wissen, dass Anspannung in der *Marschrutka* eher kontraproduktiv ist. Wir tragen Sorge, die sich (aufgrund spontaner Beschleunigungsmanöver) unwillkürlich einstellende Gespanntheit der Glieder durch Willenskraft zu lösen, weich zu werden, in den Sitz zurückzusinken. Wir wissen, dass unsere Überlebenschancen im Fall eines Falles dadurch steigen. Und wir haben Vertrauen gelernt, Gottvertrauen und Vertrauen in den Fahrer, was bleibt uns auch anderes übrig? Niemand kennt die Strecke und die Gegebenheiten besser als der Fahrer. Er fährt tagtäglich, er hat Familie und will nach Hause. Der Verlust des Fahrzeugs wäre für ihn gleichbedeutend mit dem Verlust des Familieneinkommens. Er kennt jedes Schlagloch, er weiß, wie es hinter jeder Kurve aussieht und wo er abbremsen muss bzw. beschleunigen kann. Lassen wir also die Sorgen fahren, genießen wir die Aussicht (… mein Gott, geht das tief hinunter!) und ergeben wir uns dem Schicksal.

45. Grund

Weil auf Verkehrstote getrunken wird

Wer jemals erlebt hat, wie sich die schwarz gekleideten Mütterchen in der *Marschrutka* kollektiv und mehrfach bekreuzigen, bevor die Fahrt beginnt, wer das Unglück hatte, nahe dem Fahrer zu sitzen und gewahr zu werden, dass auch dieser sich an einer gefährlich engen Stelle oder während eines überflüssigen Überholmanövers bekreuzigte, anstatt die Hände fest am Steuer zu halten, gewinnt unweigerlich einen Eindruck von dem Fatalismus, mit dem sich hierzulande auf Reise begeben wird – ganz so, als gäbe es keine andere Instanz als die Gnade Gottes, die einen vor Unfällen bewahrte. Ganz so, als trügen Umsicht, vernünftiges Reifenprofil und ein möglichst geringer Alkoholpegel nicht das Ihre zu einer gefahrlosen Fahrt bei – von moderater Geschwindigkeit und der Beschränkung von Überholmanövern auf das Notwendige ganz zu schweigen. Ich muss an dieser Stelle noch ergänzen, dass man sich als gläubiger Georgier angesichts einer Kirche dreimal zu bekreuzigen hat, sobald man vorbeiläuft oder -fährt, und es gibt verdammt viele Kirchen!

Dabei sind Sie in einer *Marschrutka* noch in guten Händen; wenn Sie privat mitgenommen werden, stellen sich noch ganz andere Herausforderungen. Ich meine jetzt nicht die sozialen Verpflichtungen und gegebenenfalls kleineren Verwandtschaftsbesuche, die sich unterwegs ergeben können und denen Sie schutzlos ausgeliefert sind, während ihr Tagesziel hinterm Horizont entschwindet. Ich rede von diesen kleinen Schreinen, die man entlang der Gebirgsstraßen allzu oft sieht, manchmal aus Metall, manchmal aus Holz zusammengezimmert und ab und an sogar aus Beton gegossen. Von der *Marschrutka* aus konnten Sie sich noch vormachen, diese Minigotteshäuser seien dem ein oder anderen Schutzgott geweiht. Spätestens aber wenn Ihr Fahrer angesichts eines solchen Schreins in die Eisen steigt, sämtliche Passagiere das Auto verlassen, entweder um dem Schrein etwas Trinkbares zu entnehmen oder aber um eine Flasche *Tschatscha* hinzuzufügen, in jedem Fall aber, um ein Glas zu exen, werden Sie mitbekommen, dass diese Schreine jeweils einem Verkehrstoten gewidmet sind. Ist bzw. war Ihr Fahrer mit diesem bekannt, ist es seine Pflicht, anzuhalten und auf den Toten zu trinken – wenn man also zufällig im Auto eines Anverwandten eines tödlich Verunglückten landet, ist ein Zwischenstopp bei der jeweiligen Gedenkstätte ebenso sicher wie mindestens drei Trinksprüche auf den Toten – welche angesichts der ernsten Angelegenheit (plötzlicher Unfalltod) *bolomde* begossen werden müssen, also auf Ex. Exakt zu diesem Zweck sind die Schreine mit einer ansehnlichen Anzahl an Alkoholika ausgestattet. Dass damit wiederum das eigene Unfallrisiko erheblich steigt – geschenkt!

Jetzt ist es natürlich nicht unwahrscheinlich, dass entlang des Weges mehr als nur einer an Bekannten ums Leben gekommen ist, ein erneuter Stopp ist daher fast sicher. Wenn Sie sich jetzt noch klarmachen, dass auf den ungesicherten, gefährlichen Strecken proportional mehr Menschen zu Tode kommen und diese Todesfälle wiederum in direktem Verhältnis zum Alkoholisierungsgrad Ihres Fahrers stehen, schwieriges Terrain also automatisch zu Intoxikation führt, wird Ihnen die *Marschrutka* ein vergleichsweise sicheres, verlässliches und unbeirrtes Verkehrsmittel darstellen. Übrigens werden außerhalb von Tbilissi an der Ausfallstraße nach Kachetien mittlerweile solche Minigotteshäuser reihenweise zum Verkauf angeboten: aus wetterbeständigem Plastik und mit einem Fach für Ikonen und Alkoholika versehen. Irgendein findiger Geschäftsmann aus Pakistan oder der Türkei muss den Bedarf erkannt und die Marktlücke für sich entdeckt haben. Wünschen wir ihm nicht allzu großen Erfolg!

46. Grund

Weil es in Georgien genau zwei Autobahnraststätten gibt

Die beiden einzigen Autobahnraststätten Georgiens befinden sich links und rechts der Überlandtrasse auf einer baumlosen Anhöhe über Gori – etwa eine Stunde Fahrzeit außerhalb von Tbilissi. Wenige Kilometer weiter hört die Autobahn auch schon auf und windet sich als Landstraße durch das hügelige Hinterland in Richtung Kutaisi. In den monumentalen Betonbauten sind jeweils ein Supermarkt, eine Kaffeebar und Fast-Food-Restaurationen untergebracht. Natürlich gibt es andernorts zahllose Restaurationen und Gasthöfe allüberall an den Straßenrändern, aber diese sind den *Marschrutki* als Haltestellen vorbehalten; was ein ordentlicher Linienbus ist, der hält an einer richtigen Raststelle – ganz egal ob eine Pinkelpause nach einer Stunde Fahrtzeit nun sinnvoll erscheint oder nicht.

Nun gibt es wiederum nicht viele Linienbusse, einzig *Georgian Busses* und *Metro Bus* unterhalten tägliche Verbindungen zwischen Tbilissi, Kutaisi und Batumi. Fernfahrer wiederum meiden die Raststätten, weil man woanders wesentlich günstiger satt wird. Daher sind beide Raststätten recht isoliert, mit mehr Personal als Gästen am Start. Sie werden einzig von einer Tankstelle flankiert, an der aber auch kaum etwas los ist. Sonst gibt es keine weiteren Gebäude. Umso surrealer fühlt es sich an, wenn der Linienbus spätabends oder nachts auf dem spärlich beleuchteten Parkplatz vorfährt, überraschte Touristen sich aus den Sitzen schälen und auf die unvorhergesehen moderne Betonfassade zustreben. Drinnen wachen die Verkäuferinnen auf, das Licht ist fahl und die Auswahl überschaubar. Für eine Bestellung im Restaurant wiederum reicht die Zeit nicht, denn es wurden einem maximal zehn Minuten Pause eingeräumt. Im Restaurant weiß man das und schaltet das Licht gar nicht erst ein. Die Raucher rauchen, die Trinker trinken, und alle gehen auf Toilette.

Die Toilettenbenutzung ist umsonst, denn wir sind in Georgien, und Georgien ist ein menschliches Land. Es gibt keine Vouchers oder Ähnliches, es gibt belegte Brötchen für umgerechnet einen Euro und erstaunlich guten Kaffee. Außer der Busbesatzung und den Verkäufern ist niemand vor Ort. Es wird kaum geredet. Draußen stromern die halbwilden Hunde heran und versuchen ihr Glück. Es ist stockdunkel ringsherum, kein weiteres Licht und keine menschliche Behausung ist auszumachen. Im Hintergrund surren ein paar Windräder, denn über die kahle Anhöhe von Gori, zwischen den Betonbauten hindurch, strömt unablässig ein ungemütlicher Wind.

Die Autobahnraststätten sind übrigens vom Berliner Architekten Jürgen Mayer geplant und designt worden, der so etwas wie der Lieblingsarchitekt von Michail Saakaschwili gewesen war und außerdem für den Flughafen von Mestia, den Grenzposten von Sarpi und zahlreiche Verwaltungsgebäude verantwortlich ist. Georgien sei so ziemlich das einzige Land auf der Welt, das selbst einen Grenzposten oder eine Raststätte als Bauaufgabe für gute Architektur und als Zeichen seiner Erneuerung begreife, gibt Mayer in einem Interview zu Protokoll: Gerade die Architektur sei ein Zeichen der Öffnung Georgiens nach Westen. Ich erlaube mir zu ergänzen, dass diese Architektur mitunter recht einsam in der Landschaft steht.

47. Grund

Weil auf den Autobahnschildern Teheran angeschrieben steht

Sollten Sie zwischenzeitlich vergessen haben, wo Sie sich befinden, und sich irgendwo in Südeuropa wähnen, ein Blick aus dem Autofenster genügt, und das Koordinatennetz, innerhalb dessen Sie sich bewegen, fängt Sie wieder ein: Dort stehen auf grünem Grund Teheran, Baku, Wladikawkas und Ankara angeschrieben. Allesamt

Städte, die Gott weiß wie fern liegen und doch die nächsten großen Zentren sind.

48. Grund

Weil man sich am Flughafen von Kutaissi hinlegen kann

Den Flughafen von Kutaissi hat Mayer hingegen nicht geplant, auch wenn dieser so modern ausfällt wie jener in Mestia. Dieser geht auf das Konto des niederländischen *UNstudios*, die nichts mit der UN zutun haben, gar nichts. Der Tower sei einem swanetischen Wachturm nachempfunden, dies habe ich mir sagen lassen, ins Auge gefallen ist es mir ehrlich gesagt nie.

Der ehemalige Regionalflughafen Koptinari wurde erst 2012 als internationaler Flughafen Kutaisi neu eröffnet, das kleine Terminal wurde zu diesem Zweck neu erbaut. Im Gegensatz zu allen anderen Flughafengebäuden der Welt, die ich bislang kennengelernt habe, ist Kutaisi nach menschlichen Gesichtspunkten geplant worden: Statt einer Raucherecke gibt es ein luxuriös dimensioniertes Open-Air-Raucherachteck, das sich im Zentrum des Gebäudes befindet und nach dem Check-in zugänglich ist. Zu diesem Achteck fallen schräg und pyramidenartig die Fensterfronten ab, hinter denen sich im Innenbereich die Liegeflächen befinden. Liegeflächen! Man kann sich ausstrecken im Flughafen Kutaisi! Und nicht nur das: Links und rechts befinden sich Steckdosen, um einen Computer anzuschließen oder ein Mobilfunkgerät aufzuladen. Die Bar ist so konzipiert, dass sie beide Seiten bedienen kann: die der bereits Eingecheckten und die der Wartenden.

Ich bin genau einmal vom Tbilisser Internationalen Flughafen geflogen, und das war auf meinem Rückweg nach Berlin im Anschluss an meinen ersten Aufenthalt. Als ich wenige Wochen später erneut in

Georgien landete, flog ich von Warschau nach Kutaisi. Der ungarische Billigflieger Wizzair unterhielt seinerzeit drei Verbindungen nach Kutaisi: von Kiew, von Katowice und eben von Warschau. Seitdem sind es erheblich mehr geworden, seit 2017 geht es von Dortmund, Berlin und Memmingen im Direktflug dorthin, zahlreiche weitere Städte sind hinzugekommen. Beflügelt wurden diese vergleichsweise günstigen Verbindungen nicht nur vom aufkeimenden touristischen Interesse an der Kaukasusrepublik auf der einen, sondern auch durch den Wegfall der Visumspflicht für Georgier auf der anderen Seite: Die Passagierzahlen stiegen von 13.000 im Jahr 2012 auf über 400.000 im Jahr 2017. Die Bewohner von Kutaisi, der zweitgrößten Stadt Georgiens, sehen es mit einer gewissen Genugtuung, dass die Hauptstadtschnösel sich nunmehr, häufig nächtens, auf eine vierstündige Busfahrt begeben müssen, um dann von ihrem Flughafen aus in das ferne Europa weiterzukommen. *Evroporto* wird der Flughafen Kutaisi inzwischen auch genannt und hat trotz seiner geringen Größe demjenigen Tbilissis ein bisschen den Rang abgelaufen.

Gegenwärtig wird das Flughafenterminal durch einen Neubau ergänzt, die Eröffnung weiterer Direktverbindungen in europäische Metropolen wie Brüssel, Paris oder Tallinn ist für den Sommer 2019 geplant. Es geht also gerade erst los!

49. Grund

Weil am Flughafen Memmingen Sonderschichten geschoben werden, sobald der Flieger aus Georgien landet

Wie gesagt, seit März 2017 dürfen georgische Staatsangehörige für Kurzaufenthalte (die nicht einer gewerblichen Tätigkeit dienen) ohne Visum in den Schengenraum einreisen, müssen aber gegebenenfalls Reservierungen, Flugtickets und dergleichen bei der Passkontrolle vorweisen und mithin ihren Aufenthaltszweck plausibel darstellen können. Unter Umständen muss auch der Besitz entsprechender Geldmittel zum Bestreiten des Lebensunterhalts ersichtlich sein, die Deutsche Botschaft in Tbilissi wird diesbezüglich nicht sonderlich konkret, sondern versteckt sich hinter einem langwierigen Zitat aus dem Schengener Grenzkodex (Artikel 5, Absatz 3), das selbst ich Mühe habe zu verstehen. Der Tenor aber ist klar: Bitte nur die, die zahlungskräftig sind, Verwandte besuchen oder Neuschwanstein ansehen wollen. Also alle, die sich erklären können. Manchmal können einem die Zollbeamten regelrecht leidtun:

– Und, was haben Sie in Deutschland vor?

– Ich will ein Auto kaufen!

– Haben Sie denn die nötigen Mittel?

– Natürlich! sagt der georgische Geschäftsmann und zeigt pflichtschuldig mehrere Bündel 500-€-Scheine vor, die er in der Jackentasche hat. Ob das mehr als 10.000 € seien, will der verblüffte Zollbeamte wissen.

– Natürlich!, sagt der georgische Geschäftsmann und ergänzt:

– Ein gutes Auto soll es schon sein!

Leider muss die Einfuhr von Barmitteln über 10.000 € angemeldet und verzollt werden, was einem in Georgien wiederum keiner gesagt hat und was daher nun nachgeholt werden muss. Wegen diesen und weiteren Vorfällen (gewisse Laxheiten mit Aufenthaltsvorschriften und Papieren), derer die leicht überforderten Zollbeamten vor Ort nicht Herr werden, ist der Zoll dazu übergegangen, zweimal wöchentlich, sobald der georgische Flieger gelandet ist, Nachkontrollen einzuführen. Und zwar dergestalt, dass außerhalb des Flughafengeländes Fahrzeugkontrollen durchgeführt werden, im Verdachtsfall auch das Gepäck gesichtet oder der Leib visitiert. Die Taxifahrer von Memmingen (in Memmingen fährt nach halb acht kein Bus mehr) wissen das allerdings und fahren nötigenfalls Umwege. Deren Klientel will nämlich meist zum Bahnhof, und nach acht sinken die Chancen rapide, aus Memmingen überhaupt wieder fortzukommen.

50. Grund

Weil es eine Buslinie gibt, die auf die Flugzeiten abgestimmt ist

Während man in Memmingen noch nicht gemerkt hat, dass am Memmingerberg ein internationaler Flughafen entstanden ist, an dem Reisende ankommen, die unter Umständen nicht nach Memmingen und auch nicht ins Allgäu wollen, sondern woandershin, ist man diesbezüglich in Kutaisi eine ganze Ecke weiter. Stand man vor wenigen Jahren noch leicht verloren vor dem Flughafengebäude, weil es keinerlei Anbindung an öffentlichen Nahverkehr gab, sondern ausschließlich Taxifahrer, so hat sich dies mittlerweile grundsätzlich geändert: Das privatwirtschaftliche Unternehmen *Georgian Busses* hält inzwischen Verbindungen von Batumi und Tbilissi zum Flughafen Kutaisi aufrecht, die mit den Flugzeiten korrespondieren. Sprich: Wenn Sie in Kutaisi landen, wartet der Bus schon. Wenn Sie nach Kutaisi müssen, sagen wir, um gegen sechs Uhr morgens abzufliegen, dann wartet am Liberty Square in Tbilissi um elf Uhr abends ein Bus, der um drei Uhr nachts Kutaisi Airport erreicht. Spätestens jetzt kommt Grund Nr. 42 ins Spiel, sehen Sie?

51. Grund

Weil die Taxifahrer machen, was sie wollen

Wenn Sie in Deutschland ein Taxi rufen, gehört das Taxi vorübergehend Ihnen: Sie sind der Bestimmer, und es fährt auf direktem Weg dorthin, wo Sie es hinhaben wollen! Nun, das ist in anderen Ländern nicht unbedingt der Fall, und Georgien gehört zu diesen anderen Ländern. Das Fahrzeug gehört dem Fahrer, und der fährt, wie er will, wohin er will und wann er will: Sie sind die Braut, und die Taxifahrt geschieht Ihnen! Auf bestimmten Routen fungieren die Taxis als Sammeltaxis, und Sie haben es sich gerade im Fond bequem gemacht, freuen sich über den günstigen Preis und dass sie nicht warten müssen, als sich herausstellt, dass Sie sehr wohl warten müssen, weil der Taxifahrer noch abwartet, bis sich das Taxi füllt und der genannte Preis nur für eine Person gilt.

Es ist ebenso völlig normal, dass der Taxifahrer unterwegs noch weitere Passagiere aufnimmt, zunächst diese an deren Bestimmungsort bringt, um dann erst Sie am Hotel abzusetzen. Oder aber Sie an irgendeiner Ecke zu entsorgen, weil die Routen nicht vereinbar sind, um Ihnen den kurzen Fußweg zu Ihrem Ziel auszuweisen.

Jeglicher Protest ist zum einen sinnlos, zum anderen würde er die ökonomischen Voraussetzungen verkennen. Der georgische Taxifahrer befördert Sie zu einem erstaunlich niedrigen Tarif, sodass völlig unklar ist, wie sich die Fahrt für ihn überhaupt auszahlen soll. Er muss deshalb unterwegs alle Gelegenheiten der Gewinnmaximierung ergreifen, es geht gar nicht anders. Da Regelmäßigkeit oder Folgefahrten in einem Land, in dem Taxifahrer im Rudel auftreten und untereinander gerne das Recht des Stärkeren bzw. des Dreisteren ausüben, auch eine Möglichkeit darstellen, den Tagesverdienst zu maximieren, kann es aber genauso passieren, dass sich ein Taxifahrer Ihnen ganz ergeben zeigt. Selbstredend muss in jedem Fall der Preis von vorneherein festgelegt werden, da führt überhaupt kein Weg drum herum.

52. Grund

Weil Taxifahrer bestimmte Reviere haben

Als die *Georgian Busses* noch nicht fuhren und es unmöglich war, von Tbilissi aus den Flughafen von Kutaisi über Nacht zu erreichen, um einen frühen Flug anzutreten, hatte ich mich einmal in einem billigen Hotel einquartiert, das in einer ruhigen Nebenstraße weit außerhalb des Zentrums von Kutaisi lag. Ich hatte im Nirgendwo zwischen ausfransender Stadt, Industriebrachen und Land eine Position bezogen, die es anderntags leichter machen würde, den Flughafen zeitig zu erreichen, wollte jedoch noch in die Innenstadt, um auf dem Bazar Einkäufe zu tätigen (Kutaisi hat einen ganz großartigen Markt!).

Keine 100 Meter vom Hotel entfernt stand ein einsamer, alter Lada am Straßenrand, ganz offensichtlich mit nur wenig Aussicht auf Kundschaft. Ich weiß, dass es Reviere gibt, dass am Busbahnhof nicht jeder Taxifahrer geduldet wird, und dass tendenziell von dort aus operiert werden muss, wo man eine solide Basis hat. Der Fahrer war ebenso alt wie sein Auto (Autojahre sind wie Hundejahre, sie zählen mal fünf), saß hinter dem Steuer und las Zeitung, was in Georgien beides ein seltener Anblick ist: Zeitung zu lesen ist den Intellektuellen vorbehalten, und Taxifahrer warten nicht hinter dem Steuer, sie schwärmen aus. Ich klopfte an das Autofenster, der Fahrer öffnete und erschrak sich fast ob meiner Fremdländischkeit. Die Worte *Bazar* und *Centrum* aber sind universal, ebenso die Geste für *Wie viel kostet das?* bei gleichzeitiger Verbalisierung der Landeswährung:

– Lari?

Er gab erst Handzeichen und schrieb dann die Ziffern an die Windschutzscheibe. Es war das Äquivalent von ungefähr einem Euro.

– *Vale!*, sagte ich daraufhin auf Spanisch und machte eine südeuropäische Handbewegung. Ich stieg vorne ein, denn ich steige immer vorne ein, wenn es spannend wird, mir der Typ sympathisch ist und ich weiß, dass die Neugierde die Fremdheit überwiegen wird. Die Fahrt in das Zentrum von Kutaisi war länger, als ich gedacht hatte, und als wir ankamen, wusste ich von ihm, dass er zu den Zeiten Saakaschwilis seinen Professorenposten verloren hatte, die Familie russischsprachig war und das Taxi sein einziger Verdienst. Die Rente habe man ihm aberkannt, so viel hatte ich verstanden, nicht aber die Gründe und die Verfahrensweise. Ich gab ihm zu verstehen, dass ich maximal 30 Minuten brauchen würde, anschließend aber wieder zurückmüsse – und wenn er wolle, dann gerne mit ihm! Er wiederum signalisierte mir, dass er weiter oben einen Parkplatz suchen würde – hier könne er nicht stehen bleiben, feindliches Gebiet. Ich nahm ihn ernst, er nahm mich ernst, und eine halbe Stunde später fand ich den Lada und ihn wieder, wie er Zeitung lesend hinter dem Steuerrad saß, vertieft in die Politik der aktuellen Regierung, die Russland nicht mehr ganz so abweisend gegenübersteht, wie Saakaschwili es zuvor gewesen war.

53. Grund

Weil es eine Airline gibt, die mit Nicht-Fliegen ihr Geld macht

Der schnellste Weg von Tbilissi in den Hohen Kaukasus nach Mestia ist der mit dem Flugzeug. Es gibt genau eine innergeorgische Airline, und die verbindet Kutaissi und Tbilissi mit Mestia, Batumi und Ambrolauri. Die Flotte besteht aus zwei Dornier-Propellermaschinen (mit jeweils zehn Plätzen), die täglich im Einsatz sind. Mit der *Marschrutka* braucht man sage und schreibe elf Stunden von Tbilissi nach Mestia, mit dem Flugzeug sind es keine zwei. Die Tickets sind mit 40 € erstaunlich günstig, die Aussicht auf einen Flug über die Höhenzüge des Kaukasus hinweg vielversprechend. Wer deshalb auf die Idee kommt, es sei sinnvoll, zeitsparend und effizient, Mestia durch die Luft zu erreichen, hat diverse Komplikationsmöglichkeiten nicht auf dem Schirm.

Die erste betrifft die Tickets: Es ist immer nur vorübergehend überhaupt möglich, Tickets über die Website besagter Airline zu erstehen. Dies liegt an der Dateninfrastruktur: Mal werden die verbliebenen Plätze nicht angezeigt, mal erwischt man zwar einen Sitzplatz, aber die Kreditkartenabrechnung funktioniert nicht. Dann bleibt einem nur, sein Glück im Büro der Airline in Tbilissi zu versuchen – was doof ist, wenn man gerade in Berlin sitzt und eine Reise plant. In Mestia hat die Bevölkerung bereits aufgegeben und beantwortet die Frage der Touristen (die nichts mehr fürchten, als mit der *Marschrutka* ins Tal zurückkehren zu müssen) nach Tickets, als würden sie Auskunft über die Götter geben: Sie existieren vielleicht, aber man sieht und hört nichts von ihnen!

Im Allgemeinen gilt die Regel, dass Tickets nur Monate im Voraus zu haben sind, und das vor allem in Tbilissi und nicht irgendwo im Internet. Gesetzt, es ist Ihnen gelungen, ein Ticket zu bekommen, dann beginnen jetzt die eigentlichen Schwierigkeiten: Ein Ticket zu haben bedeutet noch lange nicht, auch zu fliegen. Einmal war ich unter den Glücklichen, die sehr früh am Morgen in Tbilissi abgeholt wurden, um eine knappe Stunde zum winzigen Flugfeld von Natachtari hinausgefahren zu werden. Es war schon Winter, aber der Himmel über der Ebene war klar. In Natachtari wurden Tickets und Dokumente kontrolliert, wir verteilten uns im kleinen Aufenthaltsraum, und der Manager (jeder zweite Angestellte in Georgien bezeichnet sich als Manager von irgendwas) beschied uns, wir müssten uns noch gedulden, man warte noch auf die Wettervorhersage. Dass für Mestia leichter Schneefall angesagt war, hätte ich ihnen auch sagen können, weil ich abends zuvor die einschlägigen Webseiten befragt hatte. Es dauerte eine gute Stunde, das Management gab Kaffee aus, und schließlich kam die Nachricht, wir würden nicht fliegen. Schlechtes Wetter. Aufseufzende Georgier, die sofort ihre Sachen zusammenpackten. Ungläubige Gesichter unter den Touristen:

– Und jetzt?

– Jetzt zurück nach Tbilissi.

Es ist so: Die Dorniers fliegen auf Sicht. Und wenn schlechte Sicht herrscht im Kaukasus, wird in Tbilissi gar nicht erst losgeflogen, dann bleiben die Maschinen am Boden. Ob schlechte Sicht herrscht, wird im Hinterzimmer zwischen Piloten, Management und meteorologischer Vorhersage ausgekartelt.

Eine halbe Stunde später saßen wir alle wieder in demselben Bus, der uns hergebracht hatte und erstaunlicherweise noch bereitstand. So, als hätte man etwas geahnt. Gegen Mittag waren wir unverrichteter Dinge in Tbilissi zurück. Die Tickets umzutauschen, um anderntags sein Glück erneut zu versuchen, stand außer Frage, denn die Tickets für den nächsten Tag waren ja schon lange ausverkauft. Eine Rückerstattung stellte man uns für den Fall in Aussicht, wir würden unverzüglich an das Büro in Tbilissi eine Mail schreiben. Dann würde der Betrag ohne Verzug zurückgebucht. So in ein bis zwei Monaten. Bin ich der Einzige, der den Verdacht hegt, dass darin ein recht profitables Geschäft liegt? Tickets, die verkauft werden, Flugzeuge, die im Zweifel am Boden bleiben, und Rückerstattungen, die man sich erarbeiten muss? Nicht einmal ich habe Monate später daran gedacht, meine Kreditkartendaten dahingehend zu überprüfen, ob der Betrag auch wirklich einging!

Georgier lachen übrigens nur, wenn man ihnen diese oder eine ähnliche Geschichte erzählt. Den Georgiern ist besagte Airline unter dem Namen »Maybe Airways« nur zu gut bekannt. Ihnen gilt die alternative Anreise mit dem Nachtzug über Sugdidi samt anschließendem *Marschrutka*-Ritt als eindeutig die vernünftigere Wahl.

54. Grund

Weil elf Uhr normal ist

Aus unerfindlichen Gründen fahren sämtliche Reisebusse zum Höhlenkloster *Dawit Garedscha* am Tbilisser Liberty Square um elf Uhr ab. In Mestia, im swanetischen Hochland, starten die Dacias Richtung Uschguli ebenfalls um elf. Ich weiß das, weil ich frech genug war, gegenüber einem Fahrer halb elf als Abfahrtszeit vorzuschlagen, nur um zu testen, ob es so etwas wie eine halbe Stunde überhaupt gibt. Seine Antwort war eine Art Protest:

– *But eleven is normal!*

Offensichtlich gilt diese Überzeugung landesweit, das mussten wir auch im Kleinen Kaukasus erfahren, im Anschluss an ein sehr frühes Frühstück (was sowohl uns als auch das Hotelpersonal vor gewisse Herausforderungen stellte). Ich war mit einem russischen Trupp unterwegs, und wir waren alle Punkt neun an Ort und Stelle, weil unser Reiseführer für diesen Zeitpunkt einen Kleinbus bestellt hatte. Übrigens erst am Vortag und nach zähen Verhandlungen, aber das nur am Rande. Wir wollten in den äußersten Süden Georgiens, um nahe der türkischen Grenze die Klosteranlagen von Wardsia zu besichtigen. Der Kleinbus aber kam nicht, nicht nach einer Stunde und auch nicht nach zwei. Der Kleinbus war vielmehr Punkt elf zur Stelle und der Fahrer sich keiner Schuld bewusst: Elf ist normal!

Ich muss an dieser Stelle daher auch mein Urteil über Tbilissi, nein, nicht zurücknehmen, sondern ausweiten: Ganz Georgien ist ein Land für Langschläfer, selbst auf den Dörfern herrscht vor neun Uhr Totenstille. Ab elf kann man über Aufbruch reden, vorher ist Frühstück, und nicht umsonst wünscht man sich in Georgien *dila mschwidobisa!* – einen geruhsamen, friedlichen, möglichst stillen Morgen!

55. Grund

Weil der Nachtzug nach Sugdidi durch die Sowjetunion fährt

Moskauer Freunde haben mir berichtet, dass zu Sowjetzeiten immer sofort klar war, wann ein Zug aus Transkaukasien in Moskau einlief: Vor Dreck gestarrt hätten die! Ausgestiegen seien georgische Bauern, die sich mit Südfrüchten und Selbstgebranntem aufgemacht hätten zum Schwarzmarkt, ihren Überfluss zu Barem machend. Heute allerdings kommt dort kein Zug mehr an. Zwar gibt es die Verbindung über Baku noch, doch den direkten Zug nicht mehr. Die Strecke über Abchasien ist seit den 90ern dicht. Wer heute von Moskau nach Georgien reist, der fährt meist mit der Bahn nach Wladikawkas und steigt dort in Kleinbusse um.

Was die Zeiten und den Systemwechsel überlebt hat, ist die Hauptstrecke zwischen Tbilissi und Sugdidi bzw. Batumi. Versprechen Sie sich ja nicht zu viel von den Zugverbindungen, die Züge laufen selten, meist einmal täglich, und zentrale Städte wie Kutaisi liegen zudem abseits der Streckenführung. Die Nebenstrecken werden gar nicht bzw. nur mit Güterverkehr bedient. Dennoch stellt die Eisenbahn zumindest zwischen Tbilissi und Sugdidi sowie Batumi eine veritable Alternative zur *Marschrutka* dar. Noch verkehren dort die alten Schlafwagenzüge. Zwar hat man die Laken inzwischen gegen irgend so ein Plastikmaterial ausgetauscht, aber sei es drum, sonst ist alles beim Alten: Sie stehen auf dem Bahnsteig, suchen den richtigen Waggon, reihen sich ein, und der Schaffner leuchtet Ihren Pass aus und behält Ihr Ticket. Nie ist es mir gelungen, ein Ticket für die erste Klasse zu ergattern, jedes Mal war diese bereits ausverkauft. Aber ich stelle mir vor, dass es dort noch Leinen gibt und ein Samowar steht. Nicht jedoch bei uns, in der Zweiten, wo sich zwei Mitreisende und ich ein Viererabteil teilen. Wir machen uns untereinander bekannt, leeren die Bierdosen, klappen die oberen Betten herunter, und schon geht es durch die Nacht in Richtung Kolchis. Sobald die Vorstädte Tbilissis hinter einem liegen, wird die Nacht pechschwarz, und nur vereinzelt scheinen Lichtlein von unbekannten Dörfern durch das verschmutzte Fenster. Nach Mitternacht weckt mich das Kreischen der Bremsen, ich stehe auf und schaue aus der Tür, die Luft ist lau und riecht nach Blüten. Draußen steht der Bahnhofsvorsteher mit seiner viel zu großen Mütze, aus verschiedenen Richtungen rufen zwei Frauen ihre Ware aus, doch niemand kommt, niemand verlässt den Zug. Das Bahnhofsgebäude streckt sich länger als der Zug, zwei Laternen brennen, es gibt kaum Licht. Der Bahnhofsvorsteher und zwei der Schaffner halten ein Schwätzchen, dann der Pfiff, die Kelle schwingt durch die Nacht, das Metall setzt sich knirschend in Bewegung. Die Tür schließt nicht selbsttätig, ich muss es selber tun, und mit der Tür schließt sich mir ein Fenster in die Sowjetunion, genauer: in eine der südlichsten Provinzen des Imperiums, in die GSSR, in die Grusinische Sozialistische Sowjetrepublik.

56. Grund

Weil die alten sowjetischen Autofabrikate noch zu finden sind

Noch sieht man sie am Straßenrand, die Lada Nivas, diese legendären, geländegängigen Allzweckfahrzeuge, die aussehen wie ein hochgebockter Kleinwagen, ein Fiat Panda auf Stereoiden. Allerdings werden diese meist von der Landbevölkerung gefahren, wer Geld hat, der besitzt längst einen BMW oder einen Mercedes-SUV. Desgleichen verschwinden die GAZ-66 langsam aus dem Straßenbild, jene kompakten geländegängigen Militär-Lkw, die für die Staaten der ehemaligen Sowjetunion so typisch waren, ebenso die allradbetriebene *bukhanka* (wörtlich: Laibchen, gemeint ist der UAZ-452), die in der Tat aussieht wie ein russisches Kastenbrot auf Rädern. Stattdessen übernehmen gebrauchte Sprinter und Transporter die landesweiten Transporte – importiert vor allem aus Deutschland, wie man den Aufschriften leicht entnehmen kann: Hier annonciert ein Fliesenleger aus Amberg, dort ein Logistikunternehmen aus Offenbach.

Ob in Swanetien oder am Kazbeg, ob es zu den Kuruldi-Seen gehen soll oder zur Gergetier Dreifaltigkeitskirche, stets wird es der Fahrer eines Mitsubishi Delica sein, der sich den Touristen andient und 50 Lari für seinen Service verlangt. Die Delicas in

Chamonix-Ausstattung lagern herdengleich um die zentralen Plätze, bereit, Chinesen, Japaner, Polen oder Deutsche aufzunehmen und diese über halb oder unbefestigte Straßen zu befördern. Das Sonderbare ist, dass es sich ausschließlich um Delicas handelt, als gäbe es einen Generalvertrag. Die Mitsubishis sind allradgetrieben, relativ schlank gebaut und können dennoch bis zu acht Fahrgäste aufnehmen – optimal für das Bergland. Sie werden übrigens sämtlich aus Japan importiert, und in Japan herrscht Linksverkehr. Deshalb befindet sich das Steuer rechts und die Schiebetür links, also auf der Straßenseite – ein weiterer Beitrag zur Verkehrssicherheit auf Georgiens Straßen.

4. Kapitel

Landstriche durch das Jahr

57. Grund

Weil Georgien ein durch und durch südliches Land ist

Tbilissi liegt ungefähr auf demselben Breitengrad wie Istanbul, Rom oder Barcelona. Ich werfe das jetzt nur mal so in die Runde, weil mir scheint, dass Georgien hinsichtlich des Klimas häufig falsch eingeschätzt wird. Wir stellen uns Tbilissi im Herbst und Winter gemeinhin als kalt und grau vor, was vermutlich der Literatur der 90er-Jahre geschuldet ist, als es der gesamten Stadt an Heizmaterial mangelte und die Wohnungen ungemütlich kalt waren. Und es stimmt: Tbilissi kann grau sein, neblig, kalt, ungemütlich. Aber jeweils nur für ein paar Tage. Stets ändert sich schnell das Wetter, und die Sonne zeigt sich immer schon nach kurzer Zeit wieder – nicht wie in Berlin, wo das Grau über Wochen andauern kann.

Die mittlere Tagestemperatur Tbilissis liegt im Februar bei acht Grad (in Berlin sind es vier), und durchschnittlich vier Stunden lang scheint die Sonne (Berlin: 2,5). Mit einem Wort: Georgien ist ein durch und durch südliches Land: In Tbilissi ist es normal, bei Sonnenschein im Winter draußen zu sitzen. Selbst in Swanetien oder in Stepanzminda am Kazbeg kann die Wintersonne so intensiv sein, dass man sich vor ihr nicht drinnen verstecken muss. Einmal bin ich Anfang März nur im T-Shirt über Schneefelder in der prallen Sonne gen Uschba gezogen.

Es ist die Sonne, die Sonne des Südens, die Georgien ausleuchtet – und zwar während des gesamten Jahres! Es sind die schnellen Wetterwechsel und das intensive Licht, das im Sommer blendet und die Winter erstrahlen lässt. Es sind die harten Schatten, die Farben und die üppige Vegetation, es sind die Fülle, der Facettenreichtum, die einzelnen Landstriche. All das lässt das Land leuchten, schimmern und changieren.

58. Grund

Weil in Georgien die Geografie in Unordnung geraten ist und die Himmelsrichtungen verschoben sind

Von der türkischen Schwarzmeerküste nach Norden zu fahren, nach Georgien, fühlt sich an, als würde man gen Süden ziehen: Die Vegetation ändert sich, Palmen, Bananenstauden und Teeplantagen zeigen ein milderes Klima an. Es ist, als wären in Georgien die Koordinaten verschoben worden, als wäre die Geografie in Unordnung geraten, denn die Küste des südwestlichsten Landesteils Georgiens, Adscharien, ist ganz von feuchtwarmem subtropischen Klima bestimmt. Weiter nördlich, in der abtrünnigen Republik Abchasien, begünstigt durch den Regenschatten des Hohen Kaukasus, herrschen 220 Sonnentage im Jahr. Die Kleinstadt Lagodechi wiederum befindet sich in ähnlich geschützter Lage, aber am anderen Ende des Landes, im nordöstlichsten Zipfel Kachetiens. Obschon im Inland und unmittelbar am Kaukasus gelegen, unterschreiten die Temperaturen im Winter höchst selten die null Grad, und der Frühling trifft dort zwei Wochen früher ein als etwa in Udabno, in Rustawi oder den anderen Städten in Georgiens Süden. Steigt man allerdings im Frühjahr aus den Höhen des Kaukasus hinunter gen Südwesten nach Adscharien, erwischt es einen kalt: Dort prasselt der Regen ohne Unterlass auf Wellblechdächer und Autos. Erst mit dem Mai wird er nachlassen und in der heißen Sonne des Südwestens auf dem Pflaster verdampfen. Bis dahin aber bleibt es feucht und ungemütlich, die Kälte kriecht in die Häuser, und so warm der Tag auch sein mag, die Nächte sind gemein.

59. Grund

Weil es 100 Arten Regen gibt in Adscharien

Frühling in Adscharien: Es regnet ohne Ende, der Himmel ist dick verhangen. Die alten Häuser sind kaum beheizt, drinnen ist es ist unangenehm feucht, die Frühjahrsnächte sind klamm und kalt. Adscharien ist subtropischen Klimas, oben in den Bergen steht Regenwald, und Regen ist daher nicht die Ausnahme, sondern die Regel. Nun, ich mag Regen! Ich mag Tage, die nichts versprechen, an denen man sich getrost in ein Buch versenken oder die man einfach verstreichen lassen kann. Die Sonne übt auf mein nördliches Gemüt immer einen gewissen Zwang aus, sie schreit ins Zimmer, dass ich rausmüsse, etwas tun, etwas unternehmen. Aber was zu viel ist, ist zu viel und eine Woche Dauerregen ist zu viel. Aber was heißt Dauerregen? Es sind 100 verschiedene Arten Regen, die auf Batumi niedergehen, ohne Unterlass: Der Regen trommelt, er prasselt, er zerplatzt tausendfach auf Welchblechdächern, er schwillt an und ebbt ab, sammelt sich und bricht wieder aus. Nur eines macht er in Adscharien nicht: aufhören. Ich war dreimal in Adscharien, und dreimal hielt mich der Regen fest, dreimal musste ich auf Wetterbesserung warten und in Batumi ausharren.

60. Grund

Weil auch Batumi zwei Seiten hat, wie eigentlich alles in Georgien

Dort, wo die *Marschrutki* anlanden, ist am meisten Betrieb in Batumi. Dort sind auch der Markt mit der Blumenstraße, die Reihe von Tabakhändlern, die Kleiderstände und die Gasse der Friseure. Mittendrin hat sich der Messerschleifer unter einer blauen Plane niedergelassen, gerade schleift er die einzelnen Zähne einer alten Säge nach, dann bringt ihm ein Mütterchen ein Küchenmesser vorbei. Hauptsächlich aber ist er mit Konversation und Biertrinken beschäftigt: Gleich zwei Schankstätten gibt es in der unmittelbaren Umgebung, die lokal gebrautes, leichtes Bier ausschenken, zu 1,30 Lari den halben Liter.

Warum die meisten westlichen Touristen Batumi schmähen oder zumindest nicht viel mit der Hauptstadt der autonomen Republik Adscharien anfangen können, ist mir schon klar: Die Schwarzmeerstadt ist vollgestellt mit architektonischen Monstrositäten, mit geschmacklosen Hotelgroßbauten türkischer Investoren und verspielt-kitschigen Renovierungen sowie Neuinterpretationen von Altstadthäusern. Mit einem Wort: Das Altstadtviertel hat etwas von Disneyland auf Droge. Hier steht eine mondäne Bar nach der anderen, und Nobelboutiquen bieten gut gemachte Fakes an. Die zahlreichen Thai-Massage-Lädchen haben bunte Bilder aufgehängt und Plastikblumen in die halbhohen Fenster gestellt, hinter denen das etwas zu knapp gekleidete Personal mit dem Mobiltelefon spielt. Gefühlt alle zehn Meter lädt ein Casino zum Besuch. Und wegen des Strandes muss man Batumi auch nicht unbedingt sehen.

Aber das ist nur die eine Seite der Stadt, genauer gesagt die Seeseite. Denn jenseits der Chawchawadze-Straße zur Landseite hin beginnt ein bunter Trubel, der in Georgien seinesgleichen sucht. Keine georgische Stadt, auch Kutaisi und Tbilissi nicht, hat so viel an auf wenige Straßenzüge konzentriertem Straßenleben zu bieten. Deshalb komme ich gerne auf ein paar Tage, auch wenn die *Marschrutka*-Ausrufer der Meinung sind, ich wolle weg, und mir alle erdenklichen Ziele anbieten. Während man sich in Tbilissi etwas auf teuren, mittelprächtigen Capuccino einbildet und die Herren der Schöpfung angefangen haben, viel Geld in Bartpflege und Haarschnitte zu investieren, ist in Batumi alles beim Alten: Mode gibt es nicht, stattdessen regiert die Etikette. Diese verlangt, dass die einen Anzug tragen, die nächsten den Tschador und die dritten farbenfrohe Synthetikkleider. Der Kaffee ist türkisch und wird im heißen Sandbecken aufgekocht, bevor er abgegossen und ausgehändigt wird. Beim Friseur ist auch alles wie zuvor, ich zeige dem Barbier die Länge, die ich haben möchte, aber ich bekomme sie nicht. Er stutzt meine Haare in drei Durchläufen, bis sie kurz genug sind, dass es ihm gerade so passabel erscheint. Wie gesagt: Etikette! Aber wächst ja wieder.

61. Grund

Weil das adscharische Hügelland in Regenwald übergeht

Von Batumi kann man beobachten, wie sich die Wolken über dem Gebirge auftürmen und dort stehen bleiben, sich verformen oder auf- und abwärts wandern, selten aber verziehen. Dort oben, unter den Wolken, liegt der Mtirala-Nationalpark, mitten im westlichsten Ausläufer des Kleinen Kaukasus. Die Kaffeefrau am Markt hatte mir – während sie das Kännchen im heißen Sand so lange kreisen ließ, bis das Wasser dreimal hochgestiegen war – erzählt, dass es eine *Marschrutka* nach Schakwi gäbe. Die Nummer 40, die führe gleich da vorne ab. Die sieben Kilometer von Schakwi nach Schakwistawi hinauf würde ich laufen müssen.

Unter der neuen Autobahnbrücke, welche die Küstenstraße inzwischen entlastet, ging es hindurch und hinein in das Tal. Die Sonne hatte sich durchgesetzt, aber es blieb feucht, der Himmel war diesig, die Hügelkuppen standen im Dunst, der Wald schien zu dampfen. Die Vegetation war übermächtig, die Bäume hingen vornüber, die Farne standen zu Tausenden. Der Weg wand sich an der Talseite entlang und wurde zum Tunnel, zahlreiche Bächlein plätscherten über die Straße. Unten rauschte der Fluss. Ich kam an alten Holzhäusern auf Stelzen vorbei, an Dutzenden von Bienenhäusern, an Palmen, Obstbäumen und namenlosen, hochgeschossenen Blumen, die mir fast ein wenig angeberisch schienen. Alles, was lebt, gibt es dort auch, im adscharischen Bergland: den Braunbären, den Luchs und den Otter, den Falken, zahllose Insektenarten, einige sehr groß geraten, und Tausende Singvögel. Von Vogelgesang konnte jedoch fast keine Rede mehr sein, es grenzte an Krach. Was es hingegen nicht gibt, sind Internet und Handyempfang.

Am nächsten Tag klarte es vollends auf. Die Sonne stand in großer Pracht, jeder Winkel des Tals war ausgeleuchtet, das Blätterdach begann zu leuchten. Sofort wurde es schwül und heiß, ein paar Schritte in die Berge, und ich war vollständig durchgeschwitzt. Aber was heißt Berge, man läuft durch Kastanienwälder, durch Rhododendron-Buschland und mannshohen Farn, entlang zahlloser Bachläufe und bemooster Felsen. Am Abend zeigte sich der volle Mond und mit ihm in großer Zahl etwas, was in deutscher Sprache »Glühwürmchen« genannt wird (bzw. genannt wurde, als es sie noch gab!). Man möge mir glauben, wenn ich sage, dass es in Adscharien keinen Grund für die Verwendung dieses Diminutives gibt.

62. Grund

Weil Sighnaghi als Stadt der Liebe gilt

Szenen- und Ortswechsel, ein paar Jahre zuvor, am anderen Ende des Landes: Frühling in Kachetien.

Sighnaghi ist für Georgien das, was Paris oder Venedig weltweit sind: der Inbegriff von Romantik. Auch wenn sich die Einwohner von Sighnaghi nicht gänzlich darüber im Klaren waren, als Sakaschwili sich diese Marketing-Strategie ausgedacht hatte. Sighnaghi wurde den Bewohnern gewissermaßen unter dem Arsch wegrenoviert, die Gebäude in der üblichen Manier aufgestockt und statt der Holzbalkons Spritzbetonplatten und Stahlträger eingezogen: Fertig war mit der *city of love* ein weiteres Juwel in der Krone von König

Saakaschwili – mittlerweile mit durchgängig geöffnetem Standesamt und der Möglichkeit zu Spontanheiraten.

Die Häuser der kleinen Stadt an der Seidenstraße sind herausgeputzt und akribisch renoviert. Es ist wie in Tbilissi: Sobald etwas renoviert wird, dann so gründlich, dass dem jeweiligen Gebäude das Alter ausgetrieben ist. Lässt man aber die Grausamkeiten und die historische Ungenauigkeit des Verfahrens beiseite, bleibt Sighnaghi bis auf den heutigen Tag, was das Städtchen immer gewesen sein muss: ein extrem pittoreskes, sagenhaft malerisch gelegenes Fleckchen Erde mit grandiosem Blick auf das Alasani-Tal über die kachetische Ebene hinweg auf die Gipfel des Dagestaner Kaukasus. Außerdem ist Sighnaghi schon Teil der kachetischen Weinkultur, was man dem Städtchen auf Schritt und Tritt anmerkt – keine zwei Stunden von Tbilissi entfernt und doch eine andere Welt, ist Sighnaghi das perfekte Ausflugsziel für Einheimische und Touristen gleichermaßen.

Gut, gar nichts von dem wusste ich, als ich dort 2013 zum ersten Mal aufschlug. Es war mein allererster Ausflug aus Tbilissi überhaupt. Tamara hatte mir zugeraten und von Sighnaghi geradezu geschwärmt. Wir hatten beschlossen, während meiner Abwesenheit aus Tbilissi über Messenger Kontakt zu halten, und ich nutze den altersschwachen Computer des Guesthouses (damals noch kaum WiFi), um Bescheid zu geben, wo ich sei und wie es mir dort gefiele.

Ziellos spazierte ich anschließend durch die Straßen und fand schließlich ein *Magasin,* welches sich hinter mit Pappe ausgekleideten Fenstern und Eisenplatten im Halbdunkel verborgen hielt – man stelle sich den Antipoden eines westlichen Supermarkts vor: dunkel, depressiv, in sich gekehrt. Ich deckte mich mit Bier, Brot und Chips ein, auf dass ich unabhängig von den örtlichen Restaurationen sei. Im Guesthouse ließ ich mich auf dem lang gestreckten, das gesamte Stockwerk umarmenden Balkon nieder, um dabei zuzusehen, wie sich der Himmel über der kachetischen Ebene zuzog. Ein Gewitter phänomenalen Ausmaßes braute sich zusammen. Erste Blitze gingen jenseits der Ebene nieder, während auf Sighnaghi noch die Sonne schien. Ich betrachtete gebannt die näher kommende Wolkenfront und lauschte dem abendlichen Konzert mir unbekannter Vogelarten. Es sind die Details, die Georgien einem bisweilen befremdlich erscheinen lassen und das Land in die asiatische Sphäre verrücken. Mal sind es Vogelstimmen, gluckernde, glucksende, tropische Laute, mal ein bis dahin ungesehenes Spiel von Licht und Schatten, ein wundersamer Baum, mal ist es die ungewöhnliche Heftigkeit, mit der sich das Wetter ändert: In sattem Violett zog sich der Himmel über Sighnaghi langsam zu, die Vögel verstummten, erste kirschgroße Regentropfen zerplatzten auf den aufgeheizten Wellblechdächern, und Windstöße zerrten an den Zypressen. Dann schließlich setzte das Gewitter ein und fegte den Regen in Wellen gegen die Häuserfronten. Ich zog mich ins Innere des Hauses zurück und kam mir vor wie auf einem Schiff. Niemand außer mir war an Bord. In die Küche getraute ich mich nicht, im Zimmer mochte ich nicht bleiben (die georgischen Gästezimmer sind häufig reine Bettenlager und dem längeren Aufenthalt undienlich), also ging ich in das Wohnzimmer, setzte mich erst unschlüssig in einen Sessel, um schließlich den alten Computer noch einmal anzumachen. Über den Röhrenbildschirm flackerte eine Nachricht von Tamara: wie froh sie sei, dass mir gefiele, was ihr auch gefiele. Wie schade, dass sie in Tbilissi arbeiten müsse. Dann stand dort, ohne weiteren Zusammenhang, kommentarlos und ohne jede Begründung, folgende folgenschwere Zeile:

– Why are you always so cold to me?

Ich fühlte mich ertappt, wusste aber nicht genau warum, und starrte minutenlang auf diesen einen Satz, so wie ich kurz zuvor auf das heraufziehende Gewitter gestarrt hatte, unfähig zu einer spontanen Antwort.

Weil Sie mit einer Georgierin rhetorisch erst mal mithalten müssen

Jetzt wollen Sie natürlich hören, wie die Geschichte weitergeht, obwohl ich das in groben Zügen ja schon verraten habe (Grund Nr. 33). Machen wir es also kurz: Ich kehrte recht zügig aus Sighnaghi nach Tbilissi zurück, schon am nächsten Tag. Lief hinauf zur Klinik am Matsminda, wartete im Hotel Betsy auf ihr Schichtende. Lernte dort an der Bar zunächst heftig angetrunkene Expats aus UN, US-AID und Wasweißichwas kennen, später dann, als sie kam, auch einige von ihren Kolleginnen. Anderntags zusammen zum Vake-Park. Anschließend die Barszene (vgl. Grund Nr. 33). Die Wiederholung der Barszene ohne gewaltsame Unterbrechung an einem geeigneteren Ort. Kauf einer georgischen SIM-Card. Tägliche Treffen. An ihrem freien Tag zum Schildkrötensee.

Wir wurden schnell zu einem Paar, und ich fand mich mit einer Georgierin zusammen, einer Ärztin aus russischsprachiger Familie, geschieden mit kleiner Tochter, die mit der Mutter zusammenlebte. Irgendwo dort, wo die *Marschrutka* Nr. 17 hinausfährt. Die mir verbot, streunende Hunde zu streicheln, Leitungswasser zu trinken und mit Fremden einen zu heben (Letzteres absolut unmöglich einzuhalten). Folgende Szene: Vor der Oper, am Rustaweli-Prospekt. Ich in der sommerlichen Frühjahrssonne wartend, in meinen Reiseklamotten, die verstaubte grüngraue Militärhose, die klobigen Schuhe. Sie mit der ihr eigenen Verspätung, im roten Sommerkleid, die Schuhe flach. Ich lobe ihren Auftritt und zeige mich des meinen beschämt. Sie sagt, sie würde es gar nicht schätzen, wenn ich durch Komplimente andeuten würde, wir passten nicht zusammen.

Ich glaube, es war im roten Kleid und am Abend desselben Tages, da Tamara mich in das Why-not begleitete, um zu sehen, wo ich hauste und was ein Hostel überhaupt ist. Und ich denke, es war am darauffolgenden Tag, dass ich aus der *Marschrutka* zum Kazbeg wieder ausstieg und mir dachte: Scheiß auf die Berge!

Wenige Tage später sagte sie den folgenden Satz:

– *This is too serious to accept it too quickly.*

Und als mein Rückflug nahte, sah sie mich lange an und sagte:

– Nun gut, vielleicht hat dir Georgien ja das Abenteuer gewährt, das du dir insgeheim gewünscht hast. Jetzt wirst du in dein Land zurückkehren, in deinen Alltag. Und dann wird dir all das sehr weit weg sein.

Ich bestritt dies.

– Nun sieh doch, sagte sie, nichts in deinem Berlin wird dich an mich erinnern. Für mich hingegen, die ich bleibe, wird es so viele Orte in Tbilissi geben, an denen ich mit dir war.

Erstens habe ich vor Abflug meine georgische SIM-Card bis zum Anschlag aufgeladen, zweitens, kaum in Berlin zurück, einen Flug von Warschau nach Kutaisi gebucht. Für einen Aufenthalt von drei Tagen, zwei Wochen später.

64. Grund

Weil die Dramatik der Landschaft auf die Bevölkerung abfärbt

Sie ahnen, worauf ich mit dem Titel hinauswill: den Bruch mit Tamara. Mein dreitägiger Aufenthalt hatte die Liaison zwar zunächst befestigt, und meine Berliner Arbeitskollegen hatten sich anschließend genervt gezeigt ob der hochfrequenten Kommunikation mittels Messenger. Unmittelbar nach meiner Rückkehr nach Georgien zwei Monate später aber läutete Tamara im schwülheißen Sommer des Jahres 2013 – Tbilissi vibrierte in der stehenden Hitze, die Luft war ein ungutes Gebräu aus fixen Ideen und Abgasen – das Ende ein. Ich saß Tamara in den klimatisierten Räumen des Cafés Linville gegenüber, die leise, aber bestimmt eine Flut an zusammenhanglosen Vorwürfen über mich ergoss. Die Vorwürfe selbst waren haltlos, mich zu wehren war eher müßig, aber darum ging es auch gar nicht, es ging darum, das Ende zu inszenieren. Der gemeinsame Traum war an einem Punkt angekommen, wo er drohte, in profane Realität abzugleiten, die man zudem hätte schrittweise gestalten müssen. Das durfte nicht passieren.

Den Georgiern ist ein Sinn für Dramatik eigen, ein Sinn für Zuspitzung, Eskalation und Tragikomik, den ich mir nur mit der Landschaft erklären kann: Wer in solche Gebirge hineingeboren wird, wer vom Großen und Kleinen Kaukasus umschlossen lebt, der lebt mit Enge und scheinbarer Ausweglosigkeit. Dazu kommt, dass sowohl die Familienstrukturen als auch die ökonomischen Verhältnisse wenig Bewegungsspielraum zulassen. Ein normales Gehalt liegt in Georgien bei 300 bis maximal 500 €, das reicht nicht hin, um ein eigenständiges Leben zu führen. Innerhalb der weit gespannten familiären und gesellschaftlichen Verstrickungen individuelle Entscheidungen zu treffen, Verantwortung zu übernehmen und die Dinge in die Hand, bedeutet ein wesentlich höheres Risiko des Scheiterns, als dies in Westeuropa der Fall wäre. Um seiner Wege zu gehen, müsste man sich aus den Verpflichtungen lösen, die einen behüten. Dies gilt es möglichst zu vermeiden. Das georgische Nichtstun, die Lethargie und das Abwarten müssen hier ihren Ursprung haben. Zugleich liegt hier die Quelle des Dramas, der theatralischen Inszenierung: Wo Handlungen unmöglich sind, weil die Konsequenzen unüberschaubar wären, dort muss Theatralik die Wirklichkeit ersetzen, dort ist die Szene wichtiger als deren Inhalt.

Aber zurück zu Tamara, deren Vorwürfe kein Test waren, wie ich zunächst annahm, die lediglich einen leichten wiewohl zugleich dramatischen Weg gewählt hatte, mich unversehens fallen zu lassen. Nichts, was ich hätte tun können, hätte etwas daran geändert: Ihre Einsicht war, dass ihr von hier an die Verbindung zu diesem Deutschen gefährlich werden würde, und sie wählte stattdessen die Sicherheit.

Sie werden früher oder später in Georgien Ähnliches erleben: Solange man träumen kann, ist alles gut, sobald aber die Wirklichkeit ins Spiel kommt und die Schwierigkeiten der Ebenen bevorstehen, wird es gefährlich. Denn jedweder Realismus spielt dem Traum zuwider, und dessen Größe schmilzt im Tageslicht unweigerlich dahin – im Zweifel bleibt man in Georgien beim Träumen, bleibt bei der Fantasie und verteidigt das Luftschloss gegen die Eigenbedarfsklage der Wirklichkeit.

65. Grund

Weil die swanetischen Banditen nur den Job gewechselt haben

Eine geraume Zeit lang war ich anschließend abstinent, was Georgienreisen angeht. Dann aber entsann ich mich all der Berge, die ich bis dahin nie gesehen hatte, und vor allem eines mythischen Landstrichs: Swanetien!

Swanetien ist ein historisches Gebiet im Nordwesten Georgiens. Es liegt unmittelbar an den Südhängen der Hauptkette des Kaukasus, also hoch oben und so schwer zugänglich, dass keine der durch Georgien ziehenden Heerscharen es jemals dort hinauf geschafft hatte. Gestatten Sie es mir, im Folgenden viel von Swanetien zu erzählen und immer wieder auf den Landstrich zurückzukommen: In Swanetien kenne ich mich aus, dort habe ich Monate verbracht. Später werde ich Sie zudem nach Khevi entführen, in die Kazbegregion, nach Gudauri, Stepanzminda und Gergeti, denn ebenda habe ich mich fast einen ganzen Winter lang aufgehalten. Die dritte Region, die mir eine große Rolle spielt, ist Kachetien ganz im Osten.

In großen Teilen Oberswanetiens, also des Landstrichs zwischen Betscho, Mestia und Uschguli, gab es jahrhundertelang gar keine Oberherrschaft, nicht des Klerus und nicht des Adels. Wer aber glaubt, es handelte sich daher um friedliches und friedliebendes Land, der irrt gewaltig: die zahllosen Wehrtürme, die jeweils einem Wohnhaus, dem *Matschubi*, zugeordnet sind, zeugen nicht nur vom andauernden Verteidigungskampf gegen marodierende Banden aus dem Nordkaukasus (Hauptmotiv Viehraub), sondern auch vom Kampf untereinander (Hauptmotiv Blutrache). Erst der Sowjetmacht soll es gelungen sein, den Blutfehden zwischen den einzelnen Familien und Clans ein Ende bereitet zu haben.

Es gibt gewissermaßen zwei Perioden der Erzählungen über Swanetien: vor Saakaschwili und danach. Die Swanen teilen große Strecken ihrer Geschichte mit Imeretien, Ratscha, Mingrelien und Kartelien, nicht aber die Überzeugung, der Gast käme von Gott. Dies mochte für die Ebenen gelten, wo man sicher sein konnte, dass der Gast irgendwann auch wieder ging, nicht jedoch für die von Viertausendern umschlossenen Hochtäler: Es gibt keinen einzigen Reisebericht aus Swanetien der postsowjetischen Zeit, der nicht zumindest einen Überfall, einen kleinen Raub oder eine Nötigung verzeichnet. Sergej, der mit seinen Eltern in den 80er-Jahren aus Wladikawkas nach Mestia zum Bergsteigen gekommen war, bestätigt dies. Die Seile seien ihnen von zwei Jägern am Berg abgenommen worden, Argument: »Brauchen wir!«

Swanetien ist trotz der üppigen Natur ein karges Land mit kurzer Vegetationsperiode, die nur das Nötigste bietet. Sich den Rest zu nehmen, aus der Ebene, von Nachbardörfern oder besser noch: von durchziehenden Fremden, ist eine jahrhundertealte Gewohnheit in Swanetien, die nach dem Zusammenbruch der Sowjetunion flugs wieder aufgenommen wurde. Saakaschwili, der Swanetien als touristisches Juwel sah, griff deshalb irgendwann durch, indem er einen Helikoper in Marsch setzte, dessen schwerbewaffnete Besatzung bei Betscho das Stammhaus eines weit bekannten Oberbanditen in Schutt und Asche legte. Seitdem herrscht Ruhe, die Berichte aus Swanetien haben sich über die letzten zehn Jahre grundsätzlich geändert, und die Touristen, sie kommen.

Ich persönlich hege den Verdacht, dass die Banditen nicht einfach ausgestorben sind, sondern ins Taxigewerbe gewechselt haben. Wie sonst lässt es sich erklären, dass die Taxifahrer in Mestia allesamt russische Gangsterlieder spielen? Wie kam es denn, dass der neue Lift, der Mestia mit dem Hatsvali-Skilift verbindet, bereits am Tag nach seiner feierlichen Eröffnung wochenlang stillstand – sodass die Taxifahrer die Wintergäste weiterhin hinauffahren konnten? Woher stammen denn die Preisabsprachen, und wie kann es sein, dass es keinen Shuttleservice zum Tednuldi gibt, wieso muss man denn in Uschguli in die teuren Dacias einsteigen, anstatt die *Marschrutka* zu nehmen wie jeder normale Mensch? Wer hat denn verfügt, dass elf Uhr normal ist, und um 16 Uhr die Rückfahrt? Es waren die wahren Herrscher Oberswanetiens, die Transportdienstleister, die Jäger und Sammler, die Taximafia!

Mehrfach war ich oben in Swanetien, zweimal sogar im tiefen Winter. Aber wenn ich mich nicht während meines letzten Aufenthaltes im Herbst 2018 mit Sergej befreundet hätte, besagtem russischen Bergsteiger, der seit Kindestagen nach Swanetien reist, wäre mir dieser Landstrich bis auf den heutigen Tag fremd geblieben. Sergej kommt fast jeden Sommer nach Swanetien und bleibt wochenlang, verschwindet für Tage in den Bergen und schläft ansonsten Nacht für Nacht auf der Veranda hinter Ninos Haus. Dort hilft er mit seiner Sprachfertigkeit im Umgang mit den Touristen aus und klärt so manches Missverständnis auf: Hatten die beiden Damen in der Küche mich zunächst noch »den Professor« getauft (wegen meines Tweedjackets und des Stapels an Büchern, in denen ich zwar nur selten lese, die ich aber dennoch stets in ferne Länder mitschleife), so wurde ich durch Sergejs Intervention schließlich zum »Gospodin Pisatel« – zum Herrn Schriftsteller. Mir wiederum wurde klar, dass das Küchenpersonal gar nicht zur erweiterten Familie gehörte, wie ich immer angenommen hatte, sondern für die Saison aus Imeretien in das Bergland kam, um dort zu arbeiten. So hatten sich die Zeiten geändert, noch wenige Jahre zuvor musste man in die Ebene ziehen für Lohn und Brot, jetzt kamen Leute aus dem Flachland, um in Mestia vom Aufschwung des Tourismus zu profitieren.

66. Grund

Weil Uschguli ein Missverständnis ist

Von Mestia aus führt ein 4-Tages-Wanderweg über mehrere Höhenzüge (und über die Bergflanken des Tednuldi) hinüber in das obere Enguri-Tal und weiter bis nach Uschguli. Der Weg geht durch abgelegene Dörfer, meidet die Straße und zieht über Seitentäler hinweg. Idyllischer geht es kaum.

Aus der Einsamkeit des Berglandes um Adischi waren wir hinausgeschritten in den Talkessel der auf über 2000 Metern gelegenen Ansiedlung, als uns angesichts der neuen Pensionen zwischen den alten Wehrtürmen, der Delicas am Straßenrand und den Tagesausflüglern, die zwischen Kuhscheiße, altem Gemäuer und bunten Wellblechdächern Bilder machten, ein Unbehagen überkam, eine unangenehme Leere befiel. Die Saison war schon fast vorüber, es war bereits Mitte Oktober, doch Uschguli immer noch betriebsam. Ich fragte Sergej, ob er in der Lage sei, zu beschreiben, was in Uschguli verkehrt liefe.

– *It's confused,*

sagte er und ergänzte:

– *Nobody knows, what they are doing. The tourists don't really know, what they are here for, and the locals wonder, why they come at all.*

Und das trifft den Nagel auf den Kopf: Uschguli ist ein touristischer Betriebsunfall. Spätestens seit die UNESCO das Dorfensemble auf diese Liste gesetzt hat, ist hier im Sommer richtig was los: Uschguli ist zum »Must-see« geworden, und jeder, den es nach Swanetien und Mestia verschlägt, meint dorthin zu müssen oder ist extra wegen Uschguli angereist. Der Anblick von improvisierten Bars, hingeklatschten Hotelneubauten und herumstreunenden Touristen war uns trotzdem ein kleiner Schock: Uns wollte nicht einleuchten, dass gerade Uschguli besonders sein soll – also anders noch als sagen wir Adischi oder Iprari. Wehrtürme, Berge und Bauernleben gibt es hier wie dort.

Es ist ein verbreiteter Irrtum, Uschguli sei, weil so hoch gelegen, die letzte, entlegenste Siedlung Swanetiens. Das Gegenteil ist wahr: Die vier Dörfer, die unter dem Namen Uschguli zusammengefasst werden, stellten jahrhundertelang das Tor nach Swanetien dar. Die 50 Wehrtürme von Uschguli waren deshalb das Erste, was der britische Abenteurer Douglas William Freshfield zu Gesicht bekam, als er 1868 nach Oberswanetien vorstieß. Auf dieser ersten seiner insgesamt acht Reisen in das Hochland des zentralen Kaukasus nutzte Freshfield die gebräuchlichste Route: die von Süden her, von Kutaisi und Niederswanetien kommend. Der Latpari-Pass, über den Freshfield in Uschguli eintraf, liegt fast 3000 Meter hoch und ist nur zwischen Ende Juni und Anfang Oktober schneefrei: Oberswanetien war bis vor weniger als 100 Jahren noch ein Landstrich, der lediglich vier Monate im Jahr überhaupt zugänglich war, so lange, bis 1937 die Straße durch das Enguri-Tal gebaut war.

Wir sahen in Uschguli etwas Halbes. Noch lasteten die Jahrhunderte schwarz und schwer auf den Häusern, noch roch man die Blutrache und die Verzweiflung des kargen Lebens. Noch konnte man sich lebhaft vorstellen, wie es Freshfield und seinen Begleitern nur unter Mühen gelungen war, in Uschguli überhaupt Obdach zu finden. Noch sah man die Spur der Verwüstung, welche die Lawinen 1987 durch die Dörfer gezogen hatten. Noch schien Uschguli ein Ort, von dem man lieber weggeht, als dass man dort etwas aufbaute, heiratete und blieb. Zugleich wurden die Dörfer sichtbar und schrittweise von etwas vereinnahmt, mit dem sie nichts zu tun hatten: Jahr für Jahr kommen mehr Touristen. Im vorhergehenden Sommer war es über Tage zu einer Situation in Uschguli gekommen, für die es bislang kein Beispiel gegeben hatte: Parkplatzmangel. Die Delicas hatten dies- und jenseits der Straße gestanden, gegenüber am Hang hatten Ochsen den Holzschlitten gezogen, Frauen hatten in den kleinen Feldern gekauert und frühe Kartoffeln aus dem Boden geholt, die Milchkühe waren durch das Dorf gestreunt und hatten sich an den Häuserecken gesammelt.

Es war absehbar: Zum ersten Mal in der Geschichte dieser hoch gelegenen Wehrdörfer würde es den Invasoren gelingen, das Leben dort auf den Kopf zu stellen. Die Fremden brachten etwas, was in Uschguli keiner anbauen konnte und wofür es doch so viel Bedarf gab. Die Fremden brachten Geld. Wir haben uns an jenem Tag, als uns in Uschguli das Unbehagen befiel, nicht dazu hinreißen lassen, dort (wie ursprünglich geplant) zu übernachten, sondern sind nach Mestia zurückgekehrt.

Ich war der Einzige, der, zurück in Mestia, etwas zu essen bestellt hatte, ich schlurfte durch den Speisesaal und setzte mich an den bereits gedeckten Tisch. Nino brachte die Suppe und duftendes, hausgemachtes Brot.

– *Merci!*,

sagte ich zu Nino, als mich jemand, den ich bisher übersehen hatte, lautstark korrigierte:

– *Ici, on dit »Madloba«!*

Echt jetzt? Wer zum Teufel will mir da sagen, in welcher Sprache ich mich zu bedanken habe? Das Persönchen, das mich über mehrere Tische hinweg gemaßregelt hatte, saß hinten in der Ecke, eingehüllt in einen dicken Anorak, vor sich eine Plastikschale mit kalten Nudeln. Offensichtlich eine Französin. Eine vorlaute noch dazu. … doch weit gefehlt: eine Belgierin, Noémie mit Namen.

Bevor wir die vorläufige gegenseitige Antipathie abgelegt und uns an denselben Tisch gesetzt haben, hatte ich ihr auf Französisch erläutert, dass »Merci« ja wohl international gebräuchlich sei und auch in Swanetien verstanden würde. Sie trug ein Haarband, unter dem kupferfarbene, widerspenstige Locken hervorschauten. Zwei davon tanzten auf und ab, sobald sie sich echauffierte – zum Beispiel über Reisende, die sich nicht die Mühe machten, Grundbegriffe der jeweiligen Landessprache zu erlernen. Dies sei eine Frage der Höflichkeit und des Respekts, zehn Vokabeln würden doch schon reichen! (Der Satz hätte von mir sein können.) Es wurde spät, wir vertagten das Gespräch auf den nächsten Morgen, und ich sagte unvorsichtigerweise, ich sei Punkt acht Uhr zur Stelle.

67. Grund

Weil es Tage von archaischer Kraft gibt

Es wurde der Tag von Geburt und Tod, der Tag, der den ganzen Zyklus des Lebens abbildete, all dessen Schönheit, Rohheit und Gewalt. Früh am Morgen, als ich noch schlief und mich in seltsam wilden Träumen verhedderte, hatte ein Kälbchen das Licht der Welt erblickt. Ich schrak hoch, als das Mobilfunkgerät schon 8.23 Uhr anzeigte.

Noémie saß bereits im Speisesaal und begrüßte mich wie folgt:

– Punkt acht, hattest du doch gesagt!

– Hatte 'nen wichtigen Traum, konnt ich nicht aufschieben. Guten Morgen erst mal!

Wir machten uns gemeinsam über die zahlreichen Teller her, die man in Swanetien zum Frühstück serviert bekommt, und stiegen dort in das Gespräch ein, wo wir es am vergangenen Abend verlassen hatten. Wir unterhielten uns über die Zufälle, mit denen ein Land wie Georgien so freigiebig verfährt: Menschen, denen man erneut begegnet, Fügungen, die sich einstellen, Synchronizitäten, die passieren. Ich äußerte den Verdacht, dies könne daran liegen, dass Raum entstünde, sobald alle spontan und impulsiv und nicht nach Plan handeln würden. Dass Zufall und Schicksal genau diesen Raum bräuchten, um sich zu entfalten und ihr Spiel zu spielen. Dort, wo alles getaktet ist und wo jeder nach Plan verfährt, kann auch nichts Außergewöhnliches passieren, es ist nicht vorgesehen, ihm fehlt der

Platz. Noémie erzählte, wie sie auf dem Weg nach Omalo im abgelegenen Tuschetien zwei Personen wiedergetroffen habe, die sie zuvor in Lagodechi bereits gesehen hatte.

– Oh, Lagodechi? Da war ich auch! Bist du in den Nationalpark?

Zu unserer Verblüffung mussten wir feststellen, genau an demselben Abend in der Schutzhütte auf 1.900 Metern gewesen zu sein. Allerdings hatte Noémie von mir nichts gesehen und gehört, denn ich war mit dem Sonnenuntergang in den Schlafsack geschlüpft und hatte mich beharrlich geweigert, nach draußen zu gehen und mich zu den Neuankömmlingen zu gesellen. Dort kreiste ein Joint, und man stieß mit *Tschatscha* an, beides schien mir meinem Vorhaben, am nächsten Tag auf 3000 Meter aufzusteigen, nicht besonders förderlich (ich verfuhr nach Plan!). Ich wiederum hatte von ihr zwar ebenso wenig etwas gesehen, sie wohl aber wahrgenommen. Denn dort draußen übersetzte eine weibliche Stimme erstaunlich souverän zwischen Russisch und Englisch. Ich konnte keinen Akzent ausmachen, bemerkte aber wohl, dass diese Stimme nicht nur übersetzte, sondern zudem vermittelte. Ein Georgier in der Runde wurde immer einsilbiger und gleichzeitig lautstärker. Dennoch übersetzte die Stimme in ganzen, sinnvollen Sätzen und gab diesen zugleich Interpretationsvorschläge mit. Im Halbschlaf stellte ich mir jemanden vor, der in London lebte, aber russische Wurzeln hatte und zudem irgendwie mit Georgien zu tun. Denn über Georgien im Allgemeinen hatte die Stimme einiges zu sagen und trug dies ebenso souverän vor. Fast wäre ich doch noch aufgestanden, um nachzusehen, um wen es sich handelte, dann aber gab der Schreihals den nächsten Trinkspruch zum besten, die Stimme übersetzte, die Gläser schepperten aneinander, und ich ließ es sein. Diese Stimme, das war die Noémies. Anderntags war ich als Erster wach, packte leise meine Sachen und ging bergan: Noémie war auf dem Weg nach unten, ich unterwegs nach oben. Eineinhalb Monate sollte es dauern, bis wir im swanetischen Hochland aufeinandertrafen, um dies herauszufinden.

Obwohl ich Noémie angesichts ihrer Erkältung vorgeschlagen hatte, doch lieber einen Tag Pause einzulegen, ließ sie sich nicht davon abbringen, am frühen Nachmittag gen Sugdidi aufzubrechen. Sie ging packen, während ich mich an den Computer setzte. Als ich später nach draußen ging, um nach ihr zu sehen und mich zu verabschieden, kam mir Ninos Schwiegersohn entgegen, der ein quiekendes Ferkel kopfüber am Bein hielt, um es auf die Wiese hinter dem Haus zu schaffen. Es war klar, was die Stunde geschlagen hatte, und ich bog instinktiv zur anderen Seite ab – um keine Minute später gewahr zu werden, welche Tragweite diese Feigheit hatte. Ich kehrte um, fand mich an Noémies Seite wieder, um mit ihr über den Zaun zu blicken und dem Schlachten zuzusehen.

Sie waren zu zweit. Einer hielt das Ferkel, der andere setzte zu einem kurzen Schnitt an der Kehle an. Der Topf mit dem siedenden Wasser, in welches das Ferkel anschließend von allen Seiten getaucht wurde, diente offensichtlich dazu, die Borsten zu lösen (swanetische Schweine haben so etwas wie ein Fell, die Borsten sind wesentlich dichter und länger als bei unseren Rassen). Auf das erste Ferkel folgte ein zweites, dann ein drittes und kurz darauf das vierte. Jeweils das gleiche langandauernde, lang gezogene Quieken, jeweils die gleiche kurze, erbarmungslose Prozedur. Danach die Stille. Keine zehn Meter vom großen Kochtopf entfernt standen stumm eine Kuh und ihr Neugeborenes. Noch Stunden später, als Noémie schon unterwegs in die Ebene war, würde die Muttersau vor dem Gatter auf und ab laufen, weiterhin auf der Suche nach ihren Jungen. Warum aber erscheint mir dies so bedeutsam, wie wir beide da standen, schweigsam unter dem strahlenden Himmel Swanetiens, mit den wildgewordenen Farben des Herbstes oben an den Berghängen, Angesicht zu Angesicht mit Leben und Tod, mit Ankunft, Abschied, Wiederkehr und dem ganzen abertausendjahrealten Zyklus?

68. Grund

Weil die Swanen anbauen, umbauen und ausbauen, sich aber nicht zwischen Schweinen und Touristen entscheiden

– Jetzt muss ich dich ziehen lassen, sonst nimmt dich keiner mit!
– Wir sehen uns …
– Bestimmt!

Ich hatte Noémie bis an den Ortsrand von Mestia begleitet, jetzt stand sie an der Straßenseite, ging Schritt für Schritt rückwärts und streckte den rechten Daumen aus – in Richtung Sugdidi, in Richtung Ebene. Am folgenden Tag würde sie die Grenze nach Abchasien überqueren, in jenen nordwestlichen Landstrich vorstoßen, der aufgrund seiner Küstenlinie und der subtropischen Vegetation als einer der schönsten Georgiens gilt – obschon Abchasien nach blutigen Auseinandersetzungen 1992 einseitig die Unabhängigkeit erklärt hatte und die georgische Administration dort keinerlei Souveränität ausübt. In gut einer Woche sei sie in Georgien zurück. Lassen wir sie also ziehen, kümmern wir uns um Swanetien.

Sergej sagte später am selben Tag:

– Irgendwann werden sie sich zwischen Schweinen und Touristen entscheiden müssen!

Er hatte die vergangene Saison »den Sommer der Deutschen« genannt. Denn aufgrund der neu geschaffenen Fluglinien nach Kutaisi waren diese erstmals in großer Zahl in Swanetien eingefallen, und die meisten glaubten sich im Entdeckermodus. Warum sie nach Georgien gekommen seien, fragte ich zwei deutsche Hiker.

– Um Georgien zu sehen, bevor alle kommen!

– Aber ihr seid doch alle!,

hätte ich am liebsten geantwortet. Drollig war, dass sie alle dieselben Ziele hatten: Uschguli, die Koruldi-Seen und den Gletscher. Swanetien, done! Im Nakra-Tal, dort wo Sergej hingeht, ist absolut niemand. Dort begeben sich die Leute an den Gartenzaun, um dir wenigstens einen Apfel in die Hand zu drücken. Dort sind die Jäger oben in den Bergen baff, wenn da jemand ankommt, der nicht von dort stammt. Aber alle fahren nach Mestia und lassen selbst die malerischen Dörfer davor aus.

In Mestia hat deswegen eine Bauwut sondergleichen eingesetzt. Überall wird ein Betonbau mit Flusssteinen verkleidet, eine Pension hochgezogen oder ein Familienheim ausgebaut. Bei Nino hatte der Kuhstall weichen müssen, um mondänen Zweibettzimmern Platz zu machen. Wie man aber dieser Flut Herr werden will und ob es demnächst Stau gibt, auf dem Weg zu den Koruldi-Seen, das weiß niemand. Es gibt keinen Plan. Die einzige Gewissheit ist, dass die Ausländer kommen und dass sie Jahr für Jahr mehr werden. Wirklich verblüfft hat mich das deutsche Pärchen, das nach Mestia fuhr, weil man das eben macht und weil auf jedem Blog steht, dass man das macht. Die haben sich nämlich bei mir erkundigt, wie denn das Gebirge hieße, in dem wir uns befänden: Ach, sieh an, das ist also der Kaukasus!

Anderntags saß ich bei Nino im Obergeschoss vor dem Computer und versuchte, meine Notizen und Gedanken zu ordnen (ich schrieb gerade an den ersten Kapiteln dieses Buches), als Sergej vorbeistrich und beiläufig sagte:

– *You know, Jörg, this kind of weather is really exceptional, I think, you should profit from it!*

Ich wusste, was er damit meinte, er sprach vom Guli-Pass und dem Gang nach Mazeri. Als wir aus Uschguli zurückgekommen waren, hatte ich erklärt, noch nach Mazeri hinübergehen zu wollen. Manchmal braucht man einen kleinen Schubs, ein Zeichen, und ehrlich gesagt, sonderlich produktiv verlief meine Arbeit gerade auch nicht: Es fällt nicht leicht, in Georgien zu schreiben. Jedes Mal, wenn man meint, einen Ort oder eine Zeit gefunden zu haben, kommt etwas dazwischen. Wenn nichts dazwischenkommen sollte, wird man nervös, weil nichts dazwischenkommt. Überhaupt ist Alleinsein in

Georgien gar nicht so einfach, und wenn man dann doch einmal alleine ist, kommt einem dies gleich ganz komisch vor. Außerdem hatte Sergej mir in diversen Gesprächen so viele Informationen an die Hand gegeben, dass sich mir mein Schreibvorhaben verwirrt hatte und ich gezwungen war, es Schritt für Schritt neu zu ordnen. Überhaupt waren meine Gedanken gerade woanders. Also beschloss ich, am nächsten Tag nach Mazeri zu gehen.

69. Grund

Weil sich immer jemand findet, der einen mitnimmt und unterbringt

Der Weg nach Mazeri quert auf 2.600 Metern und führt über den fast 3000 Meter hohen Guli-Pass in das Hochtal von Mazeri hinüber, unmittelbar am Doppelgipfel des Uschba vorbei. (*Guli* heißt »Herz« auf Georgisch, *Uschguli* ist mit »raues Herz« sicherlich nicht völlig falsch übersetzt und *Uschba* wiederum meint so etwas wie »rauer, wilder Ort« – ich folge Sergejs Erläuterungen). Zunächst aber geht der Pfad hinter den Wehrtürmen Mestias steil bergan und dann weniger steil weiter in Richtung Koruldi-Seen.

Es war 20 nach acht, als ich losging, und dies war angesichts von 24 Kilometern und 1.600 Höhenmetern etwas zu spät, denn die Oktobertage waren bereits kurz. Die Damen in der Küche hatten mich aufgehalten, indem sie auf einem ausgiebigen Frühstück bestanden und mich mit Marschverpflegung ausgestattet hatten.

Es waren keine Wolken am Himmel und kein Hauch Wind in der Luft. Die Farben des Herbstes waren am Verbleichen, das Rot tropfte von den Ebereschen, das knallende Gelb des Ahorns wandelte sich zu Kupfer. Die Querung bis zum Anstieg zog sich, es ging durch nacktes hochalpines Gelände, niemand war hier unterwegs. Mittendrin und weit verteilt standen genau elf Hengste, drei davon unmittelbar auf dem Pfad. Friedlich und zutraulich wie alle Tiere in Swanetien ließen sie mich gewähren, rückten erst im letzten Moment zur Seite. Ich mutmaßte, ein Swane hatte sie dort zum Grasen für ein paar Tage oder Wochen geparkt und würde sie beizeiten wieder abholen. Zwei Sturzbäche mussten überquert werden, und dann begann der Anstieg zum Guli-Pass. Hummeln waren unterwegs dieser Höhe, kleine Blumen blühten noch, doch das kupferfarbene Gras beugte sich schon dem Winter entgegen. Es war eine Frage von Tagen, bis der Regen einsetzen und hier oben als Schnee fallen würde, den Pfad und den Pass unter sich begrabend und unpassierbar machend. Ich muss einer der Letzten gewesen sein, die in dieser Saison von Mestia nach Mazeri gingen.

Als ich endlich oben am Pass stand und hinunter sah in das Tal von Guli, diesen streng gekerbten Einschnitt, der nach Mazeri hinüberführt und der von so weit oben täuschend einfach zu bewältigen aussieht, war mir klar, dass nicht viel Zeit für den Abstieg bliebe, wenn ich im Hellen ankommen wollte. Es war bereits vier Uhr nachmittags, mindestens drei Stunden würde ich brauchen bis ganz hinunter.

Ich war eine gute halbe Stunde in einfacheres Terrain abgestiegen und hatte den Weg zwar nicht verloren, aber ein wenig außer Acht gelassen, um bessere Fotos vom steil aufragenden Uschba-Massiv zu machen, als sich von einer Hügelkuppe ein älterer Swane näherte, mit Pferd im Schlepptau und einem verwilderten Hund zur Seite. Er rief nach mir, auf Russisch.

– Du da! Was machst du?

– Ich gehe nach Mazeri.

– Das ist der falsche Weg!

Der Pferdeführer forderte mich auf, mein Gepäck an den Sattel zu hängen, was ich schließlich auch tat. Nur das Pferd selbst zu besteigen, wie er von mir wollte, das ließ ich sein, dafür hätte ich mich nur geschämt.

– Du kennst also noch nicht mal den Weg!,

sagte er und schüttelte darüber den Kopf. Ich widersprach nicht und hatte Mühe, mit ihm Schritt zu halten. Wenn man im Ausland für einen Idioten gehalten wird, dann weil man einer ist: Jemand, der den Weg nicht kennt, die Sprache nicht spricht und zum allerersten Mal überhaupt dort herumsteigt. Noch dazu mit einer Kamera! Was soll das bringen, den Uschba zu fotografieren, mitnehmen kannst du ihn doch nicht, festhalten kannst du auch nichts, nicht die glasklare Luft, nicht das weiche Licht, nichts von diesem ganzen strahlenden Oktober!

In einer Höllengeschwindigkeit gingen wir den Berg hinunter, sodass selbst das Pferd sich ziehen ließ und die Leine angespannt blieb. Im verlassenen Dorfkern von Guli angekommen, rasteten wir, mein Pferdeführer wollte eine Zigarette. Auch von meinem Proviant nahm er gerne. Den *Arak*, diesen gemeinen Brand aus Kartoffelschalen und Gemüseresten, den er mir aufnötigte, konnte ich trotz guten Willens nicht trinken. Ich nippte, benetzte nur leicht die Lippen und gab ihm schließlich die abgeschnittene Plastikflasche wieder, die als Becher diente – mit der Bitte, den Inhalt zurück in die Flasche zu kippen. Das Getränk sei vielleicht gut für Swanen, aber des Deutschen Tod:

– *Za niemcem smiert!*

Ich weiß, dass ich mich damit vollends zum Idioten gemacht habe, aber egal. Wir saßen auf einer morschen Bank und blickten zu den Gletschern des Laila hinüber. Diese lagen rötlich schimmernd im Licht der untergehenden Sonne, kupferfarben wie ihr Haar.

Hinter Guli kannte der Pferdeführer eine Abkürzung, wir verließen den Pfad und gingen hinunter zum Fluss. Er hieß mich aufsteigen und setzte sich hinter mich, der alte Gaul schaffte uns durch die Furt. Drüben überließ er mir das Pferd, um in der Dämmerung einen Wallach an den Strick zu nehmen, der mit anderen Pferden am satten Gras des Flusses stand. Er wisse eine Herberge, sagte er. Ich fragte:

– Wie viel?

– 100 Lari!

– Aber 50 ist normal!
– Gut, dann 50!

Außerhalb von Mestia sind die Herbergen teurer, 50 Lari für eine Übernachtung mit Abendessen und Frühstück ist der Standardpreis (also *der* Preis, vgl. Grund Nr. 108), darauf hat man sich in Swanetien geeinigt. Es war bereits dunkel, als wir bei seinen Verwandten ankamen. Ich fand mich in der warmen Küche wieder, wurde erst von zwei, dann drei und schließlich fünf Kindern umschwärmt. Das jüngste, das war der Sohn. Der Pferdeführer sah schließlich ein, dass mit mir kein weiteres Geschäft zu machen war und dass ich wirklich anderntags zu Fuß hinaufsteigen wollte zum Wasserfall, nicht zu Pferde und auch nicht mit dem Jeep. Ich bezog mein Zimmer, das perfekt war, sah man von den 100 toten Fliegen ab, die auf den Dielen lagen. Erst dachte ich an einen Scherz, fragte mich, wo man in Swanetien Laminat mit eingearbeiteten Fliegen herbekam, bemerkte dann aber das vor wenigen Wochen frisch abgezogene Bärenfell, das im Vorraum zum Trocknen ausgebreitet war und die Brutstätte abgegeben hatte. Und auch vom schlecht montierten Lichtschalter musste man absehen, denn dieser hatte die unangenehme Eigenschaft, alle zehn Minuten in seine Ausgangsposition zurückzuspringen und den Raum hell zu erleuchten. Eine gute Stunde machte ich das Spiel mit, dann schraubte ich die Glühbirne ab, um überhaupt in den Schlaf zu finden.

70. Grund

Weil es für das Hochgebirge keine Lawinen- oder Unwetterwarnungen gibt

Lawinen- oder Wetterwarnungen gibt es in Swanetien nicht. Es braucht sie auch nicht, weil die Swanen die Wetter ebenso kennen wie die Wege der Lawinen und weil Lawinenabgänge im Vorfrühling so normal sind wie Schneeglöckchen in den deutschen Mittelgebirgen. Die traditionellen Häuser, die Wehrtürme und Ställe stehen dort, wo kein Erdrutsch, keine Lawine und keine Überschwemmung droht. Als im Winter 1986 mit dem ersten Weihnachtsfeiertag der Schnee einsetzte und gar nicht mehr aufhören wollte, als es sechs Wochen lang ununterbrochen schneite und die Dörfer voneinander abgeschnitten wurden, die Dächer und Häuser im Schnee versanken, da erhoben die Alten in Uschguli ihre Stimme und warnten vor dem, was da kommen könnte. Besser wäre es, sagten sie, man triebe das Vieh zusammen, verlasse die neu erbauten Häuser und sammle sich in den alten Wehrtürmen, um die Feuer der überlieferten Orte. Sie sollten recht behalten. Ende Januar 1987 kam der Berg, Lawine um Lawine donnerte ins Tal, begrub Viehställe und Häuser, zerfetzte Dächer und Mauern und dezimierte die Familien. Die meisten Wehrtürme von Uschguli blieben jedoch dort stehen, wo sie immer schon gestanden hatten und noch in 100 Jahren stehen werden.

71. Grund

Weil die Halbwüste von Udabno von Bergbewohnern besiedelt ist, und von Polen

Die Lawinen des Winters 86/87 zerstörten ganze Dörfer, unter anderem den Weiler Adischi in einem Seitental des Enguri. Ihrer Häuser, ihres Viehs und damit der Lebensgrundlage beraubt, verschlug es zahlreiche Familien in die Ebene, und die Regierung beschloss ein Umsiedlungsprogramm. Mitten im Nichts, im weiten, welligen Land der Halbwüste südöstlich von Rustawi, unweit des Höhlenklosters Dawit Garedscha, wurde binnen weniger Jahre eine Kleinstadt hochgezogen: Udabno.

Den meisten, die zufällig in Udabno landen und nur kurz bleiben, wird wahrscheinlich entgehen, wie sonderbar Udabno ist, wie sehr aus der Welt gefallen: dass es ein Adischi-Guesthouse gibt, eine Tednuldi-Bar sowie ein Uschba-Restaurant dort in der Steppe. Dass überall swanetisches Kubdari serviert wird und manche Alte mit diesen Filzmützen in der unbarmherzigen Sonne sitzen, wie sie es einst hoch oben in Swanetien getan haben.

Zunächst war Udabno noch Sperrgebiet, es gab einen Checkpoint, und es bedurfte einer speziellen Erlaubnis, die dort lebenden Swanen zu besuchen. Udabno liegt nahe der Grenze zu Aserbaidschan, hier Georgier anzusiedeln hatte auch strategische Gründe und sollte die Halbwüste samt ihres ungenauen Grenzverlaufs für Georgien sichern. Udabno wurde jedoch nie ganz angenommen, viele der heimatlos gewordenen Swanen zogen Sugdidi, Kutaisi oder Tbilissi der Einöde vor, obwohl die zweistöckigen Häuser Udabnos mit Gärten umgeben sind und das Steppenland der Halbwüste sich zur Viehzucht eignet. Auch deshalb sind heute zahlreiche Häuser Udabnos verfallen: Sie wurden nie bezogen.

Alles in Udabno änderte sich durch die Ankunft von ein paar Polen. Diese waren 2012 auf dem Rückweg vom Höhlenkloster dort gestrandet und hatten beschlossen zu bleiben. Genauer: Sie hatten beschlossen, dass Udabno ein perfekter Ort wäre für ein Hostel und für Gastronomie. Gerade wegen der Einsamkeit. Wegen der Weite. Wegen der Ruhe.

Wo Wüste ist, darf die Oase nicht fehlen: Zwei Häuser am Ortsrand wurden bezogen und weiß getüncht, die Balkons und Türen bunt gestrichen (völliges Novum in Udabno!), das eine wurde zum Hostel, das andere zum *Oasis Club Udabno*. Beide zogen ab 2013 schnell Gäste an, beide wurden zum Ausgangspunkt nach Dawit Garedscha und wenig später zur perfekten Station für die Busse, die von Tbilissi aus das Höhlenkloster anfahren. Deshalb wird Udabno mittlerweile nachmittags halbstundenweise von durstigen und erschöpften Touristen geflutet. Man stelle sich ein Café in der Einöde vor, zwei, drei Gäste machen stundenlang nichts anderes, als in die Steppe zu schauen, den sich ständig verändernden Lichtverhältnissen zu. Das Grasland wogt wie ein Meer, man kann sehen, welche Wege der Wind nimmt. In der Ferne zieht ein Kuhhirte über den Hügelkamm, ein Hund bellt. Es wird kaum gesprochen. Dann kündigt eine Staubwolke auf der Anhöhe die nahenden Busse an, und es dauert nicht lange, bis diese die Asphaltpiste erreicht haben und vor dem Oasis Club zum Stehen kommen: 100 hungrige Touristen stürmen die Bar, der Ort gerät in helle Aufregung, Bestellungen geraten durcheinander. Der Oasis Club hat Schule gemacht, die Swanen haben es den Polen nachgetan und ihrerseits die Heimstätten zu Guesthouses erklärt. Eine amerikanische Organisation hat Lehrer in Udabno abgeworfen, die Kinder lernen jetzt Englisch. In der Küche des Clubs finden die Frauen des Dorfes Arbeit, das Restaurant kauft bei ihnen Gemüse und Kräuter ein. Nebenan residiert seit Neuestem ein georgisches Restaurant im Betonneubau, zwei weitere haben eröffnet, um es mit dem nachmittäglichen Tidenhub an Touristen aufzunehmen. Morgens, vormittags und abends jedoch bleibt Udabno das, was es immer war: die Ruhe selbst am Ende der bewohnten Welt.

72. Grund

Weil man irgendwann irgendwo unversehens ankommt und das Reisen sein lässt

Zum Ende dieses strahlenden Herbstes 2018 verließ ich schließlich Swanetien, um über Tbilissi nach Kachetien, nach Telawi zu reisen – gewissermaßen der Sonne nach, denn im Alasanital herrschen Ende Oktober noch sommerliche Temperaturen. Es war dies die Zeit der Tschurtschchelas und die des Tschatschas, der Nachlese und des Einmachens. Der Bazar von Telawi barst vor Tomaten, vor Khakis und Kiwis.

Noémie hatte im Anschluss an ihren Abchasienaufenthalt Telawi als Treffpunkt vorgeschlagen, nicht wegen der Stadt selbst, sondern wegen des Ajime-Hostels, wo sie zuvor schon zweimal gewesen, Sachen eingelagert, Leute kennengelernt und sich überaus wohlgefühlt hatte. Jeder Reisende kennt Orte, an die man zurückkehrt, weil an diesen Regeln gelten, die Entspannung erlauben. Das Ajime liegt oben in der Altstadt Telawis und ist eigentlich nichts weiter als ein heruntergekommenes Haus, in dessen Zimmern billige Betten stehen, dessen Fenster alt sind und zugig, dessen Küche allen offen steht und dessen Garten einen Blick über die Oberstadt bietet. Ein altes gusseisernes Bügeleisen dient als Kasse, jeder ist aufgefordert, zehn Lari pro Nacht dazulassen.

Perfekte Bedingungen für alle seriösen Reisenden also, weniger jedoch für diejenigen, die kaum Zeit haben. Warum sollten diese sich länger als nötig in Telawi aufhalten, das außer einer Festung und seiner Funktion als administratives Zentrum wenig zu bieten hat und bestenfalls einen günstigen Ausgangspunkt zu den umliegenden Weingütern darstellt? Nun ist es jedoch so, dass, je länger man unterwegs ist, man umso unempfänglicher für angeblich Sehenswürdiges wird. Noch eine Kirche besichtigen? Zu den Weingütern hinausfahren? Nach dem örtlichen Museum fahnden? Wozu Restaurants besuchen, wo es doch das üppige Angebot des Marktes gibt? Wichtiger als das Außergewöhnliche wird dann der Alltag, das tägliche Leben, das Kochen und das Dasein, das Teilnehmen. Man muss nichts mehr unternehmen, man hört auf, ein Getriebener zu sein, man hat genug gesehen. Mit einem Wort: Man beginnt, zu Hause zu sein.

Im Ajime bildete sich schnell eine kleine Gemeinschaft aus zwei Georgiern, einer Amerikanerin und einer Chinesin, Noémie und mir sowie Jackie, dem Hostel-Hund: Jackie, der uns hinunter zum Bazar begleitete und uns Monate später, als wir kurz nach Weihnachten erneut in Telawi aufschlugen, ganz aufgeregt entgegengerannt kam.

– Heimat ist da, wo dich die Hunde kennen, sagte Noémie.

– Heimat ist da, wo sich dein Computer automatisch ins WLAN einloggt, entgegnete ich.

Aber so weit war es noch nicht, erst wurde es Zeit für mich abzureisen. Noémie hatte vor, in Georgien zu überwintern, ich wiederum hatte Termine in Deutschland, zog aber in Erwägung, alsbald nach Georgien zurückzukehren. Um vor Ort zu schreiben und nicht in einer Berliner Hinterhofwohnung Georgien herbeizufantasieren.

73. Grund

Weil Georgien mit Bakuriani, Gudauri, dem Tednuldi und neuerdings in Adscharien über herausragende Skigebiete verfügt

Seit 1902 führt von Borjomi eine Schmalspurbahn hinauf nach Bakuriani auf 1.700 Meter im Kleinen Kaukasus. Aus dem Luftkurort wurde in den 30er-Jahren unter sowjetrussischer Regie ein Skiresort, das älteste Georgiens. Während der 80er trainierte hier die russische Olympiamannschaft, ein Umstand, durch den sich Saakaschwili dazu verleiten ließ, die Winterolympiade nach Georgien holen zu wollen. Ging dann ausgerechnet nach Sotschi. Die neue Regierung macht es ihm jetzt nach und präsentiert neben Bakuriani und Gudauri auch den Tednuldi in Oberswanetien, das ebenso abgelegene wie vollständig neue Mini-Skigebiet Adschariens am Goderzi-Pass, und, man höre und staune, Ambrolauri (Ratscha) sowie Bachmaro (Gurien) als potenzielle Austragungsorte. Auch wenn der neue Termin mit 2030 noch fern liegt, darf angemerkt werden, dass es den drei letztgenannten Örtchen vollständig an Infrastruktur fehlt: Bachmaro ist bislang während des Winters gar nicht zugänglich, am Goderzi-Pass wurden anlässlich der Einweihung der neuen Lifte ungefähr 20 Skifahrer gesichtet, in Ambrolauri gibt es außer Flussläufen und Bergland überhaupt nichts, was Wintersport ermöglichen würde. Nun behautet Georgien im Bewerbungsvideo zwar »schnelles Wachstum«, und dem mag man auch gar nicht widersprechen.

Wer jedoch einmal Bakuriani über Silvester besucht hat, wenn alles, was Rang und Namen hat, plus persische und arabische Touristen den Ort hoffnungslos überfüllen, und Zeuge wurde, wie morgens Blechlawinen die Straßen ins Chaos stürzen, sodass man die Liftanlagen gar nicht erst erreicht, dem kommen doch ein paar Zweifel. Georgiens Skigebiete sind ein Paradies für Freerider, für Individualisten und Touren-Skifahrer, nicht jedoch bereit für die logistischen Herausforderungen des Massenansturms einer Olympiade – ganz abgesehen von den finanziellen Anstrengungen, die mit der Gastgeberschaft einhergehen würden und die ein Land von kaum vier Millionen Einwohnern völlig überfordern würden. Die Bewerbung aber zeigt den Zwiespalt, in dem das Land sich befindet: Man wäre gerne mit dabei, würde gerne machen, was die Großen auch tun, überschätzt dabei aber die eigenen Möglichkeiten und verkennt die wahren Schätze Georgiens: die relative Einsamkeit, die Unberührtheit weiter Landesteile, die Natur.

74. Grund

Weil die »Khijina« gleichzeitig der traditionsreichste und der modernste Gastronomiebetrieb in Gudauri ist

Gudauri liegt an der Georgischen Heerstraße, keine zwei Stunden von Tbilissi entfernt und doch mitten im Hochgebirge: Gudauri ist das größte und modernste Skigebiet Georgiens. Im Winter ist dort richtig was los, im Sommer bleiben die Lifte zwar in Betrieb, aber gibt es ungleich weniger Gründe, sich dort länger aufzuhalten.

Zwei Monate lang mussten Nodo und Kollegen den Gästen die Speisekarte vorbeten, denn so lange dauerte es, bis das Ding gedruckt war. Nodo hat es von Tbilissi nach Gudauri verschlagen, er arbeitet in der Huda-Hütte, der sogenannten Khijina auf 2.750 Metern – hoch hinausgekommen, der Typ! Die Speisekarte sei alles andere als langweilig, die meisten Gäste jedoch seien es, sagt Nodo, denn die Khijina erlaubt sich den Luxus, keine Chinkali und auch kein Chatschapuri anzubieten, was den ein oder anderen Touristen durchaus verwirrt. Stattdessen stehen Bratwürste mit Krautsalat auf der Karte, Zwiebelsuppe und Burger zum Beispiel – allerhand außergewöhnliche Dinge also. Dies hat zwei Gründe: Zum einen wird die Khijina seit dieser Saison von einem Gastronomenpärchen aus Tbilissi bewirtschaftet, und die machen das, was den Hauptstädtern gefällt, nicht das, was die Touris wollen. Zum anderen hat die Huda-Hütte eine lange Tradition, die alpenländisch-europäische Kost durchaus einschließt.

Die Hütte wurde bereits 1987 erbaut – als österreichisch-georgische Kooperation – und ist mithin die älteste Gastronomie am Berg.

Noch heute setzt sich die Huda-Hütte wohltuend von den anderen Gastronomiebetrieben ab, die allesamt loungemäßig eingerichtet sind und Discomucke spielen. Die Khijina ist vollständig mit Holz ausgekleidet, in der Mitte brennt ein offenes Feuer. Die Sitzmöbel sind rustikal und mit rot-weiß bestickten Sitzkissen ausgestattet – ganz im alpenländischen Stil. All dies hat zur Folge, dass die Hütte nicht nur bei den Georgiern allgemein beliebt ist, sondern bei all jenen, die mit dem Skigebiet beruflich zu tun haben oder hatten.

Als ich Nodo das erste Mal besuchen komme, lotst er mich zu einem voll besetzten Ecktisch, und die Herren stellen sich vor: Der eine zeichnet verantwortlich für den Liftbau, der andere hat jahrelang den Skibetrieb organisiert, der dritte führt die Skischule, und der vierte ist der Ex-Manager des Marco-Polo-Hotels. Bei meinem zweiten Besuch fand gerade ein Skirennen statt, und alle Beteiligten schwärmten anschließend in die Khijina. Nodo ist übrigens der Meinung, Skifahren ohne Alkohol im Blut sei sinnlos, und die versammelte Mannschaft bewies recht eindrucksvoll, dass Nodo damit nicht alleine ist. Selten hatte ich so viele volltrunkene Skifahrer auf einem Haufen gesehen. Und wenn Georgier getrunken haben, dann wird getanzt, auch mit Skischuhen an den Füßen, ganz egal. Die Flaschen

Cognac gingen reihum, jemand fiel um, eine junge Dame übergab sich, ganz egal. Längst hatten die Lifte zu, egal, längst die anderen Hütten geschlossen, es begann zu dämmern, auch egal. Schließlich, im buchstäblich letzten Moment, machte man sich einzeln oder in Grüppchen doch noch auf den Weg ins Tal. Dort weiß man: Wenn nach 18 Uhr noch jemand auf Skiern ins Tal brettert, kommt er garantiert von der Khijina! Und ist bestimmt nicht nüchtern.

75. Grund

Weil Leben teilen heißt, notfalls auch anderer Leute Kram

Und genauso ist es mir auch passiert: Nach 18 Uhr, die Sonne war gerade hinter den Bergen verschwunden, bin ich zusammen mit Shako, einem georgischen Skilehrer, von der Khijina ins Tal geschossen – und zwar hinüber in den Ortsteil Shino, weil dort das günstige Hostel steht, in dem jene Georgier unterkommen, die vorübergehend in Gudauri arbeiten. Das Problem war, dass meine Schuhe noch im Skiverleih waren und dieser natürlich bereits geschlossen hatte, war ja schon dunkel und niemand mehr auf dem Berg. Wir jedoch waren, im Anschluss an eine kurze Ausnüchterungsphase, für die Afterparty gebucht. Wie aber, ohne Schuhe, dort hinkommen?

– Leben heißt teilen, sagte Shako und griff sich ein Paar Schuhe aus dem Gang:

– Das ist doch dein Stil? Und die müssten doch passen!

Also bin ich in gestohlenen Schuhen tanzen gegangen, denn Leben heißt teilen.

Es gibt zwei Elemente in dieser kleinen Anekdote, die eine nähere Betrachtung verdienen: Zum einen werden Probleme in Georgien oftmals nicht durch vorausgreifende Überlegung gelöst, sondern durch spontanes Handeln aus der Welt geschafft oder vorläufig ignoriert, könnte ja sein, dass die Lösung sich von selbst einstellt (umgekehrt gilt: vorausgreifende Überlegung erzeugt Probleme erst, weil man dadurch einen Umstand vorschnell zu einem Problem macht, wo eventuell die Lösung wenig später von selbst auf der Hand liegt). Zum anderen ist eine gewisse Laxheit im Umgang mit anderer Leute Eigentum die Kehrseite der georgischen Großzügigkeit. Noémie hat kurzzeitig im Rooms Hotel Kazbegi gearbeitet und wurde in der Gemeinschaftsunterkunft der Angestellten untergebracht. Ich erinnere mich nur zu gut an ihren empörten Anruf und den Bericht, dass alles, aber auch alles, was sie teuer in Stepanzmindas Supermärkten erstanden habe, einem gewissen Schwund unterworfen sei. Auch nachdem sie sich lautstark echauffiert und einer der georgischen Kollegen sich daraufhin erboten hatte, die entwendeten Bananen nachzukaufen, waren diese anderntags schon wieder weg …

Ich bin übrigens gegen halb zwei Uhr nachts in das Hostel in Shino zurückgekehrt, habe die Schuhe noch am Eingang ausgezogen und unter meiner Jacke verborgen, um sie heimlich an ihren Platz zurückzustellen. Ich hoffe nur, dass deren Besitzer nicht am selben Abend auch vorhatte, noch auszugehen. Das täte mir leid.

76. Grund

Weil das heutige Gudauri gewissermaßen von 600 Kindern gegründet wurde

Gudauri war in den 70er-Jahren nichts weiter als die letzte Poststation vor dem Pass hinüber in das Tergi-Tal und nach Stepanzminda. Vier Familien hätten dort gelebt, sonst aber habe es nichts gegeben, gar nichts. Das erzählt mir Wachtang Mikeladze, als wir uns auf 2.750 Metern in der »Khijina« treffen. Er fährt fort: Mitte der 70er-Jahre hätten er und ein paar Kollegen des Tbilisser Alpinistenclubs nach Alternativen zu Bakuriani gesucht, dem traditionsreichsten Skigebiet Georgiens im Kleinen Kaukasus. In Bakuriani seien Jahr für Jahr die Schneeverhältnisse nicht so gewesen, dass man die Skikurse verlässlich hätte planen können. Neben seinem Job als Architekt habe er in Bakuriani als Skilehrer und in der Bergrettung gearbeitet. Mit den Jahren hätten er und seine Kollegen etwa 600 Kindern das Skifahren beigebracht. Und er könne mit Fug und Recht behaupten, dass diese die erste Skifahrergeneration Georgiens gewesen sei – abgesehen von ein paar Swanen vielleicht, die den Russen die Bretter unter den Füßen weggeklaut hätten!

Auf einem Helikopterflug zum vulkanischen Hochplateau, das heute nicht mehr zugänglich sei, weil besetztes Gebiet, seien sie auf Gudauri aufmerksam geworden: auf die perfekte, schneesichere Lage, die baumlosen Hänge des Sadzele und des Kudebi. Diverse Alpinistenvereine hätten das Vorhaben finanziell unterstützt, und so konnte dort 1978 ein erster Schlepplift eingeweiht und damit die Arbeit aufgenommen werden.

Im Jahre 1984 besuchte eine Delegation der Kärntner Handelskammer Georgien und Gudauri. Darunter befand sich auch der Geschäftsführer von Doppelmayr und ein Bauunternehmer. Ganz leicht sei es nicht gewesen, das alles auf die Beine zu stellen, berichtet Wachtang, schließlich seien internationale »Joint ventures« auch während der Perestroika noch ungewöhnlich gewesen. Und wenn, dann sei auf russischem Boden investiert worden, nicht aber in Transkaukasien. Dennoch gelang es: 1986 begannen die Bauarbeiten zu dem, was das komfortabelste und modernste Hotel Georgiens werden sollte, das Marco Polo. 1987 wurden vier erste Liftanlagen eingeweiht, die von Doppelmayr gebaut worden waren, die Eröffnung des Hotels folgte im Frühjahr 1988. Und er sei von georgischer Seite als Manager bestellt worden. Bis 2008, bis zum Verkauf des Hotels habe er nichts anderes gemacht. Und kompliziert sei das gewesen, denn das Hotel sei ja für absolut alles zuständig gewesen: Stromversorgung, Wasserwirtschaft, Abfallentsorgung.

Ich frage Wachtang, wann und wie sich Gudauri zur Kleinstadt entwickelt habe. Wann die Menschen dorthin gezogen seien und wann der Bauboom eingesetzt habe. Jetzt seien die Hänge ja voller Hotels und vor allem voller Apartmentbauten!

– Ach, ..., sagt Wachtang, das kam schrittweise und ganz von alleine. Siehst du, die 600 Schüler, die wir in den 70ern hatten, kommen alle gerne und häufig wieder hierher. Die meisten haben Familie und Kinder, deren Kinder jetzt hier in die Skischule gehen.

Manch einer habe hier gebaut, ein anderer habe investiert und würde nun Apartments an Georgier und Touristen vermieten, so sei eins zum anderen gekommen.

– Weißt du, das alles ist mein Lebenswerk, auch ich lebe den Winter über hier, ich habe jetzt eine kleine Wohnung. Den Sommer verbringe ich in Deutschland.

77. Grund

Weil Wachtangs Frau ihren Familiennamen nie ablegen musste

Wachtang ist nämlich mit einer Deutschen verheiratet, mit Inge Jentzsch aus Dresden. Diese kletterte in jungen Jahren im Elbsandsteingebirge, wollte aber höher hinaus und träumte von den Alpen. Weil aber die Alpen ihr nicht zugänglich waren (50er-Jahre, eiserner Vorhang), machte sie sich in die rumänischen Karpaten auf, konnte diesen aber nicht viel abgewinnen und begann vom Kaukasus zu träumen. Dann wurde ihr angeboten, in der Sowjetunion Medizin zu studieren, genauer gesagt in Sankt Petersburg. Die junge Frau setzte dieses Vorhaben gegen die warnenden Stimmen ihrer Eltern durch, zog nach Sankt Petersburg (damals Leningrad), weil von dort aus Wege nach Süden, nach Transkaukasien führen würden, nicht aber von Dresden. Bereits im ersten Studienjahr bewarb sie sich um einen Aufenthalt im Alpinistenlager *Alibek* nahe des nordkaukasischen Wintersportorts Dombai und wurde angenommen. Und jetzt raten Sie mal, auf wen sie dort traf? Richtig: auf Wachtang Mikeladze, der von georgischer Seite dorthin entsandt worden war (Alpinist war zu Sowjetzeiten gewissermaßen ein Ausbildungs- und Fortbildungsberuf, der einerseits gefördert, andererseits institutionalisiert war, daher die Ausbildungszentren im Kaukasus). Man habe sie ja gewarnt, in Leningrad, vor den wilden, ungehobelten Burschen im Kaukasus. Aber Wachtang sei ein gebildeter junger Mann gewesen mit besten Manieren, habe Französisch gesprochen und einer Tbilisser Intellektuellenfamilie entstammt.

Die beiden hielten Kontakt, und im Folgejahr lud Wachtang Inge nach Bakuriani zum Skifahren ein. Sie kam. Vier Jahre lang hätten sie sich Briefe geschrieben (»mindestens einen pro Woche«), bis Inges Studium in Sankt Petersburg beendet war und sie einwilligte, Wachtang zu heiraten. Die Hochzeit fand in Tbilissi statt, vollständig untraditionell im sogenannten Hochzeitspalast, den ich bereits erwähnt habe (Grund Nr. 30). Inge erinnert sich, wie sie da gestanden habe, fern der Familie, fern der Heimat und im Bewusstsein, alles hinzugeben. Da habe sie der Standesbeamte überraschend gefragt, ob sie ihren Familiennamen denn behalten wolle.

– Ja!, habe sie geantwortet, völlig spontan, obwohl dies im Nachhinein eine große Dummheit gewesen sei – zu wie vielen Komplikationen das geführt habe! Ob ich mir vorstellen könne, wie es gewesen sei, in Deutschlands Provinz während der 80er-Jahre ein Doppelzimmer zu reservieren und verschiedene Namen in den Pässen zu führen? Ein Unding!

78. Grund

Weil Rollkoffer am Gondellift von Kobi keine Seltenheit sind

Seit Februar 2019 ist Gudauri auch von Kobi aus zugänglich. Kobi liegt hinter dem Jvari-Pass (Kreuzpass) am Ausgang des Truso-Tals auf dem Weg nach Stepanzminda. Wer dort an der Talstation sein Tagesticket kauft, spart sich nicht nur eine halbstündige Fahrt um den 3000-Meter-Berg Bidara herum, er muss auch für Tickets nicht anstehen. Die neue Gondel führt direkt auf den Kobi-Pass und damit auf 2.960 Meter hinauf. Über zwei weitere Stationen lässt es sich ganz bequem per Gondel bis nach Neu-Gudauri hinunterfahren. Dies ist insofern erwähnenswert, als dass der Jvari-Pass im Winter allzu häufig gesperrt wird – manchmal tagelang aufgrund von Lawinenabgängen, deren Beseitigung zeitraubend ist; manchmal für ein paar Stunden, weil sich zwei Lkw verkeilt haben (vgl. Grund Nr. 37). Zwischen Gudauri und Stepanzminda steht der Pass und dessen Unberechenbarkeit. Daher ist es seit Kurzem kein ungewöhnlicher Anblick, dass sich Touristen mit der Seilbahn auf den Weg machen und so die Passstraße umgehen. Dann sieht man ganze Familien mit Kind und Kegel sowie schrankgroßen Koffern in den Kabinen, wie sie über den Berg schweben, in der Hoffnung, den Flug doch noch zu erwischen oder die Reservierung im Rooms Hotel aufrechterhalten zu können. Die Alternative wäre sonst nur ein Helikopterflug, und der kommt einen teuer zu stehen, auch dann, wenn man reich ist. Aber die meisten Gäste im Rooms sind ja nicht wirklich reich, sondern spielen nur ein paar Tage lang Reichtum.

79. Grund

Weil Stepanzminda eigentlich ein Kaff ist

Es ist noch nicht so lange her, da Stepanzminda nur ein verschlafenes Kaff war, interessant ausschließlich für die Fernfahrer, die hier Rast machten, Zigaretten kauften oder Geld wechselten. Zwei, drei Hunde dösten in der Sonne, zwei, drei Alte saßen auf der zusammengezimmerten Holzbank, nichts passierte, absolut gar nichts. Einmal am Tag kam die *Marschrutka* aus Tbilissi. Dann füllte sich der kleine Platz urplötzlich mit Leben, Leute strömten herbei, Bekannte wurden begrüßt und Neuigkeiten ausgetauscht. Die Hunde streckten und erhoben sich, streunten um die Ankommenden herum und buhlten um einen Kanten Brot, ein Stück *Lobiani*. Die Alten auf der Bank erblickten Bekannte und fingen an zu lästern: über die Kaffeegesellschaften in Tbilissi und dass die Tochter der Sujaschwilis mit 21 Jahren noch immer unverheiratet sei, noch dazu Jeans trüge, das Luder! Was studiert die noch mal? Tourismus? Und wofür soll das gut sein?

Stepanzminda liegt in Khevi auf knapp 1.800 Metern gegenüber des Kazbegmassivs an der Georgischen Heerstraße, nach Russland bzw. bis zur Grenzstation sind es gut zehn Kilometer. Von Tbilissi aus braucht man lediglich drei Stunden, um von Stepanzminda aus den majestätischen Anblick des dritthöchsten Bergs Georgiens zu genießen. Zudem befindet sich auf einem Höhenzug direkt gegenüber der kleinen Stadt das vermutlich meistfotografierte Bauwerk Georgiens: die Gergetier Dreifaltigkeitskirche. Der Gang hoch zur Kirche war früher Pilgern vorbehalten, inzwischen will jeder da hoch – zumindest jeder Tourist, die Georgier begnügen sich zum Großteil mit der Aussicht vom Tal oder von der riesigen Terrasse des Rooms Hotels aus, das die erste (und teuerste) Adresse am Ort ist. Gleichzeitig zeichnet sich das Rooms durch eine ungezwungene Atmosphäre aus, und man muss nicht im Hotel übernachten, um die Vorzüge der Lounge, des offenen Kamins, der Bar und der Terrasse zu nutzen.

Die Eröffnung des Rooms Hotels war 2012 der Startschuss für einen anhaltenden touristischen Aufschwung in Khevi und damit vor allem in Stepanzminda selbst. Jedes Jahr verändert sich das Bild des zentralen Platzes grundlegend, ein mondänes Hotel kam jüngst dazu, eine neue Bar, der Weinladen macht fast schon wieder dicht, und das Kulturzentrum, von dem noch niemand so recht weiß, wozu es dienen soll, hat diesen Winter erst die Türen geöffnet. Die Entwicklung vollzieht sich rasant und ein wenig kopflos. Heute sind die zahllosen Hotels, Hostels und Guesthouses in Stepanzminda (2000 Einwohner, 300 Hotels und Pensionen) während der Sommersaison ausgebucht, jedes einzelne Bett ist belegt. Sämtliche Cafés, Bars und Restaurationen sind in Betrieb, Backpacker stromern gruppenweise durch die Straßen, die Gäste des Rooms buchen Rundflüge mit dem Helikopter, auf den Pfad zur Dreifaltigkeitskirche stauen sich die Touristen. Heute kommt die *Marschrutka* achtmal am Tag, der kleine Platz wird von geländegängigen Dacias umlagert, deren Fahrer sich auf die ankommenden Touristen stürzen. Es gibt kein System, es gilt das Recht der Stärkeren, des Wortgewandteren, und es wird Jagd auf Touristen gemacht. Diese stehen zunächst unentschlossen in ihren Turnschuhen herum und machen erste Fotos vom Zuckerhut des Kazbeg. Die meisten wollen hinauf zur Gergetier Dreifaltigkeitskirche, und manche kommen nur für den Tag, sind abends schon wieder weg. Der Rest beschließt, zu Fuß das Hotel oder das Guesthouse aufzusuchen, drei russische Damen auf Beutezug nehmen ein Taxi zum Rooms Hotel. … Stepanzminda heute, das ist der dritthäufigst besuchte Ort ganz Georgiens, nach Tbilissi und Batumi.

80. Grund

Weil die georgischen Hunde folgsam sind – im Wortsinne!

In Tbilissi hat man wenig Verständnis dafür, warum jemand wochen- oder gar monatelang in die Berge geht. Ein Tagesausflug nach Stepanzminda, ja gut, warum nicht. Aber nach Gergeti? Für länger? Wozu, zum Teufel? Dort gibt es doch nichts!

Das Dorf Gergeti liegt gegenüber von Stepanzminda und wird im Winter kaum besucht. Durch Zufall wurde es mir zum Winterquartier, denn ich war Anfang Januar in Gergeti angekommen, als der Schnee kam: Tagelang schneite es ununterbrochen, die Straße nach Gudauri und damit in die Ebene wurde gesperrt und blieb es eine geschlagene Woche lang. Das aber machte rein gar nichts aus, denn Tatos und Inas Familienherberge war der ideale Ausgangspunkt für die kommenden Monate. Erst im März würde ich meine Sachen wieder packen, würde sämtliche Wege gegangen sein und hätte alle Hunde kennengelernt.

Georgische Hunde sind äußerst freundliche Wesen, die – in der Hoffnung auf Gesellschaft und vielleicht ein Stück Brot – sich gerne ihr Herrchen oder Frauchen des Tages oder wohlmöglich gleich ein ganzes Rudel selbstbestimmt auswählen, um den Auserwählten nicht selten über Stunden zu folgen. (Die Ausnahme sind Schäferhunde, die in den Bergen mit ihren Herden unterwegs sind und die häufig noch nicht einmal vom Schäfer zurückgehalten werden können. In solchen Fällen ist äußerste Vorsicht geboten, nicht jedoch bei den ganzen Halbstreunern, die die Dorfstraßen bevölkern.)

Dass einem in Georgien die Hunde folgen, ist die Regel und nicht die Ausnahme. Einmal ist mir solcherlei in Swanetien passiert, als ich im Anschluss an eine Woche Schneesturm von Betscho hinauf nach Mazeri ging. Schon im ersten Dorf schloss sich mir ein Schäferhund an, groß wie ein Kalb und mit coupierten Ohren – in Georgien gibt es eine eigene Rasse Schäferhunde, breitschultrige Gesellen mit beigem bis weißem Fell, einer archaischen Kopfform von enormem Ausmaß sowie Pfoten wie Bärentatzen. Die Ohren werden coupiert, damit sich Wölfe nicht in sie verbeißen können, dies minimiert die Angriffsfläche. Eigentlich sind es genau diese Hunde, denen man nicht begegnen möchte und nicht über den Weg traut. Aber weit gefehlt: Langsam und beständig trottete der Hund mit mir bergan durch den Schnee. Nachdem er kilometerlang mitgelaufen war, versuchte ich meine Mischung aus Walnüssen und Rosinen mit ihm zu teilen, vergeblich: Mochte er nicht, lief aber trotzdem weiter mit … Womit hatte ich das verdient? Nichts hatte ich zu geben! Mit einem georgischen Schäferhund bergan zu laufen imprägniert gegen alles: gegen den Schnee, gegen die Ungewissheit und gegen die anderen Hunde. Als das Dorf Mazeri in Sicht kam, wurde der Hund zusehends langsamer, ließ sich erst zurückfallen und blieb schließlich stehen. Ich verstand: nicht mehr sein Territorium. Hier käme er in Schwierigkeiten.

– So long, Buddy! Ich verspreche, nächstes Mal eine Dose Hundefutter mitzunehmen, mein Fehler!

Auf die Gefahr hin, dass man mir nicht glaubt, solch ein Abschied ist einer: Es war nicht mein erster georgischer Hund, mit dem ich über Stunden gelaufen bin, aber das Wunder wird durch Wiederholung nicht kleiner. In Gergeti, zu Füßen des Kazbegs, unternehmen es die Dorfhunde sogar, mit den Hikern bis weit hinaufzuziehen. Es soll sogar Exemplare der Gattung Begleithund geben, die mit den Bergsteigern auf den Gipfel gehen. Die mag übertrieben klingen, ich habe aber selbst erlebt, wie ein Hund mit uns im tiefsten Winter hinauf zur Altihut stieg – also bis auf 3000 Meter. Eigentlich gab es gar keinen Ausflug, nicht auf Skiern, nicht mit Schneeschuhen, nicht in Bergstiefeln, auf dem wir nicht in der einen oder anderen Form von freundlichen, verspielten und liebesbedürftigen Hunden begleitet wurden, noch nicht einmal im tiefsten Winter!

81. Grund

Wegen der 111 denkwürdigsten Toiletten Georgiens

Gut, 111 werden wir nicht ganz schaffen, da macht schon der Verlag nicht mit, aber zwei oder drei müssen es schon sein. Die meisten Toiletten in Georgien sind zwar völlig verhaltensunauffällig, aber zwischendrin trifft man immer wieder auf welche, die unbedingt erwähnt gehören.

Da sind zum Beispiel die nagelneuen Toiletten neben der Dreifaltigkeitskirche oberhalb von Gergeti: ein hübscher Flachbau, gut gemacht, durchgängig gefliest und insgesamt hochwertig ausgestattet, links die Damen, rechts die Herren. Das wäre nicht weiter bemerkenswert, wenn wir nicht mitten im Winter hinaufgestiegen wären. Mit Schneeschuhen hatten Noémie und ich den Hang in Angriff genommen (von Gergeti geht es 600 Höhenmeter teils steil bergan bis zur Kuppe, auf der die georgische Kirchenikone weithin sichtbar steht), kamen nach einer guten Stunde oben in den eiskalten Wind, der den Schnee auf dem Kamm verweht hatte. Noémie verspürte ein dringendes Bedürfnis, wir folgten den entsprechenden Schildern um eine Anhöhe herum und mussten feststellen, dass sich der Schnee am Toilettengebäude verfangen und dieses fest im Griff hatte – und nicht nur das Gebäude selbst, sondern sogar dessen Inneres eingenommen hatte. Jemand muss die Türen (beide!) offen gelassen haben, und zwar seit etwa Anfang November (es war bereits Mitte Januar). Drinnen befanden sich regelrechte Schneewehen, die überwunden werden mussten, um bis zur Kloschüssel vorzudringen. Meine Begleitung verabschiedete sich ins Ungewisse mit dem Satz:

– Könnte heute etwas schwieriger werden!

Ich wiederum fand in der Herrentoilette zudem das Waschbecken zu einem veritablen Wasserfall vereist, denn niemand hatte den Wasserhahn zugedreht. Man hat das häufiger, dass die Wasserhähne in öffentlichen Toilette einfach laufen – lohnt nicht, sie zuzudrehen, zu aufwendig! Wer immer die Toiletten dort oben hingebaut hat, wahrscheinlich war es die Gemeinde, hat wohl vergessen, jemanden zu bestellen, der sich um diese kümmert. Denn von alleine passiert da offensichtlich nichts. Noch sonderbarer war, dass die Eisentüren zum ersten Gebäude der Dreifaltigkeitskirche ebenfalls weit offen standen und Schnee in einem Durchgang lag, der auch zur Aufbewahrung von Lüstern und Leuchten diente. Noémie witzelte, man habe in Georgien eben immer eine offene Tür für Touristen. Der Humor verging uns aber, als wir merkten, dass wir uns im kalten Gemäuer niederlassen und dort unsere Thermoskanne auspacken mussten. Die Türen zu schließen, dafür war es viel zu spät, der verdichtete Schnee lag fast meterhoch in den Durchgängen. Dazu muss gesagt werden, dass der Dreifaltigkeitskirche eine kleine Mönchskolonie angeschlossen ist und täglich Gottesdienste stattfinden. Es liegt also nicht daran, dass hier im Winter keiner ist.

Von Lagodechi aus führt ein Wanderweg in drei Tagen auf 2.800 Meter in den Dagestaner Kaukasus und wieder zurück. Zur Übernachtung dienen einfache, aber absolut ausreichende Schutzhütten. Die Außentoilette der ersten Schutzhütte kann nicht detailliert beschrieben werden, weil niemand der Anwesenden sich auf die Details einlassen wollte und lieber ein paar Hundert Meter weiter privatisieren ging. Die Toilette der zweiten Hütte ist es, auf die ich hinauswill. Diese ist ein knallgelber, recht neuer Holzbau, der keine 100 Meter von der eigentlichen Schutzhütte entfernt steht. Wiederum wurde an Damen wie Herren gedacht, und ich muss gestehen, dass ich beide Abteilungen inspiziert habe. Sie waren identisch und bestanden schlicht aus einer dreiecksförmigen Aussparung im Holz, sonst nichts, gar nichts. Ich muss ebenfalls gestehen, dass mich die Dreiecksform, die zudem ein wenig zu klein ausfiel, als dass sie zuverlässig getroffen werden konnte, noch länger beschäftigte: Wahrscheinlich ist es einfacher, ein Dreieck aus dem Holz zu sägen, als

Der Uschba in Swanetien (4710 Meter) galt noch vor hundert Jahren als einer der am schwierigsten zu besteigenden Berge der Welt. Im Anschluss an die Erstbesteigung 1903 wurde er übrigens verschenkt: nach Südtirol (siehe Grund 96)!

Unterhalb des Uschba auf dem Weg von Mestia nach Mazeri über den Guli-Pass (2961 Meter): Insgesamt elf grasende Hengste, sowas kann man sich nicht ausdenken (siehe Grund 69)!

Oben: Blick vom Dorf Mazeri nach Süden auf die Gletscher des Laila, dem Hauptgipfel der Swanetischen Kette. **Unten:** Auf dem Trail von Mestia nach Uschguli geht es durch zahlreiche Wehrdörfer und um den Tednuldi herum. Die fast perfekte Pyramide (4858 Meter) trägt auch im Sommer Schnee und ist vergletschert.

Einer der prominentesten Wehrtürme von Uschguli. Der Bildausschnitt ist (der Romantik wegen) so gewählt, dass die Anzeichen des Missverständnisses, das Uschguli auch ist, nicht sichtbar sind (siehe Grund 66).

Man wird immer mitgenommen. Absolut immer. Auch oberhalb von 2000 Metern (siehe Grund 69).

Oben: Bela aus Mazeri kommt in diesem Buch nicht vor. Zu Unrecht, denn meine Winterwirtin aus Mazeri scherte sich (wie auch die Kinder) einen Kericht darum, dass ich weder Russisch noch Georgisch spreche. Sie machte sich trotzdem stets verständlich und hat sich für dieses Portrait extra die rote Mütze aufgesetzt.

Oben: Georgische Ausflüge! An den Kirchen kommt keiner vorbei, und seien diese noch so abgelegen! Wie ich in Adscharien unter die Pilger geriet, lesen Sie in Grund 91.
Unten: Besagte Pilgertour mündete in einer Supra, einem georgischen Festmahl unter Vorsitz des sogenannten Tamadas. Dieser Tischherr war in unserem Fall zugleich der Abt des Klosters von Khino.

Oben: Wer wissen will, wie ein Land tickt, der muss auf den Markt! Immer ein Vergnügen und immer etwas zu entdecken. Auch in Bakuriani, wo ich die Verkaufsstände den Massen auf den Skipisten vorzog (siehe Grund 73). **Unten:** Lassen Sie sich eines gesagt sein: Sie werden zunehmen in Georgien, da können Sie machen, was sie wollen. Auf dem Foto sehen Sie eine Tafel kurz vor dem Abräumen.

Oben: Nein, so kalt wie alle glauben, ist es selbst im winterlichen Hochgebirge nicht. Schon im März wird die südliche Sonne so stark, dass man draußen sitzen kann. Nur nachts bleibt es bitterkalt.
Unten: Der Kabinenlift von Kobi wurde erst im Februar 2019 in Betrieb genommen und verbindet das Terek-Tal mit dem Skigebiet von Gudauri (siehe Grund 78).

Oben: Die »Khijina« ist eine österreichische Alpenhütte in Gudauri. Glauben Sie nicht? Lesen Sie Grund 74 und 76!
Unten: Ohne Worte, weil einem diese manchmal wegbleiben, wenn man in Gudauri Ski fährt und an klaren Tagen bis hinüber zum Kleinen Kaukasus blicken kann.

Wohl das bekannteste Bauwerk Georgiens: Die Dreifaltigkeitskirche oberhalb von Gergeti am Kazbegmassiv. Im Sommer stauen sich hier die Touristen, während des Winters kommt außer den Mönchen kaum einer vorbei – obwohl die Türen für Besucher stets offen stehen ;). Siehe Grund 81.

Oben: Sehen Sie das kleine Bauwerk links in der Mitte? Das ist wieder die Dreifaltigkeitskirche, diesmal von der anderen Talseite aus aufgenommen. Der imposante Kegel, das ist der über 5000 Meter hohe Kazbeg, über dessen Gipfel die Grenze nach Russland verläuft.
Unten: Zwei der zahlreichen Hunde von Gergeti, einer freundlicher als der andere ♥ (Foto: Noémie).

Oben: Rückweg von 3014 Metern und der sagenhaften Altihut am Kazbeg. Rauf war haarig, runter ein Riesenspaß und ein grandioser Tag. Danke an die Wettergötter, die Steigeisen und die Schneeschuhe (siehe Grund 82). **Unten:** Sonne plus Metall ist gleich warmer Platz – auch im Februar. Wegen all der schönen Fotos muss ich an dieser Stelle noch erwähnen, dass wir in Gergeti zwischendurch Schneesturm hatten und eingeschneit waren. Sieben Tage lang war die Straße in beide Richtungen, nach Russland und in die georgische Ebene, gesperrt. Aber ein Schneesturm ist halt ein bisschen unfotogen.

ein akkurates rundes Loch. Das zweite Detail, das noch mehr ins Gewicht fällt, ist, dass die Toilette von Lagodechi eben nicht als »Plumpsklo« bezeichnet werden kann, denn sie steht auf Stützen und befindet sich etwa 20 bis 30 Zentimeter über dem Boden. Unter den dreiecksförmigen Aussparungen wurden keine Gruben ausgehoben, und daher ist dort wenig Platz. Sehr wenig Platz.

Wo wir uns schon die sanitären Anlagen vorgenommen haben, sei abschließend noch erwähnt, dass es eine flächendeckende Konfusion gibt, was die Duschen betrifft: Nie, aber auch nie, kann man sich sicher sein, wo oder wohin man drehen muss, damit warmes Wasser kommt. Das kann links sein oder rechts, der Hebel mag blau markiert sein oder rot. Weil es zudem unter Umständen Zeit benötigt, bis der Boiler auch liefert oder der Druck plötzlich abfällt, kann die Eingewöhnungsphase unter der Dusche länger dauern als der eigentliche Waschvorgang. Georgien ist ein Abenteuer, selbst unter der Dusche.

82. Grund

Weil die Altihut so ziemlich die einzige moderne Berghütte im ganzen Kaukasus ist

Ein paar Wochen später sind wir dann noch wesentlich weiter hoch als nur bis zu den Gergetier Dreifaltigkeitstoiletten. Die Entscheidung, trotz des Gewichts die gesamte Ausrüstung mitzunehmen, würde sich als sinnvoll erweisen, denn wir sollten sowohl die Schneeschuhe als auch die Steigeisen benötigen: Ohne die Schneeschuhe hätten wir den Anstieg durch das Hochtal gar nicht bewältigen können, die Steigeisen nutzen wir für die Querungen durch steiles, vereistes Gelände. Die frühe Märzsonne hatte zusammen mit dem Wind all den Schnee zu einer kompakten Masse geformt.

Wir hatten für den Aufstieg bis zur Altihut von 1.700 auf 3.000 Meter maximal fünf Stunden angesetzt, es wurden aber fast sechs. Die Hütte liegt hoch oben am eigentlichen Anstieg zum Kazbeg, in unmittelbarer Nähe zum Gletscher, mit Blick über eine beeindruckende Schlucht. Dort wird im Sommer gerne campiert und die erste Etappe beschlossen, besser könnte eine Hütte nicht liegen. Wer hier übernachtet, quert anderntags den Gletscher und zieht weiter hinauf zur Betlemi-Hütte auf 3.663 Metern, zur alten meteorologischen Station. Altihut ist alles, was die Betlemi-Hütte nicht ist: neu, warm, bequem und durchaus luxuriös.

Zwar verhieß die Wettervorhersage mit Schneefall und starkem Wind nichts Gutes, wir verließen uns jedoch auf die Unzuverlässigkeit der Prognosen, die sich in den Bergen Georgiens mit großer Regelmäßigkeit als völlig aus der Luft gegriffen erweisen. Zu Recht: Als wir das Dorf Gergeti hinter uns gelassen hatten, stand der Berg Kazbeg mit seinen 5.033 Höhenmetern klar vor uns im winterlich-babyblauen Morgenhimmel. Lediglich die Schneefahnen aus den höheren Lagen ließen härtere Bedingungen vermuten.

Der erste Anstieg zur Gergetier Dreifaltigkeitskirche war also trotz des Schnees ein Leichtes. Die zweite, langwierigere Etappe bis zum Sabertse-Pass auf fast 3000 Metern fiel jedoch wesentlich anspruchsvoller aus. Noémie stürmte voran, ich hatte Mühe, ihr zu folgen. Der Pass lag im Wind, und eine Rast war kaum möglich. Unsere eigentliche Prüfung kam danach: Über steile vereiste Hänge und über lawinengefährdetes Gelände ging es hinüber in Richtung Hütte. Der letzte Kilometer verlief windgepeitscht und hatte Ähnlichkeit mit einem veritablen Whiteout, sodass wir erschöpft und mit eiskalten Füßen an der Altihut ankamen.

Dort begrüßte uns David, einer der drei Eigentümer und unser Gastgeber. Er war selbst am Morgen mit Skiern zur Hütte hinaufgestiegen, um uns dort in Empfang zu nehmen. David führte uns zunächst durch die Räume, erklärte Details der Holzkonstruktion und erwähnte den Tag, an dem das letzte Dachelement hinaufgeflogen wurde:

– Ja, wir mussten alles mit dem Hubschrauber fliegen! Jedes einzelne Ding.

Die Altihut ist eine reine Privatinitiative: Weder gab es Unterstützung seitens der Regierung, noch waren örtliche Behörden überhaupt interessiert – trotz der Tausenden an Touristen, die jedes Jahr den Kazbeg-Gletscher erklimmen.

Unterstützung kam hingegen aus dem Ausland: Ein erfahrener Schweizer Helikopterpilot half aus, die nötigen 3000 Holzschrauben wurden gespendet, und ein Schweizer Zimmermann beaufsichtigte den Bau.

– Das Fundament ist im Jahr zuvor gelegt worden. Die Hütte selbst musste innerhalb einer Schönwetterperiode von grade mal zwei Wochen hingesetzt werden!, erklärte David und fuhr fort:

– Und wisst ihr was? Am vorletzten Tag haben sie uns plötzlich Bescheid gegeben, dass der Hubschrauber, den wir angemietet hatten, am nächsten Morgen um elf Uhr in Tbilissi sein muss, um einen Minister oder was auch immer zu transportieren … Wir sind alle um vier Uhr morgens aufgestanden, nur um das Dach rechtzeitig gedeckt zu bekommen. Und wir haben es geschafft!

Zur Sommersaison 2019 öffnete die Altihut durchgängig für Bergsteiger, Profis und Amateure gleichermaßen. Das Interieur ist einfach gehalten, man will kein Luxus-Etablissement sein, sondern möchte vor allem Naturliebhabern Unterschlupf und Quartier bieten. Der Respekt vor der alpinen Umgebung wird dabei vorausgesetzt, und Hiker werden aufgefordert, ihren Müll wieder mit ins Tal zu nehmen, anstatt Plastikverpackungen einfach unter einem Stein zu platzieren.

David erzählt, wie im Laufe der letzten Jahre und im Zuge des Zuspruchs, den die Region erfährt, der zurückgelassene Müll unterhalb des Gletschers unerträgliche Dimensionen angenommen hat. Einen Großteil habe man eingesammelt und mit dem Hubschrauber ins Tal geschickt. Inzwischen sei man dazu übergegangen, lokale Pferdeführer für dessen Rücktransport nach Stepanzminda zu bezahlen. Den eigenen Abfall ließe man übrigens aus der Region komplett wegbefördern, weil der sonst wieder irgendwo im Fluss landen könnte.

83. Grund

Weil der Frühling in Georgien früher eintrifft als andernorts

Das Ende des Winters beginnt, sobald die Berge wieder hergeben, was sie in den Monaten zuvor angesammelt haben. Die Berge lassen ihre Schneemassen los, die Schneebretter kommen ins Rutschen, die schweren, feuchten Frühlingslawinen donnern die Hänge hinunter, und die Bäche und Flüsse schwellen an. Nachts gefriert das Schmelzwasser zwischen den Schieferplatten in den Ritzen der Felsen und sprengt das Gestein auf. Frühling in den Bergen, das ist die Zeit der Lawinen, wenn nachts das Thermometer noch weit unter null sinkt und nachmittags die Temperaturen auf über zehn Grad steigen. Emsige Geschäftigkeit herrscht dann in Mestia, hölzerne Leitern werden an die Gebäude gestellt, auf den Dächern stehen die Männer und beförderten den Schnee des Winters hinab. Mit Schlagbohrern, Hammer und Meißel werden die Eisplatten vor den Geschäften aufgesprengt, es gurgelt und gluckert an allen Stellen der kleinen Stadt.

Schon Anfang März neigt sich der kurze, heftige Winter dem Ende zu, der schmelzende Schnee in den Tälern gibt den Plastikmüll frei, die Kuhscheiße taut auf, die Wege verschlammen. Die Bäche, die Flüsse schwellen an, die Straßen sind von Steinschlag übersät, und die *Marschrutka*-Fahrer geben an den gefährdeten Stellen Gas, als ginge es um das Leben. Unten in der Kolchis öffnen sich zur gleichen Zeit die Magnolienblüten, das Graubraun der Hügellandschaften ist mit Gelb gesprenkelt, Anemonen, Winterlinge und Adonisröschen sprießen schon an den ersten warmen Tagen. In Tbilissi erblühen schlagartig die Kirschbäume. Sofort wird es warm, sofort füllen sich die Höfe, die Cafés und die Straßen. Selbst in Stepanzminda weht ein milder Luftzug, die Vögel singen, und die Sonne wärmt: Der Frühling in Georgien bricht an, er bricht aus, die Ketten fallen, das Land wird frei, und all das Beige, das Braun wird zu Grün, Gras wächst über den Plastikabfall an den Straßen. Die Plastiktüten in den Bäumen und Büschen zischeln im lauen Frühlingswind.

5. Kapitel

Aus der Küche und vom Wein

84. Grund

Weil der Ruf der georgischen Küche und die Wirklichkeit zwei verschiedene Dinge sind

Georgien-Neulinge erkennt man zwangsläufig daran, dass sie sich unverzüglich auf die Suche nach georgischer Küche machen und typisch georgische Restaurants erfragen. Der Ruf der georgischen Küche eilt dieser voraus und hat sich mittlerweile einen nicht unerheblichen Vorsprung zur Wirklichkeit erlaufen. Verstehen Sie mich nicht falsch, die traditionelle Landesküche kann sehr gut sein, ja hervorragend. Georgien ist ein Füllhorn an Produkten, Einflüssen und Rezeptvarianten. Allerdings wird dieses Füllhorn nur sehr selten vor einem ausgeschüttet. Die Regel in den einschlägigen Restaurationen ist eher die variationslose Wiederkehr der immergleichen Gerichte: fett- und kohlenhydratreich sowie fleischlastig. Jeder, der auch nur ein paar Wochen in Georgien verbringt, wird früher oder später georgische Gerichte meiden, sobald sich eine Alternative auftut. Denn dies geschieht selten genug: Unterwegs ist man auf die Bäckereien und Marktstände angewiesen und wird sich wohl oder übel von in Öl oder im Ofen ausgebackenen Teigfladen verschiedenen Inhalts ernähren (mein Tipp: immer hübsch das *Kartofeliani* nehmen, das ist 'ne sichere Bank). Die Gastwirtschaft, die man abends in der Erwartung von Abwechslung besucht, hat weder den Spinat mit Walnüssen noch die eingerollten Auberginen vorrätig, und die Abwechslung fällt aus. Wem es darüber hinaus passiert, so wie mir in Kutaisi geschehen, dass seine Gastmutter (angesichts des von einem angeschleppten rohen Gemüses) meint, man könne vom Fleisch fallen, und mehrmals täglich von ihrem hausgemachten *Chatschapuri* ins Zimmer reicht, der steht kurz vor einem Kohlehydrat-Schock. *Chatschapuri* gehört mit den *Chinkali* zu den verbreitetsten Gerichte, an denen wirklich niemand vorbeikommt, und verdient ein eigenes Kapitel, siehe unten.

Mehr als einmal (und an verschiedenen Orten) saß ich konsterniert vor Speisekarten, denen weder Inspiration anzumerken war, noch etwas Neues zu entnehmen. Für Vegetarier besteht die Gemeinheit der georgischen Küche unter anderem darin, dass Kräuter und Gewürze den Fleischspeisen vorbehalten zu sein scheinen. Es gibt ganz hervorragend gewürzte *Chinkali* mit Hackfleisch, bei den Teigtaschen mit Käse oder Kartoffeln hält man Kräuter und Gewürze jedoch für weitgehend unnötig. Von wenigen Ausnahmen abgesehen, dem *Shavi Lomi* in Tbilissi etwa, läuft die georgische Küche in den Restaurants verlässlich nicht zur Hochform auf. Wo sie hingegen alle ihre Möglichkeiten ausspielt und sich sämtlicher saisonaler Gemüsesorten und Früchte bedient, derer sie habhaft werden kann, das ist der Privathaushalt, das Zuhause! Dort wird nicht für Fremde vorproduziert, sondern für Freunde, Bekannte und Verwandte aufgekocht. Innerhalb der zwei Wochen, die ich bei Vasha und Nana in Lagodechi verbracht habe, servierte die Dame des Hauses Abend für Abend ein Menü mit drei Gängen und wechselte täglich die Rezepte. Nanas ausgesprochener Ehrgeiz war es, ihren Gästen die georgische Küche vorzuführen, die Klassiker und die lokalen Spezialitäten. Sie versorgte uns aus dem Gemüsegarten und aus Vashas Keller, in dem dieser nicht nur den Wein bereitete, sondern einmachte, fermentierte und dörrte. In Nanas Außenküche standen verschiedene Arten swanetisches Salz, Chili, Kurkuma und 100 weitere Gewürze, die sonst eher selten verwendet werden. Die letzten Auberginen der Saison wurden zu Kaviar verarbeitet oder mit Walnusspaste bestrichen und mit Granatapfelkernen garniert. Im Garten reiften die Kiwis und am Baum nahmen die Kakhis Farbe an, die Weinlese stand bevor. Nur einmal pausierten wir von diesem Fest, und Vasha fuhr mit seinem Lada Niva runter in das Dorf, um uns frische *Chinkali* zu holen.

85. Grund

Weil Chinkali ein Armeleuteessen und ein Festmahl zugleich sind

Chinkali sind Teigtaschen aus Weizenmehl, die wahlweise mit Hackfleisch, Käse, Kartoffeln oder Pilzen gefüllt sind. Sie werden in Salzwasser gar gezogen. Es heißt, dass *Chinkali* ursprünglich ein Armeleuteessen darstellten, denn es braucht dafür recht wenige, auch in den hohen Lagen verfügbare Zutaten. Gleichzeitig ist die Zubereitung von *Chinkali* eine zeitraubende Angelegenheit, denn erst muss der Teig hergestellt, dann die Hackfleisch- oder sonstige Füllung zubereitet oder vorgekocht werden, bevor die eigentlichen *Chinkali* schließlich mühevoll von Hand geformt werden und erst einmal ruhen, bevor sie frisch gesotten werden. Dies ist auch der Grund, warum es unüblich ist, Beilagen zu den *Chinkali* zu servieren, höchstens einen Salat: Ein *Chinkali*-Essen besteht aus *Chinkali*, und im *Chinkali*-Haus (es gibt Restaurants und dann gibt es *Chinkali*-Stuben, die sogenannten *Sachinkle*) werden *Chinkali* serviert, Punktum! Nicht zu unrecht, denn *Chinkali* sind äußerst sättigend, und es braucht wirklich nicht viel mehr.

Aus dem Bergland nördlich von Tbilissi sollen die *Chinkali* stammen und mit den Jahrhunderten in die Ebene gefunden haben, um sich dort als georgische Nationalspeise zu etablieren – sparen wir uns an dieser Stelle den Hinweis auf chinesische Dumplings und das weltweit verbreitete Prinzip von Teigtaschen mit Füllung, aber weisen wir vorsichtig darauf hin, dass die meisten Gerichte Migrationshintergrund haben. Heute, da *Chinkali* kaum noch zu Hause hergestellt werden, gilt das Gericht als ein Festmahl der Familie oder unter Freunden, für das man sich entweder im Restaurant in großer Runde verabredet oder dort bestellt, abholt und zu Hause auftischt. Dadurch ist die Küche (und damit zumeist die Gastgeberin) einen Abend lang entlastet, und das Mahl kann gemeinsam genossen werden, ohne dass lästige Gastgeber- und Küchenpflichten die entspannte Geselligkeit beinträchtigen würden. Auch an jenem Abend in Lagodechi war dem so, denn es waren keine weiteren Gäste im Haus, denen Nana etwas zubereiten, denen Vasha von seinem Wein nachschenken und die er unterhalten hätte müssen. Im Nachhinein scheint mir dieser Abend von einer inneren Ruhe, von einer familiären Vertrautheit geprägt zu sein – ein *Chinkali*-Essen eben. Teuer sind *Chinkali* übrigens bis heute nicht, 60 bis 80 Tetri (ca. 25 Cent) kostet ein einzelnes. Und von fünf ist man wie gesagt meist schon satt. Bleibt noch zu sagen, dass für *Chinkali* das Gleiche gilt wie für georgische Gerichte ganz allgemein: Sie werden in großen Schalen mittig auf den Tisch gestellt, von denen sich jeder nach Belieben bedient. »Sharing plate« heißt sowas neuerdings in Berlin und gilt als der letzte Schrei.

86. Grund

Weil Chinkali zu essen eine Kunst für sich ist

Die Mindestabnahmemenge für *Chinkali* in der *Sachinkle* liegt meist bei fünf Stück (pro Sorte wohlgemerkt!). Das klingt wenig, reicht jedoch in den meisten Fällen durchaus, denn *Chinkali* können so groß sein wie eine Kinderfaust. Da die runden Teigstücke samt Füllung vor dem Garziehen zusammengefaltet werden, entsteht eine Art Strunk aus Teigmasse. An diesem hält man das einzelne *Chinkali* (meist mit den Händen, aber mit der Gabel geht auch, jedenfalls als Ausländer. Wenn Georgier dies tun, dann wird ihnen schnell das Georgiertum abgesprochen, das richtige, wahre Georgiertum, die *Kartweloba*) und führt es zum Mund – der Strunk zeigt nach oben, das ist wichtig, denn tut er das nicht, wird sich beim ersten Biss in die *Chinkali* der flüssige Anteil der Füllung nach unten ergießen. Zwar warten alle unsere Tischgenossen genau darauf, aber den Gefallen wollen wir den georgischen Freunden nicht tun. Ebenso wenig werden *Chinkali* auf dem Teller mit Gabel und Messer zerschnitten, das geht nun gar nicht! Und dem schließe ich mich als Nicht-Georgier vorbehaltlos an.

Also:

1. Strunk anfassen
2. *Chinkali* mit dem Strunk nach oben zum Mund führen
3. Vorsichtig abbeißen
4. Saft schlürfen (darf lautstark ausfallen)

Je mehr Falten ein *Chinkali* aufweist, als umso geschickter gilt übrigens der Koch (bzw. die Köchin, denn die Fertigung von *Chinkali* ist wieder mal Frauensache).

Ich fasse zusammen: *Chinkali* sind unbedingt am Strunk anzufassen und anschließend nicht wieder wegzulegen, denn sonst geht der Saft verloren, ergießt sich sinnlos auf den Teller, und das wird garantiert gerügt: So isst man *Chinkali* nicht! Total ungeorgisch! Wer mag, der schlürft zunächst den kompletten Saft aus dem *Chinkali* und geht so auf Nummer sicher, bevor er vorsichtig von allen Seiten weiter abbeißt. Übrig bleibt nur der Strunk, und der wird in den allermeisten Fällen liegen gelassen. Erstens ist der Teig aufgrund der Verdickung am Strunk nicht ganz durch, zweitens lässt sich anhand der Reste auf dem Teller nachweisen, wie viele *Chinkali* man denn geschafft hat (ein beliebter Wettstreit unter georgischen Männern, die sich beweisen wollen).

Chinkali mit verschiedenartig gewürzter Hackfleischmasse sind die verbreitetsten, in den darauf spezialisierten *Chinkali*-Häusern sind zudem Teigtaschen mit Käse-, Kartoffel- oder Pilzfüllung zu haben, welche häufig jedoch nachlässig bis kaum gewürzt sind. Überhaupt sollte sich der Georgienneuling gedulden, bis er sicher sein kann, dass die *Chinkali* auch frisch zubereitet werden. Die tiefgefrorene Industrievariante, die es in jedem Supermarkt zu kaufen gibt und derer sich das eine oder andere Restaurant der Einfachheit halber bedient, ist kein kulinarisches Glanzlicht und kann links liegen gelassen werden. Jede georgische Familie hat eine Adresse auf Lager, sobald es um *Chinkali* geht. Also einfach in der Gastfamilie nachfragen, die werden Sie schon in die richtige Richtung losschicken. Machen Sie es aber nicht so wie ich anfangs, und beugen sich mutterseelenallein über die Mindestmenge von fünf Stück, gehen Sie mindestens zu dritt aus und bestellen sie mindestens drei Varianten – was übrig bleibt, darf mitgenommen werden! Nana aus Lagodechi brät übrig gebliebene *Chinkali* zum Frühstück in der Pfanne scharf an und hilft dem Geschmack mit Chiliflocken und swanetischem Salz nach.

Weil *Chinkali* aus den Bergen stammen sollen, namentlich aus der Region Mtskheta-Mtianeti, ist die Straße dorthin mit Restaurants nur so gepflastert. Aber was heißt hier Restaurants? Ab Natachtari stehen links und rechts der Georgischen Heerstraße veritable Burgen, ausufernde Bungalow-Anlangen, neoromantische Steinpaläste, die allesamt mindestens 200 Gäste gleichzeitig aufnehmen könnten. Passiert aber nicht. Ehrlich gesagt habe ich auf meinen zahlreichen Fahrten von Tbilissi nach Stepanzminda noch nie gesehen, dass auch nur zwei oder mehr Autos vor diesen großspurigen Etablissements gestanden hätten. Mag sein, dass sich das im Hochsommer ein wenig ändert, aber das Überangebot scheint mir erdrückend zu sein. Wer etwas auf sich hält, fährt eh noch weiter in die Berge bis nach Passanauri, das gilt nämlich als die eigentliche *Chinkali*-Hochburg. Wenn Sie mich jetzt allerdings fragen würden, wo es die allerbesten *Chinkali* überhaupt gibt, muss ich antworten, in Gergeti! Bei Tatos Mutter! Die hat uns selbst gemachte *Chinkali* mit Käsefüllung serviert – heilige Güte! Ohne weitere Kräuter und Gewürze, dafür aber mit einem genial frischen Frischkäse gefüllt. Alles hausgemacht.

87. Grund

Weil ein einziges Chatschapuri als Mahlzeit völlig ausreicht

Nur wenigen Reisenden ist es vergönnt, ihr Gewicht in Georgien zu halten. Die meisten nehmen zu. Neben der allgemein nicht gerade leichten Küche ist daran vor allem ein Produkt schuld, das sich sowohl auf Restaurantkarten findet als auch an jeder Straßenecke und beim Bäcker: das *Chatschapuri*. Zwar gibt es *Chatschapuri* in diversen regionalen Varianten, alle jedoch laufen darauf hinaus, eine maximale Menge Käse auf begrenztem Raum mit Teig zu vermählen. Das Resultat ist ebenso schmackhaft wie kalorienreich. Auf die Spitze getrieben hat man dies in Adscharien: Das *Adjaruli Chatschapuri* besteht aus einem mit Käse gefüllten Teigschiffchen (der Diminutiv ist hier eigentlich völlig unangebracht), das mit einem aufgeschlagenen Ei garniert und dem zu allem Überfluss ein großes Stück Butter beigegeben wird. Es wird stets ofenheiß serviert, sodass das Ei gerinnt, sobald mit Käse und Teig gemischt, und die Butter zerfließt. Ein adscharisches *Chatschapuri* wird von innen nach außen gegessen, die Kruste dient der Aufnahme von Ei und Käse (hat mir Tamara beigebracht).

Immer wenn ich in Batumi bin, stellen mir solche *Chatschapuri* die einzige Nahrungsquelle am Tag dar: Wissend, was mir bevorsteht, lasse ich jeweils das Frühstück aus, gehe gegen elf Uhr zu einem Bäcker am Bazar, von dem ich weiß, dass er *Chatschapuri* ofenfrisch zubereitet, esse dieses und bin für den Rest des Tages bedient, von ein paar Früchten (ja gut, und ein paar Bier) am Abend mal abgesehen.

In den anderen Landesteilen fallen die Variationen von *Chatschapuri* mangels Butter und Ei zwar weniger mächtig aus, sind jedoch immer noch gewichtig: In Imeretien kommt das dortige runde, heiße Brot mit Käsefüllung, in Mingrelien wird es zusätzlich (!) mit würzigem Käse überbacken. Immer ist es so gehaltvoll, wie frisches Brot mit geschmolzenem Käse nur sein kann. Zu dumm, dass das *Chatschapuri* allgegenwärtig ist und sich dem Reisenden als schnelle, günstige Nahrungsquelle gewissermaßen aufdrängt.

Ganz egal, um welche Variante es sich handelt, georgienweit ist man sich um eine Sache einig: Der Geschmack eines *Chatschapuris* spiegelt stets den Charakter des jeweiligen Bäckers wieder. Und mehr noch: Um *Chatschapuri* zu backen, braucht es glückliche Menschen. Nur dann schmeckt es wirklich!

Aber so lecker frisches *Chatschapuri* auch sein kann, so schnell wird man dessen überdrüssig und sich nach Alternativen umsehen: In Swanetien heißt die lokale Variante *Kubdari* und wird mit einer würzig bis scharfen Hackfleischmasse gefüllt, das sogenannte *Lobiani* ist georgienweit zu bekommen und stellt aufgrund der Bohnenfüllung eine perfekte Alternative für Vegetarier dar. Das *Lobiani* gibt es übrigens meist beim Bäcker, der jedoch selten auch *Chatschapuri* macht, dafür sind andere zuständig.

88. Grund

Wegen des frischen Brotes

Traditionelles Weißbrot ist in Georgien flächendeckend erhältlich, industrielle Varianten haben sich nicht durchgesetzt, und selbst Supermärkte werden von klassischen Bäckereien beliefert. Die kleinen Bäckereien, die man an jeder Straßenecke findet, sind ausschließlich für *puri* zuständig, für Brot. Auf wenigen Quadratmetern sind Ofen, Verkaufsfenster, Auslage und Vorbereitung untergebracht. Die Besonderheit dabei ist der Ofen, denn bei dem sogenannten *tone* handelt es sich um eine Tontonne, die zu gut zwei Dritteln im Boden versenkt ist. Daher kommt auch der Name für das Brot: *tonis puri* (oder auch *shoti*). In der *tone* werden Holzscheite abgefeuert, welche deren Wände entsprechend aufheizen. Die einzelnen Teiglinge werden vom Bäcker sodann mit gekonntem Schwung an die Wände geklatscht. Nach wenigen Minuten sind die *shotis* fertig und werden mit einem Stab aus dem Ofen befördert, daher findet sich mittig stets ein Löchlein.

Die Georgier sagen, dasjenige Brot sei am besten, welches gebacken wird, kurz nachdem die Scheite abgebrannt sind und einen feinen Rauchgeschmack hinterlassen. Ab und zu wird zur Aromatisierung auch Nadelholz verwendet. Je nach Gegend sind die Brote rund oder länglich. Die sonderbare Form der länglichen kommt von dem Schiffchen, auf das der Teigling aufgezogen wird, bevor er mittels jenem in den Ofen befördert wird. Die leichte Rundung ist der Ofenwand geschuldet.

Brot ist das Grundnahrungsmittel Georgiens schlechthin und steht zu jeder Gelegenheit in ausreichender Menge bereit. Und ausreichend bedeutet in Georgien, maßlos zu übertreiben. Wundern Sie sich daher nicht, wenn der Typ in der Schlange vor Ihnen alle verbleibenden Brote wegkauft – wahrscheinlich kommt Familie zu Besuch!

89. Grund

Weil wir zahllose Gründe sinnlos verschwenden würden, wenn wir alle wichtigen georgischen Gerichte einzeln behandelten

Anstatt allzu sehr ins Detail zu gehen, erlaube ich mir, eine kleine Auflistung einschlägiger georgischer Speisen und Gerichte aufzustellen. Einschlägig bedeutet, dass diese georgienweit verbreitet sind und auch auf den meisten Speisekarten nicht fehlen. Darüber hinaus gibt es selbstredend zahllose Varianten und vor allem lokale Besonderheiten.

1. *Phkhali* (auch *Mkhali*): Pasten aus Walnüssen mit Spinat, Auberginenmus oder Roter Bete, häufig als Vorspeisenteller zu haben.

2. *Tschurtschchelas*: Aufgefädelte Hasel- oder Walnüsse, die mit einer Schicht Traubensaft und Mehl ummantelt sind. Beliebte Zwischenmahlzeit und allüberall auf den Märkten und am Straßenrand in großer Auswahl zu bekommen. (Tipp: Nehmen Sie von den dunklen, filigraneren!)

3. *Nigsiani Badrischani*: Auberginenrolle mit Walnusspaste, häufig mit Granatapfelkernen garniert.

4. *Mzwadi*: Schaschlikspieße aus Schweine-, Ziegen-, Hühnchen- oder Rindfleisch, das zuvor mariniert wurde.

5. *Lobio*: Suppe oder Eintopf aus Roten Bohnen, wird meist im Tontopf serviert.

6. *Saziwi*: Brathähnchen mit Nusssauce.

7. *Adschapsandali*: Gemüsepfanne, meist mit Paprikaschoten, Auberginen, Kartoffeln und Koriander.

8. *Mtschadi*: Frische Maisbrötchen aus der Pfanne.

9. *Kabab*: Fleisch-, Zwiebel- und Eimasse, ausgebacken in dünnen Teigblättern.

10. *Chachochbili*: Geflügeleintopf mit Tomaten und lokal unterschiedlichen Gemüsesorten, aber stets mit ordentlich Knoblauch.

11. *Pelamuschi*: Dessert aus aufgekochtem Traubensaft und Mehl.

12. *Phlawi*: Süßer Reis mit Mandeln, Pflaumen und Rosinen.

Warnung: Sollten Sie eine Nussallergie haben, überlegen Sie sich ein anderes Reiseziel! Zahlreiche Gerichte und auch Salate werden mit Walnüssen oder Haselnüssen verfeinert. Mir scheint, dass die Walnuss, von der es in Georgien verschiedene Varietäten gibt, der eigentliche Star der georgischen Küche ist.

90. Grund

Weil die Ursprünge des Weinbaus nachweislich in Georgien liegen

In Georgien ist eine der ältesten Weinbautraditionen der Menschheit beheimatet. Im Tal des Alasani (Kachetien) wurden Werkzeuge, Weintrauben und Amphoren (Quevris) ausgegraben, die mindestens 4000 Jahre auf dem Buckel haben. 2017 fanden amerikanische Wissenschaftler Reste vergorenen Traubensaftes an Tongefäßen, die mehr als 7.800 Jahre alt sind: Es handelt sich hierbei um die ältesten Hinweise auf Traubenmostvergärung und die Kultivierung der Weinrebe (Vitis Vinifera) überhaupt. In Imeretien, in der Nähe des Städtchens Vani, stieß man auf jahrtausendealte Traubenkerne, die nachweislich aus der *Rkatsiteli*-Rebsorte stammen, die heute noch angebaut wird.

Damit nicht genug: In Georgien haben altertümliche Vinifizierungsmethoden überlebt, die heute noch unvergleichliche Weine hervorbringen. Die traditionelle Weinbereitung unterscheidet sich von den westeuropäischen Techniken in zweierlei Hinsicht:

1. Normalerweise werden bei der Herstellung von Weißweinen zunächst die Schalen vom Saft getrennt, der anschließend fermentiert wird und einen frischen, fruchtigen Wein ergibt. Nicht so in Georgien: Dort werden viele Weißweine nach der Pressung zusammen mit Kernen, Rappen und Häuten fermentiert. Diese enthalten zusätzliche Aromen sowie die sogenannten Tannine (adstringierende, leicht bittere Verbindungen), durch die der Wein reicher, strukturierter, farbintensiver wird und länger reifen kann.

2. Gärung und Reifung von roten wie weißen Trauben erfolgt traditionell in Amphoren aus Ton, die im Boden vergraben sind, den sogenannten Quevris. Diese Tonamphoren fassen bis zu 2000 Liter, der gärende Most wird in ihnen so lange »gewälzt«, bis die Gärung abgeschlossen und der Wein erst dann vom Trester getrennt und

abgefüllt wird. Mancherorts lässt man den Wein über Monate bis in den Frühling stehen.

Wenn Ihnen also irgendwo auf dem Land ein dunkelgelber bis orangefarbener Rebsaft aus der Plastikflasche angeboten wird, handelt es sich mit großer Wahrscheinlichkeit um weißen *Qvevri*-Wein. Sie sollten unbedingt probieren, naturbelassener geht es nicht! Westeuropäische Winzer, die auf die Amphorentechnik zurückgreifen, verlangen für ähnliche Produkte Spitzenpreise.

Noch eine Besonderheit der georgischen Weine sind die halbtrockenen, bisweilen auch halbsüßen Rotweine. Auch davor sollten Sie keineswegs zurückschrecken: Die Süße ist nicht zugesetzt, sie wurde auf natürlichem Wege erhalten, indem nicht aller Traubenzucker zu Alkohol vergoren wurde. Der Wein ist gewissermaßen zu mächtig, als dass die Hefen dies bewerkstelligen könnten. Probieren Sie unbedingt den *Kindzmarauli*, der aus der *Saperavi*-Traube gewonnen wird und meist Restsüße hat. Der passt auch hervorragend zu würzigen oder süßlichen georgischen Gerichten und nimmt es zudem mit der Schärfe der *Tekmali*-Saucen auf.

»Weinproben« finden Sie inzwischen an jeder Straßenecke, wenngleich dies meist bedeutet, den Effekt eines Weines zu prüfen und weniger, verschiedene Geschmacksbilder in Erfahrung zu bringen, ganz zu schweigen von Erläuterungen zu bekommen.

Gleichzeitig aber muss erwähnt werden, dass sich die günstigen industriellen Weine, welche sie in den Supermarktregalen finden, kaum von vergleichbaren europäischen unterscheiden: Es handelt sich um gedopte, eindimensionale Mumpe. Für Qualität müssen Sie auch in Georgien zahlen, es sei denn, Sie begeben sich auf den Markt und kaufen dort hausgemachten Wein aus der Plastikflasche. Der ist extrem günstig und mitunter schweinegut. Probieren dürfen Sie zuvor sicherlich auch!

91. Grund

Weil dem georgische Festmahl, der Supra, ein außerordentlich komplexes Regelwerk zugrunde liegt

In meine allererste *Supra* bin ich unwissend und zufällig hineingestolpert, und das kam so: Ohne auch nur die leiseste Ahnung zu haben, was wir unternahmen, war ich mit einer Gruppe Georgier zusammen mit einem Priester in die adscharischen *Kintrishi Protected Areas* unterwegs. Es hatte ansonsten überhaupt keine Möglichkeit gegeben, dorthin zu kommen, und ein Kumpel hatte mir die Mitfahrmöglichkeit vermittelt. Ein Kumpel, der nur russisch spricht, das ich kaum spreche, und trotzdem sind wir beste Kumpels, Georgien halt.

Frühmorgens geht es los, zwei Jeeps, noch Hunderte Brote einkaufen und dann ab ins Landesinnere: Wir fahren Konvoi, ein Subaru vorneweg, ein Toyota mitsamt dem Priester hinterher. Lediglich der Priester spricht ein paar Worte Englisch, aber auch dessen Vorrat ist nach einigem Hin und Her aufgebraucht. Trotzdem beginne ich zu begreifen: Wir sind auf einer Pilgertour, besuchen also sämtliche Klöster und Kirchlein, die auf unserem Weg liegen, um Gebete zu sprechen und Ikonen zu küssen und schließlich, einen halben Tag später, im hintersten Winkel des Tals mit dem Abt des Klosters von Khino einen Gottesdienst abzuhalten. Ich mag die orthodoxen Gottesdienste sehr (es wird fast nur gesungen, die Gebete werden mantra-artig gemurmelt), halte mich jedoch abseits. Zum Empfang der Kommunion werde ich dennoch dazugerufen.

Anschließend decken wir den alten Holztisch vor dem Klostergebäude, jeder gibt, was er hat, auch ich kann zum Glück etwas beisteuern. Das einfache Geschirr stammt aus dem Kloster, der Rotwein und der *Tschatscha* desgleichen. Der Abt des Klosters spricht nach einer kurzen Einleitung den ersten Trinkspruch, er ist der *Tamada*, unser Tischherr, die improvisierte *Supra* hat begonnen, wir trinken aus Tonschalen.

Es ist so: Das georgische Festmahl, die *Supra*, folgt, ob nun privat oder offiziell, ganz bestimmten Regeln. Zunächst wird ein Tischherr bestimmt, dies ist entweder der Gastgeber oder der Hausherr, in unserem Falle also der Abt, oder aber der *Tamada* wird vorab ausgewählt – zum Beispiel anlässlich von größeren Gesellschaften oder Hochzeitsfeiern. Mit der Fähigkeit des *Tamadas* zu unterhalten, Trinksprüche auszugeben und alle Anwesenden einzubinden, steht und fällt der Erfolg des Festes, denn er ist es, der den Takt vorgibt, der die Gemeinschaft unterhält und die Gemeinsamkeit befördert. Zwar fallen je nach Persönlichkeit und Temperament des *Tamadas* Reden und Sprüche in Gehalt und Länge recht unterschiedlich aus, doch bleibt deren Abfolge (von auf den Anlass abgestimmten Variationen abgesehen) georgienweit ähnlich: die Trinksprüche gelten der Kirche, den Heiligen, dem Vaterland, der Familie, den Toten, den Müttern und den Kindern sowie der Liebe.

Um den *Tamada* zu geben, bedarf es dramaturgischer Kunstfertigkeit, denn dieser muss nicht nur den Ablauf der Trinksprüche beherzigen, sondern zugleich mit dem richtigen Timing vorgehen. Er muss die gesellschaftliche Hierarchie seiner Gäste kennen, deren Familienstand und Beruf, auf dass er Geschichten und Trinksprüche anpassen kann. Er braucht Geist und Humor, einen Vorrat an Geschichten, und die Besten dieser Zunft vermögen es, aus dem Stegreif zu reimen.

Was und wie viel man isst, von welchem Teller man nimmt, bleibt einem selbst überlassen, aber getrunken wird nur dann, wenn der *Tamada* dazu aufruft: Alleine zu trinken ist unschicklich. Übrigens, wer nicht trinken will, der sollte darum nicht viel Aufhebens machen oder gar das Getränk ablehnen. Viel pragmatischer ist es, jeweils mit anzustoßen und lediglich zu nippen – ein volles Glas füllt niemand nach! Selber einen Trinkspruch anzubringen ist möglich, aber nur dann, wenn dieser das vom *Tamada* bestimmte Thema komplementiert oder erweitert. Gästen aus dem Ausland wird meist ein eigener Trinkspruch angediehen, so auch mir an jenem Abend. Zuvor erkundigte sich der Abt nach meiner Familie, dem Beruf, dem Heimatort, um all dies dann in geschliffenen Sätzen mit dem Wunsch nach Glück, Wohlstand und dem Beistand des Höchsten zu verbinden. Zum zweiten Mal an diesem Tag – das erste Mal während des Empfangs der orthodoxen Kommunion – fühlte ich mich beschämt und beglückt zugleich.

92. Grund

Weil an Vorurteilen immer auch was dran ist

David von der Altihut hatte das so schön auf den Punkt gebracht, dass ich das unkommentiert protokolliere: Ihm sei nämlich aufgefallen, dass Georgier, sobald diese ein Büro betraten, völlig verkrampften und sich sklavisch an ihre Vorgaben und Aufgabenlisten hielten – sämtliche Spontaneität, Kreativität und Kommunikationslust sei seinen Landsleuten auf einmal ausgetrieben, sobald es offiziell würde. Deshalb rate er diesen stets, sich vorzustellen, man sei auf einer *Supra* zu Gast. Also in geselliger Runde, wo zwar besondere Verfahrensregeln gelten, aber jeder spontane, sachbezogene Beitrag äußerst willkommen ist, die Runde belebt und inspiriert. Andersherum sei es so, dass westeuropäische Gäste auf einer *Supra* nicht richtig wüssten, wie ihnen geschieht und was von ihnen erwartet wird. Deshalb sage er stets, diese sollten sich anlässlich einer *Supra* einfach so benehmen wie in einem Meeting: Ideen raushauen, die zur Agenda passen, mit Wissen glänzen, dabei aber den vom »Chef« vorgegebenen Tonfall beachten, den einen oder anderen unverfänglichen Scherz machen, aber immer den roten Faden im Blick behalten!

Zuvor waren wir im Gespräch bestimmten Vorurteilen nachgegangen, die über die einzelnen Nationalität im Umlauf sind. Nicht um sie zu entwerten, sondern um deren Wahrheit herauszuarbeiten. Es ist nun mal so, dass Russen in Georgien tendenziell unhöflich auftreten und sich wenig verständnisvoll zeigen, wenn man ihnen nicht gleich auf Russisch entgegenkommt. Die Russen spielen Boss, sie markieren den Bestimmer, eine Servicekraft ist ihnen eine Untergebene. Sie tragen das Gepäck der ehemaligen Kolonialmacht und verstehen das aber nicht. Wie betritt ein Russe den Hostelschlafsaal nachts um halb drei? Er macht das Licht an, schmeißt die Tür ins Schloss und scheint noch nicht einmal Notiz davon zu nehmen, dass andere dort schlafen. Stellt man ihn zur Rede, beschwert man sich, dann wird er einen erstmals wahrnehmen und fragen:

– Wer bist du überhaupt?

Du sagst, du seist Mikrobiologe und morgen gäbe es da diesen Kongress, wo du ausgeschlafen hin willst, weil du dieses Experiment durchführen musst.

– Ach so, sagt der Russe, na dann! Und ist von da an ganz leise.

Wie betritt ein Deutscher nachts um halb drei den Schlafsaal? Er hat sich seine Schuhe noch vor der Tür ausgezogen, um im Dunkeln auf Zehenspitzen zu seinem Bett zu schleichen und sich, einmal zugedeckt, kaum mehr zu bewegen. Macht er das aus Höflichkeit? Nein, nicht deswegen. Der Deutsche macht dies, um sich nicht schämen zu müssen. Er hat Angst vor dem Urteil anderer und beugt diesem lieber vor. Der Deutschen Verhalten ist um die Vermeidung von Scham herumgebaut, deshalb wägen sie zwanghaft ab, deshalb retten sie sich so gerne in die Meinung – auch dort, wo es um Gefühl geht. Die Angst vor dem Urteil anderer macht die Deutschen unsicher, beeinträchtigt und behindert sie, gerade weil sie alles richtig machen wollen. Diese Manie ist der Grund für die mangelnde Spontaneität der Deutschen. Die Georgier wiederum sind spontan bis hin zur Manie, Pläne in engeren Sinne gibt es nicht (ggf. Absichten, die aber dann in der Wirklichkeit überprüft werden müssen), Pläne ergeben sich unterwegs.

David hat mich gefragt, welchen Wesenszug meiner Landsleute ich denn herausstreichen würde. Ich habe lange darüber nachgedacht: Es ist die Angewohnheit, ein Urteil über die Welt aus dem eigenen Winkel heraus zu treffen, ohne diesen verlassen zu wollen. Es ist die Neigung zur Kritik, zum Verbesserungsvorschlag, anstatt einfach anzunehmen, was ist. Es ist die Schlaumeierei, es ist dieser Überlegenheitskomplex.

6. Kapitel

Geschichte und Geschichten

THE "ARGO."

93. Grund

Weil es Griechen waren, die den allerersten Urlaub in Georgien unternahmen

Die ersten Ausflügler nach Georgien, deren Geschichte dahingehend verbürgt ist, als dass sie aufgeschrieben wurde, waren Griechen. Wahrscheinlich wurde, wie das bei Reiseerzählungen gerne der Fall ist, hier und da ein wenig ausgeschmückt, dieses und jenes ein bisschen übertrieben oder ins rechte Licht gerückt. Ist heute ja nicht anders. Jedenfalls bricht um etwa 1200 v. Chr., also noch vor dem Trojanischen Krieg, eine Gruppe griechischer Junggesellen nach Georgien auf, um dort Heldenruhm zu erwerben. Darunter befinden sich einige Gestalten, denen erheblicher Nachruhm zuteil wurde: zum Beispiel Herakles, Theseus und Orpheus, der für das Unterhaltungsprogramm zuständig war. Ihr offizieller Auftrag lautete, dem Hof des König Aietes in Kolchis das Goldene Vlies zu entwenden: Hinter Kolchis verbirgt sich das heutige Kutaisi, und das Goldene Vlies ist bei Weitem nicht so einmalig, wie es die Mythenbildung darstellt: Im Hohen Kaukasus, in den Flüssen Swanetiens, mit dem Kolchis in regem Austausch stand, wurde nach Gold geschürft, indem man Hammelfelle in die Bergbäche legte. In dem dichten Fell verfing sich nach einiger Zeit der Goldstaub, sodass jenes nur dem Wasser entnommen werden und auf Saumpfaden hinunter in die Ebene von Kolchis gebracht werden musste, um dort Handel zu treiben. In Griechenland wusste man um den Goldreichtum des Königreichs Kolchis und schickte daher ein paar Jungen, um diesen Umstand auszukundschaften und möglichst Wege zu finden, daran teilzuhaben. Mit der Durchführung wird der Neffe des Königs Pelias von Thessalien beauftragt: Jason. Dieser lässt ein Schiff bauen, die Argo, auf der (unter Überwindung zahlreicher Abenteuer, versteht sich) das Schwarze Meer durchquert und im Königreich Kolchis angelandet wird. Mit der Mündung der Phasis (des heutigen Rioni) entdecken die Argonauten jene schiffbare Route, die jahrhundertelang die Handelsverbindung zwischen Kolchis und dem antiken Griechenland sein würde. Sowohl von der üppigen Vegetation zeigten sich die Argonauten beeindruckt als auch von einer ganz bestimmten Pflanze, die damals in Griechenland noch gar nicht kultiviert wurde: der Vitis Vinifera, der Weinrebe! Die gesamte Hauptstadt der Kolchis soll davon umrankt gewesen sein.

Die Griechen werden gastfreundlich am Hof des Königs Aietes aufgenommen, so wie sich das gehört. Jason wirft ein Auge auf dessen Tochter Medea, bevor er die Herausgabe des Goldenen Vlieses verlangt. Der König stellt ihm ein paar Aufgaben, würde Jason diese lösen, dann sei ihm das Goldene Vlies sicher. Jedenfalls erzählt das Jason so zu Hause: Er habe mittels zwei feuerschnaubender Stiere, deren Hufe aus Erz gewesen seien, den Acker pflügen, Drachenzähne säen und gegen die daraus erwachsenden eisernen Männer kämpfen müssen! Sei ihm auch gelungen! … mit ein bisschen Hilfe von Medea, die ihm das eine oder andere Wundermittel überlassen habe. Nur habe König Aietes, der Arsch, das Vlies dennoch nicht herausgerückt! Deshalb habe er dieses illegal entwenden müssen, indem er dessen Wächter, einen hundertäugigen Drachen, zunächst eingeschläfert habe, um sodann samt Vlies und der Königstochter auf die Argo zu fliehen, die Phasis hinunterzuschippern und gen Griechenland zu segeln.

… okay, was man halt so erzählt, wenn man nach zwei, drei Wochen Abenteuerurlaub wieder zu Hause ist (Jason darf uns auch als Ahnvater des einen oder anderen Reiseblogs gelten). Die Wahrheit ist vermutlich eine etwas andere: Mit den Weinreben haben die Griechen auch den entsprechenden Trank entdeckt (Hey, es handelt sich um Griechen!). Abend für Abend wird König Aietes zum Gastmahl gebeten und Trinkspruch um Trinkspruch rausgehauen haben, auf dass die versammelte Mannschaft anderntags der Heldentaten gänzlich unfähig war und von ihr keinerlei Gefahr ausging.

Und zur Gastfreundschaft gehört, dass man seinen Gästen einmal geäußerte Wünsche möglichst erfüllt:

– Soll er doch eines der swanetischen Hammelfelle haben, wenn ihm so sehr daran liegt, der Jason! … bekommt er aber nur, wenn er auch die Tochter zur Frau nimmt, dass das Mädel nicht ganz ohne ist, wird er schon noch früh genug merken, der Bengel!

94. Grund

Weil überhaupt alle schon einmal durch Georgien zogen

Sie meinen, ich übertreibe? Na dann warten Sie mal ab, kleiner Schnelldurchlauf:

1. Weil das Königreich Kolchis sich unvorsichtigerweise gegen Rom gestellt hatte – aufseiten des Königreichs Pontos nämlich, das so ziemlich vergessen ist, aber damals fast die gesamte Schwarzmeerküste sowie Kleinasien beherrschte –, wird von dort der römische Feldherr Pompeius entsandt (also nicht alleine, sondern mit Koch, Gefolge und ein paar Legionen), der erst Pontos niedermacht, um sodann die Kolchis und die angrenzenden georgischen Fürstentümer als Vasallenstaaten dem Römischen Reich einzuverleiben.

2. Die frühe Christianisierung Georgiens leitet die heilige Nino ein. Diese war aus Kapadokkien in die damalige Hauptstadt Mzcheta gekommen, wo sie (der Kräuter kundig) die eine oder andere Wunderheilung vollbrachte, und auch des Königs Gemahlin heilte. Dieser, Mirian der Dritte, wollte Nino daraufhin mit Gold und Silber überhäufen, was jene wiederum ablehnte und darauf verwies, allein ihr Gott würde ihr Heilkräfte verleihen, Gold und Silber unnötig. Mirian war beeindruckt, nahm die fremde Religion an, und ganz Georgien konvertierte 337 als eines der ersten Länder der Welt zum Christentum. Übrigens ist Äthiopien auch ziemlich früh dran, das nur so nebenbei.

3. Daran ändert sich auch nichts, als Georgien im 6. Jahrhundert vorübergehend zur persischen Provinz wird, bevor sich die Perser in einen Krieg mit Rom verstricken und Georgien wieder sein lassen, war halt nichts.

4. Stattdessen fallen ab 642 die Araber nach Georgien ein, können das Land zwar zunächst nicht erobern, sorgen aber durch mehrere Kriegszüge für den Zerfall der georgischen Königreiche in kleinere Fürstentümer. Im Jahre 755 wird Tbilissi zum Emirat, wobei die Araber eher den Süden des Landes im Griff haben, nicht die Gebiete im Kaukasus.

5. Ab 1080 ist Georgien den türkischen Seldschuken tributpflichtig, die in der Zwischenzeit die Araber vertrieben, Kleinasien unter ihre Kontrolle gebracht hatten und plündernd durchs Land gezogen waren.

6. Zum Zeitpunkt des ersten Mongoleneinfalls 1220 war Georgien unter König Dawit, dem Erbauer, sowie Königin Tamar ein weitgehend geeintes und prosperierendes Königreich, das seinen Herrschaftsbereich auch auf die angrenzenden Gebiete der Osseten im Nordkaukasus und bis nach Trabzon an der türkischen Schwarzmeerküste auszuweiten wusste – bis das Land 1243 unter mongolische Oberherrschaft fällt.

7. Die Mongolen werden abgelöst durch die Heerscharen des Tamerlan, auch Timur genannt, der zwar keine Herrschaft über Georgien entwickelt, der territorialen Einheit des Landes jedoch zusammen mit der Pest (ja, auch die zog durch Georgien) den Todestoß versetzt: Kartelien, Kachetien und Imeretien werden eigenständig, die Blüte der Städte und das gesamte sogenannte Goldene Zeitalter sind beendet.

8. 1443 spült es in Batumi versprengte Kreuzfahrer an, die zunächst plündernd durch die islamische Stadt ziehen (nichts geht über ein klares Feindbild!), sich aber bald mit einer Übermacht an Gegnern konfrontiert sehen: Die Hälfte der Kreuzfahrer wird niedergemetzelt, die andere als Geiseln genommen, auf die verschie-

denen Haushalte verteilt über ein Jahr lang bewirtet und gemästet, bis das Lösegeld eintrifft. So wie man Gäste nun mal behandelt, in Georgien.

9. Mit dem Fall von Konstantinopel 1453 bricht der Kontakt zum christlichen Europa ab, noch vor der Entdeckung Amerikas und vor der Blütezeit der Renaissance und damit der europäischen Wissenschaften. Westgeorgien gerät unter den Einfluss des Osmanischen Reiches, Ostgeorgien wird Teil des wiedererstarkten Persiens.

9. Die Aufklärung und bürgerliche Gesellschaftsstrukturen kommen erst Jahrhunderte später nach Georgien, und zwar über den Umweg durch Russland: Im Anschluss an den Russisch-Osmanischen Krieg zwischen 1763 und 1774 gerät Georgien (wie übrigens auch die nordkaukasischen islamisch geprägten Gebiete) unter den Einfluss des Zarenreichs, zu dessen Teil es 1801 wird.

10. Mit den Russen entdecken auch die Europäer Georgien wieder, etwa als exotischer Fluchtpunkt wie Bertha von Suttner, oder als lohnendes Investitionsobjekt wie der Industriellensohn Werner von Siemens, der sich unter anderem anschickt, im Auftrag des russischen Zaren Telegrafenleitungen nach Teheran zu legen und damit den Grundstein seines Imperiums.

11. Vor allem aber waren es russische Schriftsteller wie Puschkin, Tolstoi, Pasternak und Lermontow, die das Bild von Georgien verklären: als das Land der Künste und der Fantasie (Pasternak), der Schicksalsmächte (Tolstoi) oder der Freiheit schlechthin (Puschkin). Befeuert wurden diese Vorstellungen zusätzlich durch den Bericht des alternden Alexandre Dumas, der unter dem Titel *Durch den wilden Kaukasus* in den Handel kam.

12. Ab 1917 ist Georgien kurz mal unabhängig, 3000 bayerische Soldaten werden vom Deutschen Kaiserreich entsandt, um diese Unabhängigkeit vor dem Osmanischen Reich zu schützen, mit dem Deutschland zwar verbündet ist, aber mit Siemens' Interessen und dem kaspischen Öl nun mal auch. Hilft aber alles nichts, 1918 ist Schluss mit Kaiserreich in Deutschland, und im Februar 1921 wird

Georgien von Teilen der Roten Armee besetzt und dem Sowjetreich einverleibt.

Mit einem Wort: Die Imperien kamen und gingen, und auch die Sowjetmacht packte schließlich wieder ein, Georgien aber blieb bestehen. Georgien ist mitsamt seinen Traditionen, seiner reichen Kultur und Religiosität immer noch da. Das ist schon ein kleines Wunder und spricht für die Integrationskraft der georgischen Kultur.

95. Grund

Weil das Dorf Assureti einst Elisabethtal hieß

Im Unterschied zu anderen georgischen Dörfern, wo sich das Vieh frei bewegen kann, herrscht in Assureti Ordnung: Die Häuser sind durch Zäune von der geradlinigen Straße abgegrenzt, die Kuhställe liegen nach hinten raus oder seitlich der Wohnhäuser. Teilweise erkennt man noch das alte Fachwerk, die meisten Häsuer aber sind von georgischen Veranden und Balkonen umrahmt, mit Stahlblech und Zement ausgebessert. Assureti hieß bis 1942 Elisabethtal. Dort – sowie in Petersdorf und Marienfeld, in Katharinenfeld, Neu-Tiflis und in Alexandersdorf – hatten sich deutsche Siedler niedergelassen: Über 2000 württembergische Pietisten waren zwischen 1817 und 1819 nach Georgien eingewandert und hatten ihre Traditionen, ihr Handwerk sowie ihre Bauweise mitgebracht und eigene Kolonien gegründet. In Schwaben und in Württemberg hatten sich zuvor die Missernten gehäuft, und so waren die endzeitlichen Predigten des Pietisten Johann Albrecht Bengel auf offene Ohren gestoßen: Die Wiederkehr Christi stünde bevor, um genau zu sein 1836. Erlösung könne nur durch strikte Tugendhaftigkeit erlangt werden, örtliche Nähe zum heiligen Berg Ararat (Stichwort Sintflut) könne nicht schaden. Da sich der Ararat jedoch auf osmanischem Territorium befand und damit in ungläubiger Hand war, fiel die Wahl der Auswanderer auf das unweit gelegene Georgien.

Um auf Christi Wiederkehr wohlvorbereitet zu sein, zählte man in Elisabethtal einmal durch: Das Einwohnerverzeichnis aus dem Jahr 1836 erwähnt auch den Namen von Johann Gottlieb Aichholz, der aus dem schwäbischen Grossbottwar nach Georgien gekommen war. Dessen Enkelin, Magdalena Aichholz, führte in Elisabethtal eine Bierschänke, bevor sie einen russischstämmigen Georgier aus Tbilissi heiratete und dessen Namen annahm. Deren Tochter wiederum, Olga Federenko, ehelichte den Bolschwiken Sergej Jakowlewitsch Allilujew und zog von Tbilissi in eine Sankt Petersburger Wohnung, in der Lenin und Stalin häufige Gäste waren. Allilujew hielt den jungen Stalin (also, der macht noch Karriere!) wohl für eine gute Partie und gab diesem seine Tochter zur Frau: Nadeschda Allilujew.

Neben den Wolga- und den Krimdeutschen ließ Stalin nach Kriegsausbruch auch die Georgiendeutschen deportieren: nach Westsibirien und vor allem nach Kasachstan. Zwischen 20.000 und 25.000 Siedler mussten innerhalb weniger Wochen das Land verlassen. Aus Elisabethtal wurde Assureti, Petersdorf und Marienfeld verschmolzen zu Sartitschala, Katharinenfeld heißt heute Bolnissi. Deutsch wird dort zwar nur noch vereinzelt gesprochen, aber das deutsche Erbe wird mittlerweile wieder hochgehalten, die protestantischen Kirchenhäuser sollen wieder aufgebaut werden, und in Assureti wurde unlängst ein zweites Ortsschild angebracht, auf dem zu lesen steht: Elisabethtal.

Weil der Uschba rein rechtlich zu Südtirol gehört ...

Manchmal schien mir, als wären die Berge Swanetiens nicht aus Steinen, sondern aus alten Geschichten erbaut. Als hätte man aus dem gesamten Plunder, dem Kleinod aus den Jahrhunderten georgischer Geschichte, dem Kommen und Gehen von Völkern, Volksstämmen und Heerscharen eine Wand zusammengetragen, einen Gebirgszug aufgeschichtet und sich damit eingemauert. Wenn es heißt, Swanetien läge außerhalb der Zeit, dann bedeutet das auch, dass dort oben nichts verloren geht, dass dort alles gleichzeitig existiert.

Fragt man vor Ort nach dieser österreichischen Bergsteigerin, nach Cenzi von Ficker-Sild bzw. nach Crescentia, als die sie in Swanetien bekannt ist, ist es, als würde einem von einer Bekannten berichtet. Von einer, die erst vor wenigen Jahre von Mazeri aus versucht hatte, den Südgipfel des Uschba zu besteigen. Dabei war es im Jahr 1903, da Cenzi als Teil der Seilschaft von Willy Rickmer-Rickmers nach Swantien kam, welcher in der Tat die Erstbesteigung des Uschba gelingen sollte. Und man trägt ihr die Geschichte heute noch nach, die Geschichte mit dem Fürsten Dadeschkeliani, ganz genauso wie man auf diesen nicht gut zu sprechen ist, wenngleich dessen Fürstengeschlecht von der Sowjetmacht in den 20er-Jahren des letzten Jahrhunderts der Garaus gemacht wurde.

Sie stellten gewissermaßen einen zweifachen Frevel dar, die Geschehnisse vor mehr als 100 Jahren. Dass sonderbare Reisegruppen beim Fürsten in Ezeri unterkamen, daran hatte man sich wenn nicht gewöhnt, so doch diese Störungen der Ordnung hingenommen. Dass diese Gruppe sich jedoch anschickte, den Uschba zu besteigen, jenes doppelgipflige Heiligtum, jenen steinernen Solitär, der hoch oben Wacht hält, der die Wolken schickt und an dem selbst die Winde zerbrechen, das verhieß nichts Gutes, ganz und gar nicht.

Und noch dazu mitsamt einem Weib: einem Weib, das Hosen trug, es den Männern gleichtat und dem Berg mit Nägeln, Seilen und Eisen zu Leibe rücken wollte!

Es kam schlimmer noch, denn noch bevor die Seilschaft gen Mazeri und Uschba aufbrach, machte ein Gerücht in den Dörfern die Runde: Der Berg sei weg!

Weggegeben habe der Fürst ihn, verschenkt! An diese Frau, die tagelang überall umherstand und den Berg abmalte, morgens, mittags, abends. Der Fürst habe bei ihr gestanden, Liebaugen gemacht und gefragt, was das solle, warum sie sich diese Mühe mache? Sie daraufhin:

– Sie habe sich in diesen Berg verliebt, daher die ganzen Zeichnungen.

– Nun, wenn Sie diesen Berg so sehr lieben, dann soll er fortan der Ihre sein!, habe der Fürst geantwortet.

– Aber das kann er doch nicht tun?

– Hat er aber getan!

– Wie kann er denn den Berg weggeben? Das wird sich noch rächen!

– Ruhig, ruhig, mahnte einer der Alten und sprach:

– So soll er doch, soll er doch den Berg verschenken, wenn ihm danach ist und er glaubt, er könne das! …wie wollen die ihn denn mitnehmen, die Fremdländischen, einpacken können sie ihn nicht!

Mit Lob sollte der Gast im ländlichen Georgien allgemein vorsichtig sein oder zumindest nicht verschwenderisch damit umgehen. Ein Lob kommt dem Gastgeber sonst schnell der Aufforderung gleich, dem Gast ein Vielfaches vom Gelobten zu offerieren …die zweiseitige Schenkungsurkunde jedenfalls liegt im Museum des Deutschen Alpenvereins in München, sie ist auf Deutsch verfasst und hat folgenden Wortlaut:

Umstehende Schenkungsurkunde, laut welcher Fürst Tartachan Dardeschkeliani der tirolischen Jungfrau Cenzi von Ficker den Berg Ush-

ba schenkt, wurde im Beisein der hierunter unterschriebenen Zeugen ausgefertigt, vom Fürsten Tartachan Dardeschkeliani eigenhändig unterzeichnet und mit seinem Siegel versehen.

(Unterschriften der Expeditionsteilnehmer)

Ich, Fürst Tartachan Dadeschkeliani, schenke heute dem Fräulein Cenzi Von Ficker aus Innsbruck den Berg Uschba, das heißt, den astronomischen Punkt 16 Grad, 19 Min, 25 s 89/ 43 Gr, 7 min, 38 s, 6s (als höchste Spitze) und was nach Norden, Westen und Süden im alpinen-topografischen Sinne als zu diesem Berg-Individuum gehörig zu betrachten ist.

Ezeri in Swanetien, 12 / 25 Juli 1903

(Unterschrift des Fürsten in georgischer Schrift samt Siegel)

Es gibt dafür mehrere Erklärungen. Die einleuchtendste ist, dass der Fürst nach Sugdidi geschickt hatte, wo seinerzeit in der Tat deutschsprachige Notare saßen. Gleichwohl muss es zur Anfertigung des Dokumentes, ganz egal wie dieses zustande kam, auf Betreiben der österreichisch-deutschen Seilschaft hin gekommen sein. Ich stelle mir das folgendermaßen vor:

– Geschenkt hat er ihn mir! Einfach so!

– Aber Cenzi, das glaubt uns doch niemand!

– Dann muss er's mir halt schriftlich geben! Ich frag' ihn!

Schon stellt sich die ganze Geschichte der Schenkung etwas anders dar: Des Fürsten mündlich und im Überschwang der Gastfreundschaft gegebenes Wort musste gemäß ausländischer Gepflogenheiten schriftlich besiegelt werden. Kein Eigentum ohne Urkunde – und dort, wo die Seilschaft herkam, galt Eigentum viel, das nackte Wort aber wenig – dort brauchte es Beweise. Und diese wurden kurz vor der Abreise und nachdem die Erstbesteigung des Südgipfels durch Rickmer-Rickmers und Adolf Schulze gelungen war, auch ausgehändigt. Cenzi hingegen war nicht mit auf dem Gipfel, obschon sie die gesamte Tour über den Fels und bis zum Biwak auf über 4000 Metern mitbestritt. Dennoch wurde sie als »Uschba-Mädel« berühmt, als jene Tiroler Bergsteigerin, der man im fernen Georgien einen Viertausender vermacht hatte.

97. Grund

... es dabei aber ein paar Unstimmigkeiten gibt

Freunde von mir haben unlängst Reinhold Messner anlässlich eines seiner Gespräche am Feuer in Südtirol besucht. Es stellte sich heraus, dass Messner an einem Film über den Uschba und das Uschba-Mädel arbeitet, bzw. das Skript zu einem solchen in Auftrag gegeben hat. Messner erzählte dort von den Bemühungen der Erben der Cenzi von Ficker-Sild, ihr Eigentum am Berg in Georgien durchzusetzen: Erst habe man versucht, den Berg als Territorium für sich zu reklamieren, dann sich die Besteigungsrechte zu sichern, und als auch das nicht fruchtete, zumindest die Bildrechte durchzusetzen. Natürlich, so Messner, könne man einen Berg nicht besitzen, ein Berg sei ein Berg. Er stünde, unverrückbar und unbescheiden, dort, wo ihn gewaltige Kräfte über Jahrtausende hingesetzt hätten.

Aus drei Gründen trieben mich diese Informationen um: Erstens hatte ich die Schenkungsurkunde eingesehen und daher gehörige Zweifel an der Verfasserschaft (könnte genauso sein, dass Willy Rickmer-Rickmers sie verfasst und sodann dem Fürsten vorgelegt hat), zweitens wusste ich um die Gepflogenheiten georgischer Gastfreundschaft, drittens dass Cenzi von Ficker-Sild keine direkten Erben hat: Von drei Söhnen stürzte einer im Gebirge tödlich ab, die beiden anderen kamen aus den Zweiten Weltkrieg nicht zurück, alle drei waren unverheiratet und kinderlos geblieben. Versuche, mit dem Büro von Messner in Kontakt zu treten, um mehr herauszufinden über diese Erben, die laut Messner durch Georgien streunten, schlugen fehl, man würde keine Auskunft über laufende Projekte geben, so hieß es. Erfolgreicher war ich in Tbilissi, denn derjenige, der mit der Verfassung des Filmskripts beauftragt war, entpuppte sich als langjähriger Freund von Zurab Karumidze, der wiederum ein spontanes Treffen in die Wege leitete. Ja, ja, beschied mir jener, man habe diese Geschichte in einem ersten Entwurf einmal durchgesponnen: dass es Erben gäbe, die nach Georgien kämen. Eine reiche Witwe habe man sich ausgedacht – ich würde doch *Der Besuch der alten Dame* kennen, Dürrenmatt … – mag sein, dass das Skript Messner vorgelegen habe, es sei jedoch längst verworfen. Vieles sei denkbar, was diese alte Geschichte angehe, allzu vieles …

98. Grund

Weil es sich bei den Chewsuren angeblich um Nachkommen eines versprengten Trupp an Kreuzrittern handelt

Sie haben ja gemerkt, dass Georgien zwar ein recht kleines, doch gleichzeitig in vielerlei Hinsicht hoch kompliziertes Gebilde ist. Ich setze deswegen aus dramaturgischen Gründen noch kurz einen drauf, denn immer, wenn man glaubt, etwas begriffen zu haben, kommt die nächste Verwirrung um die Ecke, garantiert! Und wenn es selbst jemandem wie Reinhold Messner schwerfällt, bezüglich Georgien Fantasie und Wirklichkeit auseinanderzuhalten, wie sollte es uns dann anders ergehen?

Die Chewsuren (wörtlich etwa »Schluchtenbewohner«) sind ein weiteres Völkchen im Hohen Kaukasus, das sich durch seinen Mut, seine Fertigkeiten mit der Waffe und die Möglichkeit, chewsurische Söldner anzuheuern, bis hinein nach Persien einen Namen machte. Chewsuretien liegt im Nordosten der Region Mzechta-Mtianeti und grenzt an Tschetschenien, was einem andauernden Kriegszustand über Jahrhunderte gleichkam. Der Sonntagsstaat der Chewsuren bestand deshalb bis weit in das 20. Jahrhundert hinein aus Kettenhemd,

Rundschild und mittelalterlicher Bewaffnung plus Vorderlader. Aufgrund dieses Auftritts und des Kreuzsymbols auf den Rundschilden hält sich bis zum heutigen Tag der Mythos, die Chewsuren entstammten einem versprengten Trupp an fränkischen Kreuzfahrern. Und weil die Geschichte von den letzten Kreuzfahrern so schön ist, schafft sie es immer mal wieder in die großen Zeitungen, beispielsweise noch 2014 in die *Washington Post.* Von dort aus dreht sie wiederum ihre Runde durch Internetforen, Blogs und Reiseportale, von wo sie, vitaler als zuvor, nach Georgien zurückkehrt. Obwohl da leider nichts dran ist. Aber die kleine Geschichte zeigt, wie gerne und vorschnell Ausländer Georgien romantisieren: Man verbindet etwas Unbekanntes aufgrund von Ähnlichkeit mit dem Bekannten, und schwups, fertig sind der Exotismus und die Erzählung.

Urheber dieses Mythos war der US-amerikanische Abenteurer und Schriftsteller Richard Halliburton, der im Anschluss an einen kurzen Besuch der Region in den 30er-Jahren die Sprache der Chewsuren als prinzipiell unverständlich, jedoch mit deutschen Vokabeln durchsetzt beschrieb, französische Ursprünge in der mittelalterlichen Aufmachung sah und daher wild auf lothringische Franken schloss, die es in die georgischen Berge verschlagen habe. Halliburton war nachweislich nicht des Deutschen mächtig, genauso wenig wie der einzige Chewsure, denn ich kenne: Shako, der Skilehrer aus Gudauri. Shako wiederum hat wie die allermeisten seiner Landsleute der abgelegenen Region längst den Rücken gekehrt und auch nichts Kriegerisches an sich, geschweige denn ein Kettenhemd. Aber, und da mag eine Verbindung zur Vergangenheit fortbestehen, Respekt vor Eigentum ist Shakos Sache nicht (vgl. Grund Nr. 74).

99. Grund

Weil es den deutschen Truppen im Zweiten Weltkrieg nie gelungen ist, in die Hochtäler Swanetiens vorzustoßen

Zwei Wochen hatten die deutschen Gebirgsjäger die Stellungen südlich des Hauptkamms gehalten, als am 3. September 1942 der Befehl zum Rückzug kam. Der Brückenkopf im oberen Bsyb-Tal, nahe dem Weiler Pschu, sollte der weiteste Vorstoß auf georgisches Territorium der *Division Enzian* bleiben: Alle Versuche, in die Ebene nach Suchumi am Schwarzen Meer vorzustoßen, schlugen fehl. Die Schwarzmeerküste war das militärische Hauptziel der deutschen Verbände, der Befehl lautete, Häfen und Eisenbahnlinien bis hinunter nach Batumi unter Kontrolle zu bringen. Dann wäre auch der Weg über die georgische Heerstraße nach Tbilissi frei. Hitlers »Weisung Nr. 45« vom 23. Juli 1942 sieht unter dem Namen »Operation Edelweiß« den Vormarsch über Grozny nach Baku vor, um dort die asarischen Ölfelder am Kaspischen Meer zu besetzen. Fast zeitgleich, nämlich am 28. Juli, ergeht Stalins »Befehl Nr. 227«, der Rückzug und Kapitulation als Feigheit vor dem Feind bewertet und unter Todesstrafe stellt. (Nebenbei: Hitlers ebenso nüchterne wie todbringende Weisung fällt äußerst knapp aus, während Stalins flammender Erguss mehrere Seiten umfasst!)

Das Gebirgsjäger-Bataillon in Pschu war ohne schweres Gerät mit etwa 500 Mann über den Hauptzug des Kaukasus gekommen und hatte Ausrüstung und Munition mit Mauleseln über Saumpfade nach Abchasien schleusen müssen. Entsprechend schlecht stand es um den Nachschub: Etwa 30 kg an Material mussten Tag für Tag pro kämpfendem Soldat an die vorderste Front geschafft werden, im Schritttempo und über Bergrücken hinweg – das Futter für das Lastvieh noch gar nicht eingerechnet. An den Ufern des Bsyb stießen die Gebirgsjäger auf erheblichen Widerstand: jenem aus russischen

Maschinengewehrnestern und jenem der Natur selbst, der äußerst üppigen subtropischen Natur Abchasiens mit ihren urwaldartigen Bergwäldern, den dicht stehenden Rhododendrenhecken, den schwül-warmen Tagen und den empfindlich kalten Nächten.

In Pschu wurde der Kommandostand eingerichtet. Es gelang schließlich, die russischen Maschinengewehrstellungen auszuheben und den Bsyb zu überqueren. Der Aufstieg auf den nächsten Kamm wurde zur Zerreißprobe, russische Pioniere hatten die steilen Wege durch Baumschlag unpassierbar gemacht. Frische russische Truppen waren von der anderen Seite her im Anmarsch. Nur wenige Minuten früher erreichten deutsche Kompanien den Pass, und es gelang ihnen, sich über vier Tage und Nächte zu verschanzen und die Stellung zu halten – ohne dass Verpflegung und Nachschub sie dort erreicht hätten. Ähnlich erging es zur gleichen Zeit den anderen Verbänden des Gebirgsjäger-Regiments entlang der Kaukasus-Hauptkette: Zwar gelang die Eroberung der Hauptpässe, jeder weitere Vorstoß aber kam schnell zum Erliegen, und der Nachschub versiegte. Als das Scheitern absehbar wurde, erging schließlich der Rückmarschbefehl: Die neue Verteidigungslinie sollte entlang der Hauptpässe eingerichtet werden, der deutsche Vormarsch war damit gestoppt.

Ungefähr 60 Lasttiere hat das Bataillon von Pschu durch Erschöpfung bereits verloren, der Rückzug fordert weitere Opfer: Die Maulesel kommen nachts nicht über die Behelfsbrücken, sie brechen zwischen den Längsspalten der grob geschlagenen Baumstämme ein, geraten in Panik, können nicht befreit und müssen daher erschossen werden. Die Beine hackt man ihnen kurzerhand ab, um den Weg für die nachfolgenden wieder freizubekommen, den Rumpf wirft man in den Fluss. Schnell muss es gehen, die Einheit steht unter Beschuss, und was nicht getragen werden kann, bleibt zurück. 40 Verwundete und Schwerverletzte schafft man über die Berge, die Toten aber bleiben dort liegen, wo sie fielen. Zurück bleibt auch ein geplündertes Bauernhaus, aus dem man die Bauern vertrieben und in dem sich der Bataillonsstab eingerichtet hatte:

Buchstäblich alles war weggeschleppt worden: Kuh und Pferd fortgetrieben, Schweine und Hühner geschlachtet, Bettzeug, Wäsche und Schuhe, Geschirr, Bestecke, alle Vorräte geraubt, die Möbel zerschlagen und verfeuert. Die Bienenstöcke hatten die Halunken in den Bach gesetzt und so alle Bienenvölker vernichtet, um an den Honig heranzukommen.

Dies berichtet der Schriftsteller und Sozialist Alfred Kurella, der zu Beginn der Nazizeit nach Russland ins Exil floh und der sich neben Parteiarbeit in Moskau ein Dorf im Kaukasus gesucht hatte, Pschu nämlich, in das er nach dem Krieg zurückkehrte und in dem er jahrelang lebte, bis er schließlich in die DDR übersiedelte und die Kulturkommission der SED leitete.

Als das Bataillon endlich am umkämpften Hauptkamm ankommt, wo es die anderen Verbände entlasten soll, zählt es nur noch 162 Mann. In der *Wochenschau* dominieren zur gleichen Zeit allerdings andere Bilder: die der Reichskriegsflagge auf dem Gipfel des Elbrus nämlich. Gebirgsjäger der gleichen Division waren auf den höchsten Berg des Kaukasus gestiegen, der sich jedoch weit hinter dem eigentlichen Frontverlauf befand und dessen Ersteigung eher einen sportlichen denn einen militärischen Sieg darstellte. Der Divisionskommandeur ließ bei Hitler telegrafisch anfragen, ob der Berg denn – als der nunmehr höchste im Reich – in »Adolf-Hitler-Spitze« umbenannt werden dürfe.

Noch feiert man in der Heimat die Truppen im Kaukasus, träumt vom orientalischen Tiflis und entleiht den Bibliotheken fleißig Bände, die sich mit Georgien und dem Kaukasus beschäftigen. Die Erinnerungen des Werner von Siemens beispielsweise, der es einst unternommen hatte, Tbilissi mit Teheran per Telegrafenleitung zu verbinden und mitsamt seinen Brüdern und der gemeinsamen Firma überhaupt in Georgien sehr aktiv war – bis dort 1921 die Bolschewiken an die Macht kamen. Oder den Bericht des Freiherrn Kress von Kressenstein. Dieser hatte im letzten Jahr des Ersten Weltkriegs 3000 bayerische Soldaten als deutsches Expeditionsheer für wenige Monate nach Georgien geführt, um dessen Unabhängigkeit zu schützen – und auch das Kapital derer von Siemens.

Bereits im Dezember 1942 werden die Pässe aufgegeben, die deutschen Truppen werden in die Kaban-Ebene zurückverlegt. Aus Mestia macht sich Michail Cherghianis Vater zusammen mit Freunden auf, läuft über Mazeri und den Pass hinüber zum Elbrusmassiv, erreicht nach wenigen Tagen den Gipfel und holt die Reichskriegsflagge wieder ein. Mit dem langen Rückzug der deutschen Truppen bis unter die Linden gerät Georgien den Deutschen in Vergessenheit, Georgien geht im sowjetischen Imperium auf, das Land wird wieder, was es zuvor schon war: russische Provinz.

100. Grund

Weil die deutsche Sprache eine nicht unerhebliche Rolle im postsowjetischen Leben spielte

Während der 90er kam dem Fernseher in Georgien die Aufgabe zu, die heute das Internet hat: Informationsquelle Nummer eins und Garant der Aufklärung. Allerhand Privatsender gingen auf Empfang, die sich ihr Material unter anderem bei Leo Kirch in München en gros einkauften (oder einfach illegale Kopien abspielten). Wobei einen Privatsender zu eröffnen bedeutete, dass auf zwei oder drei Rekordern Videokassetten rund um die Uhr liefen und ausschließlich Spielfilme übertragen wurden. (Der russische Synchronsprecher, der sämtliche dieser Filme übersprochen hatte, gelangte aufgrund seiner sprachlichen Manierismen zu einiger Berühmtheit.) Um Mitternacht wechselte das Programm, denn dann wurde jeweils ein Porno deutscher Produktion ausgestrahlt. Sie wissen schon, diese Streifen, deren Storyline von leckenden Rohren, kaputten Haushaltsgeräten und defekten Stromleitungen lebt – nennen wir dieses frühe Phänomen des Privatfernsehens doch der Einfachheit halber »deutsche Handwerkerpornos«. Nun dürfte klar sein, dass sich niemand die Mühe gemacht hat, diese Streifen zu untertiteln oder gar zu synchronisieren. Was also den Heranwachsenden, welche die Möglichkeit hatten, des Nachts heimlich und unter Hochspannung den Fernseher einzuschalten, zeitgleich mit der Erstbebilderung sexueller Aktivität in den Kopf sickerte, das war die deutsche Sprache. Wundern Sie sich also nicht, wenn Ihnen ein Georgier in bestem Alter lachend »schneller, schneller!« zuruft. Das ist freundlich gemeint, und wir befinden uns in einem Landstrich, in dem deutsches Vokabular zur Abwechslung mal nicht vom deutschen Militär vorbeigebracht wurde. Große Verbreitung, nicht nur in Georgien, sondern in der gesamten ehemaligen Sowjetunion, hat der Ausspruch:

– Ja, ja, das ist fantastisch!

Wobei man dazu sagen muss, dass sich dieser Satz vor allem für die Jüngeren längst aus seinem ursprünglichen Kontext gelöst hat und ganz unschuldig angewendet wird. Sprache führt ein Eigenleben, Begriffe wandern, Wörter verselbstständigen sich, und nur diejenigen, die in den 90ern sozialisiert worden sind, wissen um den Beitrag der deutschen Sprache zum postsowjetischen Leben – oder besser gesagt Nachtleben.

7. Kapitel

Mensch und Material

Quelle: N. Goldberg

101. Grund

Weil Hitler kaputt ist, Stalin aber nur tot

Es heißt, die Delegation aus Gori sei während der Mai-Demonstrationen in Tbilissi im Jahre 1989 dadurch aufgefallen, dass sie großformatige Transparente mit dem Antlitz Stalins vor sich hertrug. Erst im Anschluss an hitzige Diskussionen sei es gelungen, den Leuten aus Gori klarzumachen, dass Stalin als Gesicht der Unabhängigkeitsbestrebungen nicht taugen würde.

Falls Sie nicht wissen sollten, dass Stalin Georgier war und in Gori geboren wurde (und zwar als Iossep Dschughaschwili, in jungen Jahren »Soso« genannt), dann werden Sie das in Georgien schnell erfahren. Man verehrt dort Stalin, und zwar nicht nur in Gori und nicht nur unter älteren Menschen, wie man manchmal liest. Große Männer werden nun mal verehrt, und daran, dass Stalin ein großer Mann war, kann ja schließlich kaum gezweifelt werden. Schließlich war er es, der große General, der im Alleingang den Großen Vaterländischen Krieg gewonnen, die faschistischen Armeen und damit Hitler geschlagen hat. Schließlich war er es, der Generalsekretär, der die Sowjetunion elektrifiziert und in ebenso unfassbarer wie gewaltsamer Geschwindigkeit industrialisiert und sowjetisiert hat. Mehrfach ist es mir im ländlichen Georgien passiert, dass ich, sobald meine Nationalität bekannt wurde, folgendermaßen freudig begrüßt wurde:

– Hitler kaputt!!

Ich bestätigte dies. Schnell wurde hinterhergeschoben, dies sei Stalins Verdienst – was nicht bestritten werden kann. Also erwiderte ich, um meinerseits mit Faktenwissen zu glänzen:

– Stalin tot!

Daraufhin hieß es:

– Ja, ja, doch! Aber Hitler kaputt!

Es ist der Stolz einfacher Georgier auf einen der Ihren, der aus diesen Worten spricht. Und ihr Lachen bezeugt, dass Stalin damit der Welt einen Gefallen getan hat, auch mir, dem Deutschen, der ihnen da gegenübersitzt. Weniger ins Gewicht fallen da die »Säuberungen«, die Verbannung ganzer Bevölkerungsgruppen nach Kasachstan und Sibirien, die Massenmorde, die Verfolgung von Literaten und Künstlern, die Hungersnöte der 30er-Jahre. Auch für historische Details, wie etwa den Hitler-Stalin-Pakt von 1939, hat diese Form von Verehrung keine Verwendung. Dies gilt nicht nur für die Person Stalin: Der Umgang der Georgier mit ihrem historischen Personal ist weitgehend befreit von kritischen Sichtweisen. Es ist, als gäbe es ein überzeitliches, von allen weltlichen Verstrickungen bereinigtes Pantheon: Dort sitzt neben Königin Tamar, König Dawit, dem Erbauer, der heiligen Nino und Schota Rustaweli eben auch jener Iossep »Soso« Dschughaschwili, genannt Stalin, und lächelt in die Runde. Während Königin Tamar und die heilige Nino durch Klöster, Burgen und Kirchen im ganzen Land präsent sind, als wären sie noch am Leben, ist Stalins Erbe auf Gori konzentriert. Das mit dem Erbe ist dabei wörtlich zu nehmen, denn im Stalin-Museum zu Gori sind auch profane Hinterlassenschaften des Generalissimus zu bestaunen, Reliquien wie dessen Teetasse zum Beispiel. Das Museum ist zugleich ein Mausoleum, denn dorthin wanderte Stalins Totenmaske, als diese in Moskau nicht mehr gelitten war. In Gori wurde Stalins 17 Meter hohe Statue auch nicht, wie sonst überall in der Sowjetunion, in den frühen 60ern vom Sockel gestoßen. In Gori blieb sie stehen – rund um die Uhr bewacht von einer Bürgerwehr. Sie blieb stehen bis zum 24. Juni 2010, als es einer Abordnung aus Tbilissi in den Morgenstunden gelang, Stalin aus Gori zu entführen.

102. Grund

Weil eine georgische Familie keine Familie ist, sondern eine ganze Armee

Nein, es geht nicht um die Geburtenrate, nicht was Sie jetzt denken. Die Geburtenrate ist in Georgien zwar mit 2,0 höher als in Westeuropa, aber wenn jeder machen würde, was Westeuropa treibt, wäre schnell Schluss mit kapitalistischem Wachstum mangels Arbeitskräften. Ganz abgesehen davon, dass Wachstum ganz und gar nicht der Weisheit letzter Schluss ist, aber das wissen wir ja, nur müssen wir uns noch an die daraus folgenden praktischen Einsichten gewöhnen. Jedenfalls sorgt man in Georgien für ein gehöriges Wachstum der eigentlichen Familie, indem man eine zweite einwebt: durch die Patenschaft. Was wir »Paten« nennen, heißt in anderen Ländern und so auch in Georgien »Gotteseltern«: Die Paten sind für die spirituelle Erziehung des Nachwuchses zuständig und haben einen wesentlich höheren Stellenwert als Taufpaten bei uns. Auch entstammen die Paten nicht der eigenen Familie, sondern einer zweiten, der man freundschaftlich verbunden ist. Diese Verbindung ist nicht ohne, denn zwischen der eigentlichen Familie und der Familie der Paten darf es keine verwandtschaftlichen Verhältnisse geben, also keine Einheirat. Die Familie der Paten wird aufgrund der Patenschaft der eigenen gemein, man gilt als blutsverwandt durch die spirituelle bzw. geistliche Verwandtschaft – dies hat sieben Generation lang Geltung! Jeder Georgier hat deshalb zusätzlich zur eigenen Familie noch die andere, die der Paten, der er verpflichtet ist und der er sich als verwandt betrachtet. Sie können sich vorstellen, wie eng gewebt die Familienverhältnisse in den kleineren Dörfern dadurch ausfallen: Gar nicht mehr so leicht, vor Ort einen potenziellen Ehepartner zu finden, wenn es nur drei oder vier Familien im Dorf gibt. (Es gibt noch weitere Komplikationen, zum Beispiel die der Findung von adäquaten Trauzeugen, aber die spare ich mir hier …)

Der Patriarch von Georgien hat es unlängst unternommen, die Patenschaft für das jeweils dritte Kind einer jeden willigen Familie zu übernehmen. Er tat dies, um die Produktion von Nachwuchs und damit von Gläubigen zu fördern. Der Schuss ging jedoch zunächst nach hinten los, denn ganz Georgien fragte sich: Ja, was denn? Dann sind die doch alle miteinander verwandt? Das würde die Möglichkeit von Heirat und Nachkommenschaft doch für die gesamte Generation erheblich einschränken und sieben Generationen lang Folgen zeitigen! Der Patriarch stellte daraufhin schnell klar, dass er in diesem Fall eine Ausnahme machen würde und seine Patenschaft diesbezüglich keine Konsequenzen habe. Na denn!

103. Grund

Weil die Georgier allesamt erstaunlich tierlieb sind

Wenn ich mir ein einziges Kriterium aussuchen müsste, um ein Land oder eine Kultur zu bewerten, ich würde den Umgang mit Tieren wählen. Und darin sind die Georgier durch die Bank ganz erstaunlich. Auf der Marjanischwili-Straße mitten in Tbilissi sitzen die Großmütterchen und bieten Gemüse und Blumen feil. Hinter ihnen liegen die Straßenkatzen auf eigens ausgebreiteten Pappkartons, dösen in der Sonne und werden fett vor Futter.

Ich habe von Georgien aus mal ein paar Stunden verbracht, staunend über »Kuhunfälle« in Österreich zu recherchieren und die entsprechenden Vorsichtsmaßnahmen zur Kenntnis zu nehmen, die den Touris plakativ anempfohlen werden. Kuhunfälle! Das müssen sie den swanetischen Kühen erst mal erzählen, dass es so etwas gibt. Damit rechnen die überhaupt nicht. Das haben die nicht auf dem Schirm! Da stehen die Bullen mit auf der Weide, und man kommt ganz einfach vorbei, indem man vorbeigeht. Das wissen die Kühe in

Swanetien nicht, dass Aggression auch eine Verhaltensmöglichkeit darstellt, das haben die nie gelernt! Genauso wenig wissen die Katzen auf der Marjanischwili, dass man sie stören könnte, weil es nicht geschieht. Die Hunde haben nie gelernt, dass Menschen sie treten könnten oder verscheuchen, deswegen liegen sie in einer Seelenruhe auf dem Trottoir oder am Straßenrand oder wo auch immer und werden nicht gestört, nicht getreten und nicht verscheucht.

Wohl weil wir in englischsprachiger Runde beieinander gesessen hatten, fiel es mir im Anschluss an einen Restaurantbesuch auf dem flachen Land ein, die Servicekraft nach einer »Doggybag« zu fragen. Wir hatten wieder einmal zu viel bestellt und die *Chinkali* nicht geschafft. Wissen Sie, was diese mir antwortete? Ich müsse mir keine Sorgen machen, um die Hunde da draußen. Man würde sich um die schon kümmern, die bekämen tagtäglich ihr Futter!

104. Grund

Weil in Georgiens Bergland liebenswerte Gebräuche und Traditionen die Jahrhunderte überdauert haben – wie zum Beispiel Frauenraub –, heute aber nicht mehr so gut funktionieren

Sopho aus Tbilissi war 2015 erstmals in Swanetien und hatte sich sofort verliebt: in diese archaische Welt, die alte Kultur, diese andere Sprache, die mit dem Georgischen zwar verwandt ist, den Zentralgeorgiern jedoch unverständlich bleibt. In die Luft, in die Berge, in die swanetische Sonne. Und in die Swanen selber, deren Eigenarten, deren Härte und Herzlichkeit. Sopho beschloss, Tbilissi für den Sommer zu verlassen und in einem der Restaurants von Mestia zu arbeiten (damals gab es deren drei, allesamt am Seti-Platz). Die Ankunft der schönen Tbilisserin muss eingeschlagen haben wie eine Bombe, denn Sopho erzählt, wie sich das Restaurant mehr und mehr gefüllt habe. Sämtliches Mannsvolk, verheiratet oder unverheiratet, fand sich nach wenigen Tagen dort regelmäßig ein. Einer unter diesen habe irgendwie herausgestochen, habe sich ein wenig anders angezogen und sich auch sonst abgehoben. Und genau derjenige, Irakli mit Namen, habe sich dann auch besonders um sie bemüht, stets habe er an der Theke gesessen und sie im Abstand von wenigen Minuten angesprochen:

– Oh Sophiko, oh schöne Sopho!

Und das, obschon sie kaum Zeit gehabt habe, alles habe sie alleine machen müssen, die Bestellungen, die Bar, die Getränke, alles! Manchmal seien fast 100 Gäste im Restaurant gewesen, da habe sie nur aufgelacht, weil es sinnlos war, überhaupt anzufangen, nie im Leben wäre sie da nachgekommen. Den Eigentümern habe sie ans Herz gelegt, doch wenigstens eine Servicekraft zusätzlich einzustellen:

– Dann verdient ihr doch mehr! Dann trinkt doch jeder mindestens ein Bier mehr!

… ohne Erfolg jedoch. Sopho blieb alleine mit all der Arbeit – von Irakli einmal abgesehen und den anderen jungen Männern, von denen sie belagert wurde, natürlich auch:

– Oh schöne Sopho, allerliebste Sophiko!

Dann habe Irakli angefangen, auf ein Rendezvous zu drängen, so lange und so ausdauernd, dass sie schließlich nachgegeben habe. Und warum denn auch nicht? Er holte sie ab, sie fuhren hinüber in das Tal der Mulkhra, wo er den Wagen in irgendeine Wiese steuerte, den Motor ausschaltete und bestimmte:

– Jetzt schlafen wir miteinander!

– Nein! Natürlich nicht!!

Sophiko verschränkte die Arme:

– Fahr mich zurück! Sofort!

Auch an den folgenden Tagen sei Irakli im Restaurant erschienen, so als sei nichts gewesen, und habe einfach weitergemacht:

– Sophiko, oh Sopho, oh meine schöne Sophiko!

Ein paar Tage später habe er um eine Aussprache gebeten, nach Mitternacht, sobald das Restaurant geschlossen haben würde. Sie habe gedacht, er wolle sich in irgendeiner Form entschuldigen, es kam aber anders: Als sie draußen standen, schoss aus dem Dunkel ein Lada heran, bremste scharf ab, die Hecktüre flog auf. Irakli packte sie an beiden Armen und schleifte sie zum Auto. Vorne saßen zwei Freunde Iraklis und gaben sofort Gas. Sie aber habe angefangen, sich mit Händen und Füßen zu wehren, gekratzt habe sie, gebissen und ohne Unterlass geschrien, geschimpft und gespuckt. Die bösesten Verwünschungen, die ihr eingefallen seien, habe sie Irakli an den Kopf geworfen, dessen Familie verflucht, dessen Mutter, ja dessen ungeborene Kinder. Dabei habe sie ununterbrochen auf ihn eingeschlagen. Der Fahrer mischte sich ein:

– Das bringt doch nichts! Die liebt dich doch nicht einmal!

Und der Beifahrer:

– Was willst du denn mit so einer?

Iraklis Freunde beschlossen, dass Sophiko es nicht der Mühe wert war, machten kehrt und setzten diese vor dem Restaurant wieder ab. Aber abgesehen von ihrer Wehrhaftigkeit sei der ganze versuchte Frauenraub von vorneherein zum Scheitern verurteilt gewesen, erläutert Sopho: Für einen vernünftigen Frauenraub braucht es eine Jungfrau, nur eine solche eignet sich zur Heirat, und nur eine solche kann durch den kompromittierenden Aufenthalt in einer anderen Familie Heim in die Ehe gezwungen werden.

Dem ganzen Dorf aber sei klar gewesen, dass sie – aus Tbilissi und Mitte 20, das gilt als alt – diese Kriterien gar nicht erfüllen konnte, daher ja auch dieses leicht uncharmante erste Rendez-vous: In einer Bar zu arbeiten, das sei in Swanetien fast gleichbedeutend mit Prostitution. Die Familien ließen ihre Töchter ja noch nicht einmal den Kiosk bewirtschaften, das würden die Mütter und Großmütter machen. Was wäre denn passiert, wäre die Entführung gelungen und hätte sie tatsächlich die Nacht in Iraklis Hof verbracht? Sobald dessen Mutter anderntags erfahren hätte, dass Irakli die Bardame aus Tbilissi entführt hatte, wäre sie doch hochkant wieder rausgeschmissen worden …

105. Grund

Weil es Bergführer gibt, die grundsätzlich drei Tage lang unterwegs sind

Die ältere Generation georgischer Bergführer genießt unter Alpinisten nicht den allerbesten Ruf. Es heißt, dass georgische Bergführer nicht die allerkommunikativsten seien und auch nicht besonders rücksichtsvoll. Gruppen würden nur selten vollständig über die Route instruiert, und die Bergführer würden auch nicht unbedingt auf individuelle Befindlichkeiten oder Fähigkeiten Rücksicht nehmen, sondern gerne davonstürmen.

Archil aus Lahili ist dafür ein besonders schlagkräftiges Beispiel, die Geschichte habe ich aus dem Umfeld der neugegründeten *Georgian Mountain Guide Association*, die sich mit genau solchen Verhaltensweisen befassen muss.

Ich konnte Archil am Berg sogar persönlich kennenlernen, als er gerade einer Gruppe Schweden davonrannte, hauptsächlich um eine Raucherpause einzulegen – während der wir uns kurz unterhielten und er mich verächtlich musterte, als ich ihm mein Tagesziel mitteilte, ganz so, als wäre ich keinesfalls in der Lage, dieses lebendig zu erreichen: Der Mann ist in seinen späten Fünfzigern, war vor 30 Jahren einer der herausragenden Bergsteiger Georgiens und ist im sowjetischen Imperium viel herumgekommen. Im Pamir soll er auf über 5000 Metern sein Augenlicht zum Teil eingebüßt haben, denn er trug keine Sonnenbrille (schließlich ist er Georgier!). Zudem raucht Archil Kette, zumindest soweit ihm das seine Alpinistentätigkeit erlaubt. Dabei galt er in seinen jungen Jahren als einer der schnellsten am Berg, und es hieß, stellt euch vor, der Archil, wenn der nicht rauchen würde, dann wäre der doch in wenigen Stunden auf dem Uschba oben!

Mit dem Untergang des Sowjetreiches musste Archil mangels Förderung seine Bergsteigerkarriere aufgeben und Bergführer werden. Allerdings hatten die damaligen Ausbilder das Tourismusbüro klar und deutlich instruiert, Archil definitiv nicht mit Touristen in die Berge zu schicken, jedenfalls nicht in den hochalpinen Bereich. Denn Archil war nicht nur dadurch negativ aufgefallen, dass er die kurzen Instruktionen am Berg stets dazu genutzt hatte, schnell mal eine zu rauchen, sondern auch, weil er die Theorie konsequent in der Praxis überprüfte. Als es zum Beispiel hieß, bitte keinesfalls Schneewechten betreten, Gefahr des Abbruchs, und Archil (wohl weil er sich dachte: »So ein Blödsinn, doch nicht bei dieser Wetterlage!«) prompt am Rand der Schneewechte entlanglief, verdarb er es sich wohl mit seinen Ausbildern. Die Lizenz bekam er trotzdem, die Sache mit der beeinträchtigten Sehkraft fiel unter den Tisch. Nun, Archil kommt aus einer respektierten Familie und braucht die Tätigkeit als Guide, um diese zu ernähren, darum wusste man natürlich in Mestia, und auf solcherlei Umstände nimmt man dort Rücksicht. Zudem wurde und wird in Swanetien jeder Mann gebraucht, denn die Touristen werden mehr und mehr, also gab man auch Archil entsprechende Touren, schloss ihn aber von den hochalpinen konsequent aus.

Eines Tages jedoch meldete sich spontan ein solventer Franzose, der den Tednuldi besteigen wollte, und lediglich Archil war verfügbar. Man versicherte sich der Erfahrung und der Fitness des Franzosen und teilte diesen, im Anschluss an einige Diskussionen, Archil schließlich zu.

Es kam, wie es kommen musste, Archil und der Franzose waren am Berg, und das Wetter war dabei umzuschlagen. Sie nahmen den Gipfel jedoch trotzdem in Angriff – Archil lässt sich von ein bisschen Wetter nicht beeindrucken! Auf dem Rückweg jedoch verliefen sie sich so gründlich, dass sie zur falschen Seite hin abstiegen, Archils Sehkraft hatte bei Schlechtwetter nicht mehr hingereicht, den richtigen Weg zu finden. In Mestia weigerte sich die Bergwacht jedoch, auszurücken, man kenne Archil, und der sei noch jedes Mal zurückgekommen, manchmal halt ein paar Tage später als geplant (Archil hatte einmal eine Nacht in einer Gletscherspalte verbracht – dort unten hat es gemütliche 0 Grad, da lässt es sich während eines Sturmes am Berg gut überleben – und war anschließend unversehrt wieder hinausgekraxelt). Nach spätestens drei Tagen sei Archil wieder im Tal, so hieß es.

Archil kam auch diesmal zurück, natürlich zusammen mit dem Franzosen. Zwei Nächte hatten sie ungeplant am Berg verbracht, mit unzureichend Nahrung, aber ausreichend Wasser, dann hatte es aufgeklart und der Mond den richtigen Weg gewiesen. Archil sei mit eingeschränkter Erinnerung ins Tal zurückgekehrt, habe den Zeitsinn verloren gehabt.

– Was mit dem Franzosen gewesen sei, wollte ich wissen.

– Ach der, wurde mir gesagt, der habe zu Protokoll gegeben, er sei von Haus aus Atheist, habe aber nie so viel gebetet wie an jenen drei Tagen.

Wie gesagt, inzwischen gibt es die *Georgian Mountain Guide Association*, die Bergführer gemäß den Richtlinien der IFMGA und damit nach internationalen Standards ausbildet. Zu diesen gehört auch, das Touren möglichst innerhalb in der Zeit abgeschlossen werden, die ursprünglich dafür angesetzt ist. Das gilt auch für Archil. Mein Tagesziel habe ich übrigens erreicht, an jenem Tag, an dem ich diesen unterwegs traf.

106. Grund

Weil Ressourcenverschwendung in Georgien etwas sehr Relatives ist und manchmal gar nicht möglich

Als ich das allererste Mal in Swanetien war und allein in einem modrigen Dreibettzimmer unterkam, habe ich den bereitgestellten Radiator noch nicht einmal beachtet. Stattdessen trug ich alle verfügbaren Decken zusammen und baute mir eine Höhle. Wozu hatte ich lange Merino-Unterwäsche, wozu meinen finnischen Schlafsack? Zu meiner Berliner Zeit habe ich ein Jahrzehnt mit Ofenheizung gewohnt, und der Radiator war die absolute Notlösung gewesen – bei dem Strom, den die Dinger fressen, könnte man gleich Papiergeld verheizen! Meine swanetischen Gastgeber reagierten erst erstaunt auf meine Weigerung, das Teufelsding einzuschalten, beließen es aber bei einer kurzen Intervention und gaben auf. Die Angewohnheiten der Ausländer sind den Swanen sowieso ein Rätsel, mit denen sie sich nicht groß aufhalten. Sollen sie machen, die Fremden!

Es dauerte fast drei Jahre und vier Aufenthalte in Swanetien, bis ich herausfand, wieso überall in den unisolierten Räumen, selbst im Außenbad, Heizlüfter und Radiatoren gegen die eisigen Winternächte eingesetzt werden. Es ist so: Strom muss bis auf den heutigen Tag in ganz Oberswanetien nicht bezahlt werden. Er ist ein Tribut aus der Ebene an die Bergbevölkerung. Vielleicht ist Elektrizität auch deshalb dort oben umsonst, weil man in den 70ern das untere Engurital aufgestaut hat, also gewissermaßen als Ausgleich für den Landraub. Vielleicht aber ist den Verantwortlichen auch klar, dass Strom auch dann nicht bezahlt würde, wäre er kostenpflichtig. In den abgelegenen Dörfer würden schlicht und einfach die Leitungen angezapft werden und damit die Tradition der Selbstversorgung und der jahrhundertealten Autonomie fortgesetzt.

Das Phänomen der Unverschwendbarkeit betrifft auch andere Güter und andere Landesregionen, ja sogar die Hauptstadt, wie folgende Szene beweist:

Ort: heruntergekommene Erdgeschoss-WG in einem Tbilisser Hinterhof im Chugureti-Viertel

Zeit: tiefer Winter

Handelnde Personen: belgische Globetrotterin, georgischer Barkeeper

Situation: Belgierin betritt das Bad, Georgier schaut YouTube-Videos auf der Couch im angrenzenden Wohnzimmer

Folgender Dialog:

Belgierin: Hörst du das? Es regnet im Bad!

Georgier: Hm.

B: Wo kommt das her? Alles ist nass!

G.: Hm …

B.: Du, die Leitungen tropfen ja alle! Wir verschwenden Wasser!

G.: Wir verschwenden kein Wasser!

B.: Aber natürlich, das tropft ununterbrochen!

G.: Wir können gar kein Wasser verschwenden, weil wir für Wasser gar nicht bezahlen!

B.: …!!

107. Grund

Weil es uns im Alleingang gelungen ist, die Plastiktütenflut in Stepanzminda einzudämmen

Wissen Sie, wie man ein Einkaufsnetz in Russland nennt? Es heißt »Vielleichtchen«! Weil man vielleicht in die Pilze geht, weil der Händler vielleicht etwas Besonders hat, weil sich vielleicht eine Gelegenheit ergibt. Meine dringende Bitte: Nehmen Sie stets ein

»Vielleichtchen« mit! Denn in Georgien wird alles, absolut alles in Plastik verpackt – und zwar einzeln, die Knolle Knoblauch in eine, die Gurken in die zweite, der Blumenkohl in die dritte Tüte. Diese Tüten werden dann an der Kasse in Tüten eingetütet, denen notfalls eine weitere Tüte übergezogen wird, damit nicht alles reißt. Zuhause angekommen, finden Sie vor lauter Tüten die Dinge gar nicht wieder, die Sie eingekauft haben.

In einem über Wochen angelegten Experiment ist es Noémie und mir gelungen, die Flut an Plastiktüten zumindest in Stepanzminda einzudämmen. Das Städtchen hat neuerdings zusätzlich zu den familiengeführten Lebensmittelgeschäften einen veritablen Supermarkt, der zwar auch nicht wesentlich mehr Produkte anbietet als jene, aber ein paar Luxusgüter im Programm (italienischen Kaffee!) und länger offen hat. Sowohl in den kleinen Geschäften als auch im Supermarkt haben wir (fast) immer unser »Vielleichtchen« oder zumindest einen Rucksack dabeigehabt und in der Gemüseabteilung jeweils einen Kampf darum ausgefochten, dass die vier Zwiebeln, die zehn Mandarinen und der Koriander durchaus in eine Plastiktüte wandern können, die sodann mit den Preisen für alle erstandenen Sorten beklebt wird. Jeweils musste dann die Dame aus der Gemüseabteilung mit an die Kasse kommen, um der Kassiererin das absonderliche Verfahren zu erläutern. Nein, wir waren keine gern gesehenen Gäste im Supermarkt, aber wir haben das Spiel so lange wiederholt, bis es von selbst lief – zwar unter erheblichem Augenrollen:

– Die schon wieder!

Aber immerhin.

Gut, vielleicht war das alles ein bisschen unnötig, denn nur wenige Monate später hat es die georgische Regierung geschafft, sämtliche Einwegtüten einfach mal zu verbieten. Vielleicht aber war es dennoch sinnvoll, denn, wie bereits erwähnt, die Zentralregierung Georgiens funktioniert sehr zentral, und es mag noch eine Weile dauern, bis sich das Verbot herumspricht und auch auf den Märkten und in den Bergen durchsetzt. Und irgendjemand muss ja damit anfangen!

Es gibt zwar ein Abfallwirtschaftssystem in Stepanzminda, das wird jedoch erstens von den Kühen in Tateinheit mit den Hunden zunichte gemacht, indem diese sich an den offenen Abfallcontainern nach Belieben bedienen und deren Inhalt verstreuen. Zweitens werden die Abfallcontainer zwar geleert, deren Inhalt (bzw. was davon noch übrig ist) kommt aber auf irgendeine Deponie, irgendwo. Wie die wiederum bewirtschaftet wird, steht in den Sternen – jedenfalls landet alles doch wieder in der Natur. Und außerdem findet genug Abfall erst gar nicht den Weg in die Container, sondern wird an Ort und Stelle entsorgt, landet an Abhängen, in Bächen und Flüssen und überall dort, wo man ihn nicht sehen möchte. Es war schockierend mitzuerleben, wie in Gergeti langsam der Schnee schmolz und all den Unrat freigab, der noch ein paar Wochen zuvor verborgen lag: Frühling in Gergeti, das ist, wenn der Plastikmüll zum Vorschein kommt.

108. Grund

Weil es den Preis gibt, Sie müssen ihn nur herausfinden – genauso wie die Öffnungszeiten

Meiner Erfahrung nach wird unter Georgiern kaum gehandelt, die *Marschrutka*-Fahrt von Tbilissi nach Telawi kostet sieben Lari, drei Tschurschchelas kommen zu sechs, und die Massage im öffentlichen Bad kostet 20 Lari … Sie erinnern sich doch an Grund Nr. 26, unseren Ausflug in die öffentliche Badeanstalt und wie wir nach zähem Ringen »nur« jeweils 40 Lari dagelassen haben für die Abreibung? Nun, das war das doppelte vom Üblichen. Wenige Wochen später war ich zurück, geriet an einen russischstämmigen Masseur, der mich aus dem Warmwasserbecken fischte und sagte:

– Dwazet!

Also 20 Lari. Sich daran auch hielt, keine nachträglichen Diskussionen oder so! Sehen Sie, dass ist *der* Preis. Sobald Sie *den* Preis kennen, kann Ihnen keiner mehr. Meistens wissen Sie jedoch *den* Preis nicht, und dann kann Ihnen sonst was passieren. Ich lief die Marjanischwili in Tschugureti entlang, wo die Bäuerinnen in den Einfahrten auf Pappkartons ihre spärliche Ware ausgebreitet haben. Eine hatte Aloe-Vera-Blätter im Angebot. Eines will ich, nur eines, »Erti!«, sage ich, da mischt sich die Nachbarhändlerin ein, fragt wo ich her sei. Ich antworte wahrheitsgemäß, sie wendet sich an ihre Nachbarin, und ich verstehe genau, was sie da auf Georgisch sagt – man hat diese klaren Momente, wenn man lange genug im Land ist: Man versteht aus der Situation und dem Kontext heraus, was gesagt wird, auch ohne die Vokabeln zu kennen. Sie sagt:

– Du, der kommt aus Deutschland, da kannst du schon was verlangen. Da kannst du zuschlagen!

Meine Händlerin verlangt geschlagene zwei Lari für ein Aloe-Vera-Blatt. Ich grinse beide an, sage »Ja, ja, schon klar!«, zeige, dass ich das Spiel durchschaue, und zahle dennoch brav. Ähnliches blüht Ihnen auf dem Markt und vor allem mit Taxifahrern. Wenn mir in Tbilissi ein Georgier ein Taxi bestellt, dann kostet das ziemlich genau die Hälfte, als wenn ich mich selber in eines setze und den Preis auf Englisch erfrage. Das ist so, das ist ja auch nicht falsch. Man darf unsereins ruhig ein paar Groschen mehr abnehmen als dem Durchschnittsgeorgier, dessen Durchschnittsgehalt bei 700 Lari liegt, schon okay. Gleichzeitig macht es natürlich Spaß, *den* Preis herauszufinden und sich sodann zu benehmen wie ein Einheimischer:

– Was? Zehn Lari? Für das bisschen Gemüse? Ja, wo leben wir denn?

Auf der anderen Seite habe ich auch schon erlebt, dass es der Marktfrau zu blöd war, mir einen einzigen Granatapfel zu verkaufen. Das ist nämlich völlig ortsunüblich, der Einkauf in Kleinstmengen. Sie drückt ihn mir stattdessen in die Hand und wünscht mir einen guten Weg und Gottes Segen. In Telawi war es ein Pilzhändler, der ausschließlich selbst gezüchtete Austernpilze feilbot. Ich liebe Austernpilze und komme an diesen nicht vorbei. Das gute Kilo überließ er mir für drei Lari, also ganz gewiss für *den* Preis. Als ich am nächsten Tag wieder vorbeischaute, ihm klarmachte, dass wir alles aufgegessen hatten, die Pilze vorzüglich waren und ich gerne noch mal die gleiche Menge haben wollte, da packte er die Ware ein und schickte mich mit einer Handbewegung fort, als wollte er Fliegen verscheuchen: Ja kein Geld! Nicht jetzt, nicht heute! Dann der Taxifahrer, der mich unterhakt, als wir ebenfalls in Telawi Richtung *Marschrutki* gehen, und ganz ruhig erklärt:

– Nun sieh doch, mit dem Sammeltaxi zahlt ihr jeweils zehn Lari, mit der *Marschrutka* sieben. Was sind denn drei Lari für dich? Mit dem Taxi seid ihr doch eine Stunde schneller in Tbilissi!

Guten Argumenten zeige ich mich selten verschlossen und guten Augen auch nicht, der Typ hatte gute Augen. Er verstaute unser Gepäck im Auto, sagte, so 15 bis 20 Minuten würde es noch dauern, und wies uns den Weg zu einer Bäckerei in einer Seitenstraße, wo wir ungelogen das allerbeste *Chatschapuri* überhaupt gegessen haben.

Wenn es heißt, ein Laden oder ein Café würde um sagen wir zehn Uhr öffnen, dann ist das in der Regel auch so. Wobei öffnen nicht automatisch bedeutet, dass das Geschäft dann schon offen hat für die Öffentlichkeit. Offen bedeutet, dass jemand die Türe aufschließt und der Tag beginnt. Dann muss die Bestuhlung nach draußen geschafft, die Kaffeemaschine hochgefahren und die Auslage bestückt werden. Gegen elf, vielleicht auch erst gegen zwölf ist der Laden dann bereit für Publikum. Wenn sich das Publikum jedoch nicht einstellt, kann es durchaus sein, dass der Ladenbesitzer den Nachmittag über wieder zuschließt, um erst gegen 17 Uhr sein Glück erneut zu versuchen. Wie so vieles andere in Georgien auch, ist die tatsächliche Öffnungszeit ein Produkt der Umstände und des Zufalls.

Andererseits bedeutet ein blinkendes Neonschild mit der touristenfreundlichen Ansage »Open« auch nicht unbedingt, dass beispielsweise eine Wechselstube auch tatsächlich geöffnet hat. Das

»Open«-Schild dient dazu, während der Öffnungszeiten Touristen anzulocken. Und außerhalb jener muss man sich nicht die Mühe machen, das Schild auszuschalten, denn mit den Touristen, die dann anrücken, ist ja eh kein Geschäft zu machen, logisch! Also ist auch Rücksichtsnahme überflüssig. Ebenso wenig gilt es als sinnvoll, per Aushang auf die konkreten Öffnungszeiten hinzuweisen, denn erstens sind diese nicht fix, sondern von vielerlei Faktoren abhängig, zweitens rechnet niemand wirklich damit, dass jemand Öffnungszeiten ernst nimmt und gegebenenfalls zurückkehrt, um diese in Anspruch zu nehmen. Daher lautet einer meiner ultimativen Reisetipps für Georgien, dem Zufall immer hübsch zu folgen: Geld zu wechseln, wenn es sich gerade anbietet, auf Toilette zu gehen, wenn eine in der Nähe ist, Brot zu kaufen, wenn es gerade frisch gebacken wurde. Denn man weiß nie, was kommt und wann genau sich die nächste Gelegenheit einstellt.

Gleichzeitig ist die menschliche Arbeitskraft in Georgien spottbillig zu haben, und manch ein Ladenbesitzer, insbesondere in der unmittelbaren Nähe von Fern- oder Überlandstraßen, beschließt daher, gar nicht erst zuzumachen. Stattdessen muss ein Familienmitglied oder eine Angestellte (denn meist sind es Frauen) Nachtwache halten, bei gedimmtem Licht ausharren, falls doch noch jemand kommt. Als ich mich einmal um vier Uhr morgens von Kutaissi zum Flughafen hinausfahren ließ und dem Taxifahrer Bescheid gab, ich würde noch Zigaretten kaufen wollen, da hielt dieser vor einem spärlich beleuchteten Magazin an, einem Straßenverhau, um genau zu sein. Zwar blinkte das »Open«-Schild, ich aber stand unsicher in der Dunkelheit, sodass der Taxifahrer, der im Auto sitzen geblieben war, mich mit wilden Handbewegungen dazu animierte, einfach einzutreten. Die Tür war in der Tat offen. Hinter der Kasse kauerten zwei Gestalten, offensichtlich im Sitzen schlafend, die sich mehrere Decken übergeworfen hatten, um sich vor dem Restlicht und der Kühle der Nacht zu schützen. Die Kühlschränke summten, das Licht war blau und kalt, niemand hatte mich bemerkt, und ich beschloss, dass Schlaf wichtiger ist als ein paar Packungen Kippen, und machte unverrichteter Dinge kehrt.

109. Grund

Weil die größte Gefahr die Schwerkraft ist

Immer noch wird behauptet, Georgien sei gefährlich! Ich bestätige dies hiermit, ist es. Eine der größten Gefahren geht von der Gravitation aus: Sie könnten bleiben wollen!

Wie leicht es fällt, in Tbilissi festzuhängen, bzw. wie schwer, von dort wieder loszukommen, habe ich bereits erwähnt (Grund Nr. 31), das hat sich in den letzten Jahren auch nicht geändert, die Anzahl der Ausländer, denen Tbilissi zum Zauberberg wird, steigt unablässig: Manche verlaufen sich im Tbilisser Nachtleben und finden erst Monate später wieder heraus, andere kommen nicht weiter, weil sie tagtäglich zu viel Restalkohol im Blut haben und erst nachmittags auf den Beinen sind, die dritten finden, Tbilissi würde vollauf ausreichen, habe genug zu bieten für einen längeren Aufenthalt.

Das Phänomen, dass Leute in Tbilissi hängen bleiben, ist zuvorderst dem Umstand geschuldet, dass Lebenshaltungskosten und Unterkünfte extrem günstig sind, zumal im Winter und im Frühling. Man bleibt hängen, weil man es sich leisten kann und weil es Spaß macht – fröhliches Regredieren nicht ausgeschlossen. Alles nicht weiter schlimm, wenn man es damit nicht übertreibt. Wer es zu weit treibt, der handelt sich zu guter Letzt ein Energiedefizit ein, eine milde Form der Auslandsdepression, und wird zu einem Untoten unter den Langzeitreisenden, zu einem Hostelzombie – eine Gattung, die ich bislang nur in Tbilissi beobachten konnte: Hostelzombies leiden unter einem Mangel an Tageslicht, an frischer Luft, an täglichen Aufgaben und Verantwortlichkeiten. Hostelzombies haben nichts zu tun und haben es aufgegeben, etwas tun zu wollen. Sie hängen lediglich herum und füllen den Tag mit Nahrungsaufnahme. Der Tagesanfang wird hinausgezögert, nach dem späten Frühstück ein Schläfchen eingelegt und der Abend entweder im Alkohol verbracht (das hilft, um den folgenden Tag zu verkürzen) oder aber mit dem Mobilfunkgerät. Hostelzombies haben die soziale Interaktion auf das notwendige Minimum reduziert, verlassen das Hostel nur noch, um Vorräte aufzustocken. Hostelzombies warten auf den Tag der Tage, auf den Tag, an dem sie genug Kraft haben, um aufzubrechen, anderswo hinzugehen, die Ungewissheit der Zukunft auf sich zu nehmen. Und sei es, indem sie das Hostel wechseln.

110. Grund

Weil es ein Vollzeitjob wäre, mit der Entwicklung in Georgien Schritt zu halten

Und dabei gibt es so viel zu sehen, so viel in Erfahrung zu bringen! Allein wie sich Tbilissi in den letzten Jahren verändert hat! Es vergeht kein Tag, ohne dass dort ein neues Restaurant oder eine Bar eröffnen würde. Glauben Sie mir, Georgien erblüht, und es ist eine Freude, daran teilzuhaben. Die Entwicklung ist nicht auf die Hauptstadt beschränkt, auch in so abgelegene Dörfer wie Adischi kehren langsam die Menschen zurück, weil ihnen der einsetzende Tourismus dort ein Auskommen verschafft. Niemand hat so recht einen Überblick über die Neuerungen, und weder ein Reiseführer noch dieses Buch kann Ihnen den aktuellen Stand liefern. Da sind Sie schon selbst gefragt, Sie müssen selber nachsehen, wie es um Georgien steht!

Jedes Mal, wenn ich Georgien verlassen habe, hatte ich zig Ideen, wohin ich beim nächsten Mal gehen könnte, was ich noch sehen wollte. Die Liste an Dingen, die ich noch tun wollte, an Orten, die ich noch sehen wollte, wuchs und wuchs und wurde nicht kleiner. Es wird Ihnen nicht anders ergehen, Sie werden wiederkommen wollen. Und vielleicht halten Sie es ja wie die Gruppe Polen, die ich am Flughafen Kutaisi getroffen habe: Die saßen und warteten auf den Abflug, über ihr Smartphone gebeugt, auf der Suche nach dem nächsten Flug. Nach Georgien! Zurück nach Georgien. Ja, das Land macht süchtig!

111. Grund

Weil Georgien das Paradies ist – wenn Sie ihm widerstehen können

In welchen Landesteil es Sie auch immer verschlägt, was auch immer Sie vorhaben, Georgien wird Sie aufregen oder anregen, das Land und die Menschen werden Sie zu Tränen rühren, Sie werden sich dem Wahnsinn oder ihrer Seele nahe fühlen, aber eines wird Georgien ganz sicher nicht, das verspreche ich Ihnen: Dass Georgien Sie langweilt, das ist völlig ausgeschlossen!

Machen Sie es nicht wie ich, wagen Sie sich nicht zu weit vor, bleiben Sie nicht monatelang, sonst gewöhnen Sie sich noch an alles. Und dann fällt unweigerlich eine Tür hinter Ihnen leise ins Schloss, und Sie sind Georgien verfallen. Sie haben sich verliebt, Sie haben das Land lieben gelernt. Lassen Sie sich jedoch nicht dazu hinreißen, auf Dauer zu bleiben, geben Sie der Schwerkraft nicht nach, bleiben Sie in Bewegung. Wenn Sie widerstehen können, dann bleibt Ihnen Georgien ein Paradies! Denn man muss gehen, um wiederkommen zu können: Und Sie werden wiederkommen und wiederkommen wollen. Das ist großes Glück.

Danke!

Niemand schreibt ein Buch alleine, zahlreiche Menschen haben auch zu diesem beigesteuert, und bei den meisten handelt es sich um genau die, die auch meine Georgienaufenthalte bereichert haben: Tamara war es, die mich überhaupt erst und in Rekordgeschwindigkeit mit Georgien vertraut gemacht hat. Sowohl wegen ihr als auch wegen Lidka Marek, Bartek Jakubowski und Krzysztof Wegiel war ich in Tbilissi von Anfang an ganz zu Hause. Dass mir die georgischen Berge wieder eingefallen sind, führte mich zu Nino nach Mestia und ließ mich später dort Sergej kennenlernen, der mir Swanetien besser und umfassender erschlossen hat, als es mir allein jemals möglich gewesen wäre.

Tato und Ina Karelidze möchte ich für ihre Gastfreundschaft im Hostel »HQ of Nove Sujashvili« in Gergeti danken, für die gemeinsamen Ausflüge und die Weinproben. Tatos Mutter war es, der es ebenso wie mir während dieser Zeit ganz egal war, dass wir keine Sprache teilten.

Nodo Gavaladze wiederum hat mich erst in Tbilissi bewirtet und dann in Gudauri fürstlich empfangen, mit Shako bekannt gemacht, mit Wachtang und all den anderen: vielen herzlichen Dank dafür!

Noémie hat mich nicht nur auf winterliche verschneite Berge begleitet, sondern mir darüber hinaus durch ihren wachen Intellekt für so manches die Augen geöffnet: Didi madloba!

Lieben Dank auch an Zurab Karumidze, der mich mit einigen geschichtlichen Details versorgt und mir die eine oder andere naive Frage beantwortet hat.

Mit Amiran Niharadze war ich nicht nur im Kleinen Kaukasus unterwegs, sondern in Kobuleti seit meinem ersten Aufenthalt stets ein gern gesehener Gast. Nana und Vasha haben mich in Lagodechi derart verwöhnt, dass ich weit länger blieb als vorgesehen. Danke!

Einen herzlichen Dank auch an David Chichinadze für die spontane Einladung auf die Altihut, den Empfang dort und die fruchtbaren Gespräche.

Mari Rekhiashvili, Devi und Gogiko, Qeta, Sophiko und Soso, George Kurashvili und all die anderen: Vielen Dank für so vieles!

Zentrale Kapitel dieses Buches durfte ich bei Alexander Heer auf Thasos schreiben, der mir kubikmeterweise Feuerholz vor das Haus gestellt hat, damit ich es warm haben würde. Mia Sedding hat es unternommen, noch vor dem eigentlichen Lektorat das Manuskript zu sichten und mir wertvolle Hinweise für die Schlussfassung zu geben. Lieben Dank dafür!

Länger als der Winter warst du hier,
länger als der lange Weg hinunter,
in die Ebene, zur großen Stadt,
fällt nun dein Blick zurück.

Gergeti, im März 2019
Jörg Martin Dauscher

111 GRÜNDE, ALBANIEN ZU LIEBEN

EINE LIEBESERKLÄRUNG AN DAS SCHÖNSTE LAND DER WELT

111 GRÜNDE, ALBANIEN ZU LIEBEN
EINE LIEBESERKLÄRUNG AN DAS SCHÖNSTE LAND DER WELT
Von Jörg Martin Dauscher
264 Seiten, Premium-Paperback mit zwei farbigen Bildteilen
ISBN 978-3-86265-786-5 | Preis 14,99 €

Albanien gilt aufgrund der jahrzehntelangen Isolation als letztes Geheimnis Europas. Jörg Martin Dauscher findet es an der Zeit, dieses zu lüften, und stellt in seinem Buch die Eigentümlichkeiten des reizvollen Landes lebendig dar: Persönliche Anekdoten, kurze Ausflüge in die kommunistische Vergangenheit, Tipps und Geschichten aus der Gegenwart fügen sich zu einem bunten Kaleidoskop. Die Liebeserklärung des Autors umfasst die sagenhaft schöne Ionische Küste ebenso wie die altehrwürdigen Städte und das hohe Bergland. Dabei verschließt der Autor vor den alltäglichen Problemen des Transformationslandes nicht die Augen, sondern schildert diese mit Humor und Zuneigung.

Er führt die Leser in Gegenden und an Orte, die der Tourismus noch lange nicht entdeckt hat. Albanien ist in jedem Fall eine Entdeckung!

WWW.SCHWARZKOPF-SCHWARZKOPF.DE

JÖRG MARTIN DAUSCHER, geboren 1975 in Franken, arbeitete als Weinhändler in Berlin, bevor er einen Rucksack nahm und die Stadt verließ. Seitdem zog es ihn wiederholt nach Georgien, wo er monatelang in Bergdörfern lebte. Dauscher liebt die Berge und die See, er ist leidenschaftlicher Hiker und arbeitet als Autor sowie Journalist und, wenn es sich ergibt, auch als Barista, Koch oder Sommelier.

Jörg Martin Dauscher
111 GRÜNDE, GEORGIEN ZU LIEBEN
Eine Liebeserklärung an das schönste Land der Welt

ISBN 978-3-86265-787-2

BILDNACHWEIS
Alle Fotos im Buch: © Jörg Martin Dauscher.
Ausgenommen: Bildleiste auf dem Cover, Bild unten: © fotoatelie/stock.adobe.com, Seite 185: © Archivist/stock.adobe.com, S. 205: © N. Goldberg

VERLAG
Schwarzkopf & Schwarzkopf Verlag GmbH
Kastanienallee 32, 10435 Berlin
Telefon: 030 – 44 33 63 00
Fax: 030 – 44 33 63 044

INTERNET | E-MAIL
www.schwarzkopf-schwarzkopf.de
www.facebook.com/schwarzkopfverlag
info@schwarzkopf-schwarzkopf.de